U0927416

本成果受到中国人民大学“统筹支持一流大学和一流学科建设”经费的支持

价值转形概论

JIAZHI ZHUANXING GAILUN

沈民鸣 著

中国人民大学出版社

·北京·

序　言

在人类社会的发展历史上，商品生产与商品交换已经有几千年。什么因素决定商品的交换比例？什么规律是经济活动中最基本的规律？什么基础决定人类社会各方面的关系？

先进的思想家为了寻找答案进行了长期而艰难的探索。2 300 多年前，古希腊哲学家亚里士多德(Aristoteles) 发现，互相交换的商品的本质必须相同，必须可通约，如果没有本质的等同性，那么，两种不同商品就不能作为可通约的量互相比较与交换。生活在奴隶社会的亚里士多德受到历史的限制，不可能发现商品中具有等同性和可通约的实体是什么。

三百多年前，英国古典经济学家威廉·配第(William Petty) 发现，劳动是价值的源泉，劳动时间决定价值量，从而决定商品的交换比例。这就是说，商品中具有等同性和可通约的实体是劳动。生活在资本主义工场手工业初期的配第，无法认识到

在资本主义以前的发展阶段和资本主义发展的较低阶段，商品按照价值交换；在资本主义发展的较高阶段，商品按照由价值决定的生产价格交换。

生活在资本主义工场手工业时期的英国古典经济学家亚当·斯密（Adam Smith）认识到创造价值的是一般社会劳动，初步意识到生产价格。但是，他有时认为由耗费的劳动决定价值，有时又认为由购买的劳动决定价值，并且经常混淆价值和生产价格。历史局限使他无法考察价值向生产价格转化的问题。

生活在资本主义较高发展阶段的英国古典经济学家大卫·李嘉图（David Ricardo）坚持劳动价值论，注意到竞争产生平均利润，意识到生产价格与价值不同。但是，他也经常混淆价值和生产价格，并且将资本主义生产方式看作永恒的生产方式，看不到资本主义生产与简单商品生产的差别，认为生产价格偏离价值只是偶然现象。这导致他无法解决价值规律与平均利润规律的矛盾。

马克思（Karl Marx）彻底解决了资本总公式的矛盾，提出平均利润与生产价格的概念，并且正确地、初步地阐明了价值向生产价格的转化。他意识到应该将价值形式的资本和成本转变为生产价格形式的资本和成本，但是他没有来得及回答如何实现这种转变。这个问题就是价值转形。

在马克思之后的一百多年里，很多经济学家试图解决这个难题。最有代表性的是鲍特凯维兹（Bortkiewicz）、斯威齐（Sweezy）、温特尼茨（Winternitz）、米克（Meek）、塞顿（Seton）等人。这些经济学家提出的价值转形方程相同，都是非线性方程。因为生产价格形式的平均利润率以及各部类的生产价格与价值的偏离系数都是未知的内生变量，未知变量数量比独立方程数量多一个，所以，必须增加一个约束条件或一个方程，才能得到唯一解。他们提出的价值转形模型的差别，就是这个约束条件或方程不同。米克将这个条件称为“不变性假设”，并且认为各种不同的“不变性假设”同样好。这样一来，各种不同的价值转形模型都成立，并且同样好。那么，价值转形的科学性何在？

马克思曾经提出："一切不同生产部门的利润的总和，必然等于剩余价值的总和；社会总产品的生产价格的总和，必然等于它的价值的总和。"① 有些经济学家却认为"两个等于"不能同时成立。他们中有些人以此为由否定马克思的价值转形理论，进而否定劳动价值论。

在这些经济学家的价值转形理论和价值转形模型中，成本和利润都是生产价格形式的，由生产价格形式的成本和利润决定生产价格，是循环定义。他们只在流通领域考察价值转形，忽略生产过程对流通过程的决定作用，忽略剩余价值生产对剩余价值分配的决定作用。

无论这些经济学家的价值转形理论存在何种缺陷，他们对价值转形的研究，都是人类解决价值转形问题的探索的一部分，对解决价值转形问题的贡献是重要的。

作者于2014年出版的《价值转形》（共3卷），是这种探索的一部分。写作三卷本的《价值转形》的目的，是为了比较系统地阐述对价值转形的研究。有些读者没有时间专门地、系统地研究价值转形问题，又渴望了解价值转形的主要内容和主要结论。对他们来说，三卷本的《价值转形》共189万字的篇幅过大。为了满足这些读者的需要，不仅要大幅度缩减原著的篇幅，而且要保留最重要的内容。因此，作者不得不对原著的内容做出取舍，很多部分重写，有些部分只简单地介绍主要结论，同时加入一部分新的研究成果。

马克思的研究方法与自然科学家的研究方法相同，特别是与物理学家的研究方法相同。自然科学家总是在最纯粹的条件下，排除各种次要因素的干扰进行实验，研究最重要、最基本的规律，并在这些基本规律的基础上，进一步研究更复杂的问题。马克思使用的方法同样如此。分析经济形式，既不能用显微镜，也不能用化学试剂，必须用抽象力。他将劳动产品的商品形式或者商品的价值形式作为经济的细胞形式，从研究最简单的商品和货币关系开始，在发现劳动二重性

① 马克思恩格斯全集：第25卷［M］. 北京：人民出版社，1974：193.

和商品二因素的基础上区分了劳动和劳动力，发现了剩余价值的起源；在价值和剩余价值的基础上解释生产价格；在生产价格和平均利润率的基础上解释农产品价格、地租、土地价格；在产业资本的基础上考察商业资本和借贷资本，并考察虚拟资本。他通过最本质的价值，解释接近现象的生产价格，进而解释市场价格。

本书采用同样的研究方法，重点考察简单再生产条件下的两部类价值转形。在简单再生产条件下进行考察，不仅可以回避时间序列分析、简化分析过程，而且这种考察具有唯一性，能够发现利润到一般利润率的平均化是怎样进行的。在扩大再生产条件下进行考察，很难发现这个途径。两部类价值转形是最简单的一种价值转形。任何价值转形理论都必须解释简单再生产条件下的两部类价值转形，都必须经受这种价值转形的检验。在此基础上，考察三部类价值转形和四部类价值转形，并进一步考察多部门价值转形和扩大再生产条件下的价值转形。

生产价格形式的利润率与剩余价值率的关系，反映资本增殖程度与剥削程度的关系，是各种变量的关系中最重要的一种。这里证明，生产价格形式的利润率与剩余价值率的关系是单调递增的过原点的准线性关系。

这里证明，资本循环速度与固定资本影响资本周转，从而影响剩余价值分配。《价值转形》中的“考虑资本周转影响的价值转形”与“考虑固定资本影响的价值转形”，在本书中分别被称为“考虑资本循环影响的价值转形”与“考虑资本周转影响的价值转形”。

通过对按照列宁的部类划分方式的价值转形的考察证明，生产价格等于价值与中等资本有机构成不等价；中等资本有机构成的部类的生产价格可以不等于价值；生产价格等于价值的部类可以不是中等资本有机构成的部类；在一定范围内，资本有机构成低的部类的生产价格可以高于价值；资本有机构成高的部类的生产价格可以低于价值；生产价格等于价值与价值形式的利润率等于平均利润率二者不等价；在一定范围内，价值形式的利润率高于平均利润率的部类的生产价格可以高于价值；价值形式的利润率低于平均利润率的部类的生产

价格可以低于价值；生产价格形式的中等资本有机构成与多得到的剩余价值为零等价；在一定范围内，被社会多承认的剩余价值和多得到的剩余价值的符号可能相反；被社会多承认的剩余价值大于零，多得到的剩余价值可以小于零；被社会多承认的剩余价值小于零，多得到的剩余价值可以大于零；价值形式的利润率等于平均利润率与多得到的剩余价值为零不等价；价值形式的利润率高于平均利润率的部类，多得到的剩余价值可以大于零；价值形式的利润率低于平均利润率的部类，多得到的剩余价值可以小于零。

因为中等资本有机构成与生产价格等于价值不等价，所以，斯拉法（Sraffa）的理论不成立。

由于篇幅限制，对考虑货币材料生产的价值转形、考虑奢侈品生产的价值转形、按照鲍特凯维兹的部类划分的价值转形、多部门价值转形、扩大再生产条件下的价值转形，只能简单地阐述主要结论。

我相信这些对价值转形的分析，特别是与经济学家的传统观念不一致的结论，有助于追求真理的读者更深刻地认识马克思的劳动价值论，在利用经济规律的过程中，为最大多数人的最大利益服务。

本成果的出版受到中国人民大学“统筹支持一流大学和一流学科建设”经费的支持。在此表示感谢。

沈民鸣

2017 年 11 月 25 日

于北京，中国人民大学

价格可以低于价值；生产价格形式的利润率[illegible]有机构成[illegible]得到的剩余价值为[illegible]；在一定范围内，[illegible]剩余价值[illegible]的剩余价值[illegible]相反，[illegible]剩余价值大于零，多得到的剩余价值可以小于零；[illegible]剩余价值小于零，多得到的剩余价值可以大于零；价值形式的利润率[illegible]多得到的剩余价值[illegible]；价值形式的利润率[illegible]多得到的剩余价值可以大于零；价值形式的利润率[illegible]多得到的剩余价值可以小于零。

因为[illegible]有机构成与生产价格[illegible]不符合，所以，斯拉法（Sraffa）的理论不成立。

由于篇幅限制，[illegible]价值[illegible]生产价格的转形[illegible]。[illegible]

[illegible]

本[illegible]中国人民大学[illegible]在此表示感谢。

[illegible]

2017年11月[illegible]日

于北京·中国人民大学

目　录

第一章　价值转形问题与前人的研究成果

第一节　古典政治经济学的难题与价值转形问题

在古典政治经济学中，有两个重大矛盾始终没有得到解决：第一，剩余价值的产生与等价交换规律的矛盾；第二，平均利润规律与价值规律的矛盾。如果只在流通领域进行考察，那么，等价交换不能产生剩余价值，不等价交换也不能产生剩余价值，出现剩余价值与等价交换规律矛盾。按照价值规律，有机构成不同的等量资本所推动的活劳动不同，生产的剩余价值不同，资本有机构成不同的部门的利润率不相等。等量劳动创造等量价值的规律与等量资本获得等量利润的规律矛盾。

英国古典政治经济学的创始人亚当·斯密，既没有解决剩余价值的产生与等价交换规律的矛盾，也没有解决等量资本获得等量利润与等量劳动创造等量价值的矛盾，从由生产过程中耗费的劳动决定价值，转向由流通过程中购买的劳动决定价值，即转向庸俗的生产费用论。最伟大的英国古典政治经济学家大卫·李嘉图同样没有解决这两个矛盾，最终导致他的学派瓦解。

马克思解决了“资本总公式”的矛盾，即解决了剩余价值的产生与等价交换规律的矛盾，同时，部分地解决了平均利润规律与价值规律的矛盾，即部分地解决了等量资本获得等量利润与等量劳动创造等量价值的矛盾。但是，他没有来得及彻底解决资本或生产成本如何由价值形式转变为生产价格形式的问题。由价值向生产价格的转化，包括价值形式的资本、成本、利润、产品的价值，转化为生产价格形式的资本、成本、利润、产品的生产价格。如果这个矛盾得不到彻底解决，那么，经济学就不可能建立在坚实的科学基础上。这个问题就是价值转形问题。

在价值转形中存在一系列重大矛盾与各种问题。本书简要地考察价值转形中最基本的问题。

第二节　亚里士多德的不同商品有等同性与可通约性的思想

价值转形不仅是困扰经济学界几百年的理论难题，而且是几千年来人类探索商品交换规律的最重要的组成部分。

自从商品生产与商品交换出现以来，先进的思想家始终探索商品交换的基本规律，试图发现决定商品交换比例的最基本的因素。

早在两千三百多年前，古希腊最伟大的哲学家亚里士多德（Aristoteles，前 384—前 322）就分析过价值形式。

亚里士多德是柏拉图（Plato，前 427—前 347）的学生。柏拉图与色诺芬（Xenophon，约前 430—前 354）都是苏格拉底（Soc-

rates，前 469—前 399）的学生。至今尚未发现苏格拉底的著述。他的经济思想是通过他的学生色诺芬与柏拉图的著作流传下来的。

苏格拉底与色诺芬提出，财富是具有使用价值的产品，产品具有使用与交换两种功能。苏格拉底与色诺芬认为："同一种东西是不是财富，要看人会不会使用它。例如，一支笛子对于会吹它的人是财富，而对于不会吹它的人，则无异于毫无用处的石头。"① 对于不会吹笛子的人来说，"一支笛子如果不拿出来卖，就不是财富，因它是没有用的；如果拿出来卖，它就变成了财富"②。"如果他把它卖出，换进一些他不会使用的东西，就连这种出卖也不能把它变为财富。"③

苏格拉底与柏拉图提出社会分工的思想。苏格拉底与柏拉图认为，"每个人在恰当的时候干适合他性格的工作，放弃其它的事情，专搞一行，这样就会每种东西都生产得又多又好"④；通过分工与交换，"农夫有牛拉犁，建筑工人和农夫有牲口替他们运输东西，纺织工人和鞋匠有羊毛和皮革可用"⑤。

亚里士多德继承与发展了这些伟大的哲学家的思想。他认为，两种互相交换的不同商品在本质上必须相同，如果没有本质的等同性，那么，两种商品就不能作为可通约的量发生关系。他提出："没有等同性，就不能交换，没有可通约性，就不能等同。"⑥ 他没有说明商品中具有等同性与可通约性的实体是什么，却提出"实际上，这样不同种的物是不能通约的"⑦。按照他的这种观点，两种不

①②③　色诺芬. 经济论　雅典的收入［M］. 张伯健，译. 北京：商务印书馆，1961：3.

④⑤　柏拉图. 理想国［M］. 郭斌和、张竹明，译. 北京：商务印书馆，1986：60.

⑥　转引自：马克思恩格斯全集：第 23 卷［M］. 北京：人民出版社，1972：74. 原注释为：马克思引自亚里士多德的著作《尼科马赫伦理学》（*Ethica Nicomachea*），载于伊曼努尔·贝克尔所编《亚里士多德全集》，1837 年牛津版第 9 卷第 99、100 页（*Aristotelis opera ex recensione Immanuelis Bekkeri*. Tomus Ⅸ. Oxonii，1837，p. 99，P. 100）。国际通用码：1133b，18-21。

⑦　转引自：马克思恩格斯全集：第 23 卷［M］. 北京：人民出版社，1972：74. 原注释同上。

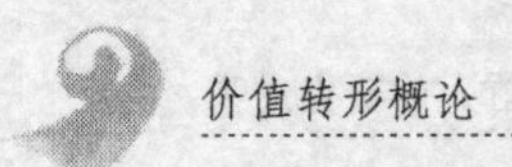

同商品在本质上不可能相同，商品交换不可能发生，这显然与商品交换普遍存在的事实不一致。

他为了解释普遍存在的商品交换，错误地认为货币能够成为可通约的量。事实上，货币也是一种商品，任何一种其他商品与货币交换，同样是两种不同商品互相交换。因此，货币不可能成为具有等同性与可通约性的实体。

亚里士多德生活在奴隶制时代。他生活的时代的历史限制，使他不能发现互相交换的两种不同商品中具有等同性与可通约性的实体是一般人类劳动。

虽然亚里士多德受到历史时代的限制，没有发现商品中具有等同性与可通约性的实体，但是他关于互相交换的商品必须具有等同性与可通约性的天才思想，在其后的两千多年中，始终是衡量各种价值理论是否具有科学性的决定性因素，任何价值理论必须回答这个无法回避的问题。

第三节　威廉·配第的劳动决定价值的思想

三百多年前，英国经济学家威廉·配第（William Petty，1623—1687）是资产阶级古典政治经济学的创始人，他提出了劳动决定价值的观点，考察了工资、地租、利息等范畴，并且把地租看作剩余价值的基本形态。

他提出："假如一个人在能够生产一蒲式耳谷物的时间内，将一盎司从秘鲁的银矿采出来的白银运到伦敦来，那么，后者便是前者的自然价格。"① 这里所说的自然价格，就是价值。他还认为："自然价值的高低，决定于生产自然必需品所需要人手的多少。谷

① 配第．赋税论　献给英明人士　货币略论［M］．陈冬野，等译．北京：商务印书馆，1978：48.

物的价格，在一个人能生产十人所需的谷物的时候，要比一个人只能生产六人所需的谷物的时候，来得低廉。”① 他提出：“譬如织布，一人梳清，一人纺纱，另一人织造，又一人拉引，再一人整理，最后又一人将其压平包装，这样分工生产，和只是单独一个人笨拙地担负上述全部操作比起来，所花的成本一定较低。”② 可见，他不仅认识到劳动是商品价值的源泉，应该用劳动时间衡量商品价值，商品价值与生产商品的劳动生产率成反比，并且认识到，劳动分工能够提高劳动生产率。

他提出：“如果发现了新的更丰富的银矿，因而获得二盎司白银和以前获得一盎司白银同样容易，那么，在其他条件相等的情况下，现在谷物一蒲式耳售价十先令，和以前一蒲式耳售价五先令，同样低廉。”③ 可见，他已经认识到，货币的价值同样由劳动决定。

配第没有能够认识到创造价值的劳动是抽象劳动，也没有认识到商品价值取决于生产商品所耗费的社会必要劳动时间。他既没有从价格中抽象出交换价值，也没有从交换价值中抽象出价值。他没有认识到，具体劳动创造商品的使用价值，抽象劳动创造商品的价值。在他看来，生产金银的劳动创造价值，生产其他商品的劳动创造使用价值。他不理解抽象劳动与具体劳动的区别，混淆价值与使用价值。

他认为：“所有物品都是由两种自然单位——即土地和劳动——来评定价值，换句话说，我们应该说一艘船或一件上衣值若干面积的土地和若干数量的劳动。理由是，船和上衣都是土地和投在土地上的人类劳动所创造的。”④ 可见，他不仅认为劳动创造价值，而且认为土地也创造价值。显然，他的这种观点是错误的。他提出过一个著名的观点：“土地为财富之母，而劳动则为财富之父

---

① 配第．赋税论　献给英明人士　货币略论［M］．陈冬野，等译．北京：商务印书馆，1978：88.

② 配第．政治算术［M］．陈冬野，译．北京：商务印书馆，1978：24.

③ 配第．赋税论　献给英明人士　货币略论［M］．陈冬野，等译．北京：商务印书馆，1978：48.

④ 同上书，42 页。

和能动的要素”[①]。因为土地是生产商品的使用价值的因素，不是生产商品的价值的因素，所以，他的这个观点是错误的。

虽然配第没有说明，应该把劳动还原为土地，还是把土地还原为劳动，但是，他倾向于劳动决定价值。在他看来：“土地的优劣，或土地的价值，取决于该土地所生产的产品量和为生产这些产品而投下的简单劳动相比，是多于投下的劳动量还是少于投下的劳动量。”[②]

因为配第最早发现了互相交换的商品中具有等同性和可通约性的实体是劳动，所以，马克思认为配第是“政治经济学之父，在某种程度上也可以说是统计学的创始人”[③]。

第四节　斯密与李嘉图的价值理论

一、斯密的价值理论

英国经济学家亚当·斯密（Adam Smith，1723—1790）是资产阶级古典政治经济学理论体系的创立者，是古典政治经济学的杰出代表。他在1776年出版了《国民财富的性质和原因的研究》一书。这本著作第一次把当时的各种经济知识归纳为统一的理论体系。他的价值学说、三个阶级得到三种收入学说、资本与社会再生产学说，是他的经济理论的核心内容。

他区分了复杂劳动与简单劳动、使用价值与交换价值、名义工资与实际工资。他提出：“价值一词有二个不同的意义。它有时表示特定物品的效用，有时又表示由于占有某物而取得的对他种货物

① 配第. 赋税论　献给英明人士　货币略论［M］. 陈冬野，等译. 北京：商务印书馆，1978：66.

② 同上书，88页。

③ 马克思恩格斯全集：第23卷［M］. 北京：人民出版社，1972：302.

的购买力。前者可叫做使用价值，后者可叫做交换价值。使用价值很大的东西，往往具有极小的交换价值，甚或没有；反之，交换价值很大的东西，往往具有极小的使用价值，甚或没有。例如，水的用途最大，但我们不能以水购买任何物品，也不会拿任何物品与水交换。反之，金钢钻虽几乎无使用价值可言，但须有大量其他货物才能与之交换。”①

虽然斯密从商品的价格中抽象出交换价值，但是，他没有认识到，使用价值是交换价值与价值的物质承担者。他的使用价值的大小不能决定交换价值的大小的观点是正确的，但是，他的没有使用价值的产品可以具有交换价值的观点是错误的。

一方面，斯密认为：“劳动是第一性价格，是最初用以购买一切货物的代价。世间一切财富，原来都是用劳动购买而不是用金银购买的”②；“劳动是衡量一切商品交换价值的真实尺度”③；“只有劳动才是价值的普遍尺度和正确尺度”④。另一方面，他又认为：“在资本积累和土地私有尚未发生以前的初期野蛮社会，获取各种物品所需要的劳动量之间的比例，似乎是各种物品相互交换的唯一标准。”⑤ 既然他研究的是资本主义经济，那么，他事实上放弃了最初承认劳动价值论的观点。因此，他的价值理论是自相矛盾的。

一方面，他认为：“劳动不仅衡量价格中分解成为劳动的那一部分的价值，而且衡量价格中分解成为地租和利润的那些部分的价值。”⑥ 另一方面，他又不能解释如何用劳动决定利润与地租。

出现这种矛盾的原因，是他不能解决平均利润规律与价值规律的矛盾。为了自圆其说，他最终放弃了劳动价值论并提出：“年产物的全部价格，自然分解为土地地租、劳动工资和资本利润三部分。这三部分，构成三个阶级人民的收入，即以地租为生、以工资

① 斯密．国民财富的性质和原因的研究（上卷）[M]．郭大力、王亚南，译．北京：商务印书馆，1972：25.

②③ 同上书，26 页。

④ 同上书，32 页。

⑤ 同上书，42 页。

⑥ 同上书，44-45 页。

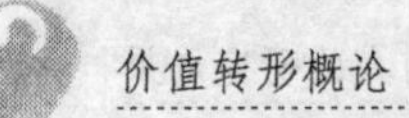

为生和以利润为生这三种人的收入。此三阶级，构成文明社会的三大主要和基本阶级。一切其他阶级的收入，归根结底，都来自这三大阶级的收入。"①

他的三个源泉决定价值的错误观点，被称为"斯密的教条"②，被其后的资产阶级经济学家所继承，成为庸俗经济学家萨伊（Jean Baptiste Say，1767—1832）提出"三位一体公式"的理论依据。

斯密对价值理论的主要贡献在于，将生产商品的劳动作为衡量交换价值的尺度，承认劳动决定商品价值，发展了劳动价值论；区分了复杂劳动与简单劳动，使用价值与交换价值，名义工资与实际工资。他的失误在于没有坚持劳动价值论。他既不能解决剩余价值的来源与等价交换规律的矛盾，也不能解决平均利润规律与价值规律的矛盾。

二、李嘉图的价值理论

英国经济学家大卫·李嘉图（David Ricardo，1772—1823）是资产阶级古典政治经济学的最杰出代表与完成者。他继承与发展了斯密经济理论中的科学部分，使资产阶级古典政治经济学达到最高峰，被马克思称为"古典政治经济学的最优秀的代表人物"③。他在1776年出版了《政治经济学及赋税原理》一书。这本著作集中反映了他的经济思想。

李嘉图坚持劳动价值论，继承了斯密对使用价值与交换价值的区分。他认为："使用价值无法用任何已知的标准加以衡量，不同的人对它有不同的估价。"④ 可见，他的观点比斯密的观点深刻

---

① 斯密. 国民财富的性质和原因的研究（上卷）［M］. 郭大力、王亚南，译. 北京：商务印书馆，1972：240-241.

② 马克思恩格斯全集：第24卷［M］. 北京：人民出版社，1972：410.

③ 马克思恩格斯全集：第23卷［M］. 北京：人民出版社，1972：98.

④ 李嘉图. 政治经济学及赋税原理［M］. 郭大力、王亚南，译. 北京：商务印书馆，1962：368.

得多。

他认为："一种商品如果全然没有用处，或者说，如果无论从哪一方面说都无益于我们欲望的满足，那就无论怎样稀少，也无论获得时需要费多少劳动，总不会具有交换价值。"[①] 这说明，他不仅批评了斯密认为没有使用价值的产品可以具有交换价值的错误观点，而且认识到商品的使用价值是交换价值的物质承担者，但是，他没有从交换价值中抽象出价值。

李嘉图提出："说到商品、商品的交换价值以及规定商品相对价格的规律时，我们总是指数量可以由人类劳动增加、生产可以不受限制地进行竞争的商品。"[②] 马克思对李嘉图的这种观点给予高度评价，马克思认为，李嘉图已经认识到："价值规律的充分发展，要以大工业生产和自由竞争的社会，即现代资产阶级社会为前提"[③]。同时，马克思指出："作为古典政治经济学的完成者，李嘉图把交换价值决定于劳动时间这一规定作了最透彻的表述和发挥"[④]。

李嘉图批评斯密以耗费的劳动与购买的劳动的双重标准决定商品的价值。他认为："亚当·斯密如此精确地说明了交换价值的原始源泉，他要使自己的说法前后一贯，就应该认为一切物品价值的大小和它们的生产过程中所投下的劳动量成比例；但他自己却又树立了另一种价值标准尺度，并说各种物品价值的大小和它们所能交换的这种标准尺度的量成比例。"[⑤] 可见，在他看来，商品的交换价值只能由生产商品耗费的劳动决定，而不是由购买的劳动决定，价值量与生产商品耗费的这种劳动成正比。

李嘉图批评萨伊的太阳与空气等自然要素也创造商品价值的错误观点，批评萨伊忽视使用价值与交换价值的区别的错误观点。他

① 李嘉图．政治经济学及赋税原理［M］．郭大力、王亚南，译．北京：商务印书馆，1962：7.

② 同上书，8页。

③ 马克思恩格斯全集：第13卷［M］．北京：人民出版社，1962：50.

④ 同上书，51页。

⑤ 李嘉图．政治经济学及赋税原理［M］．郭大力、王亚南，译．北京：商务印书馆，1962：9.

提出："这种种要素在生产中有时代替人类的劳动，有时在生产中和人类协同发生作用。不过这些自然要素尽管会大大增加商品的使用价值，但是从来不会使商品增加萨伊先生所说的交换价值。如果一个人由于机器或自然哲学知识的帮助可以驾驭自然要素来完成以往由人完成的工作，这种工作的交换价值就会因之而降低。"①

马克思对李嘉图的研究方法给予高度评价："他向科学大喝一声：'站住！'资产阶级制度的生理学——对这个制度的内在有机联系和生活过程的理解——的基础、出发点，是**价值**决定于**劳动时间**这一规定。李嘉图从这一点出发，迫使科学抛弃原来的陈规旧套，要科学讲清楚：它所阐明和提出的其余范畴——生产关系和交往关系——同这个基础、这个出发点适合或矛盾到什么程度；一般说来，只是反映、再现过程的表现形式的科学以及这些表现本身，同资产阶级社会的内在联系即现实生理学所依据的，或者说成为它的出发点的那个基础适合到什么程度；一般说来，这个制度的表面运动和它的实际运动之间的矛盾是怎么回事。李嘉图在科学上的巨大历史意义也就在这里"②。

李嘉图与斯密一样，混淆了劳动与劳动力。他认为，工人向资本家出卖的是劳动，劳动的价值由工资决定，或由工人的生活资料价值决定。

他认为，市场价格总是围绕同耗费的劳动时间相符的价值波动，各部类的资本有机构成不同只是一种偶然现象，是一种例外的情况，并把这种情况看作对价值规律的修正。他没有认识到，在普遍使用机器生产的资本主义阶段，不同生产部门的资本有机构成不同是普遍的现象。他没有认识到，按照资本主义生产方式，商品不再按照同生产商品耗费的劳动相符的价值进行交换，而是按照成本价格加平均利润进行交换，即按照生产价格进行交换。

① 李嘉图. 政治经济学及赋税原理［M］. 郭大力、王亚南，译. 北京：商务印书馆，1962：243.

② 马克思恩格斯全集：第26卷Ⅱ［M］. 北京：人民出版社，1973：183.

李嘉图既没有解决剩余价值的来源与等价交换规律的矛盾，也没有解决平均利润规律与价值规律的矛盾。因为不能解决这两大矛盾，他的学生詹姆斯·穆勒（James Mill，1773—1836）[①] 与约翰·拉姆赛·麦克库洛赫（John Ramsay McCulloch，1789—1864）[②] 对李嘉图学说庸俗化，导致李嘉图理论学派“被这块拦路石绊倒”[③]。

第五节　马克思的劳动价值论

一、彻底地解决了剩余价值的来源与等价交换规律的矛盾

要揭示资本主义生产方式的基本规律，在劳动价值论的基础上解释价格、利润、利息、地租等范畴，必须彻底解决两个重大矛盾：第一，剩余价值的来源与等价交换规律的矛盾；第二，平均利润规律与价值规律的矛盾。这两大矛盾，是剩余价值生产过程与剩余价值分配过程的矛盾，是古典政治经济学无法解决的两大难题。

马克思认为：“如果是等价物交换，不产生剩余价值；如果是非等价物交换，也不产生剩余价值。”[④] 可见，剩余价值的产生与等价交换规律之间存在重大矛盾。马克思称其为资本总公式的矛盾。

马克思认为，商品具有使用价值与价值两个因素。生产商品的劳动具有二重性，他区分了劳动与劳动力，发现劳动力的使用价值是劳动，劳动力的价值是生产与再生产劳动力耗费的生活资料的价

---

① 穆勒. 政治经济学要义［M］. 吴良健，译. 北京：商务印书馆，1993.
② 麦克库洛赫. 政治经济学原理［M］. 郭家麟，译. 北京：商务印书馆，1975.
③ 马克思恩格斯全集：第23卷［M］. 北京：人民出版社，1972：341.
④ 同上书，186页。

值，在劳动力的使用过程或劳动过程中，能够创造出比自身价值更大的价值——剩余价值。这样，他就在符合价值规律的等价交换的条件下，彻底地解决了资本总公式的矛盾，即彻底地解决了剩余价值的来源与等价交换规律的矛盾。

二、提出社会资本再生产理论

英国古典经济学家，重农学派和亚当·斯密的先驱理查·康替龙（Richard Cantillon，1680－1734），于1725年用英文写了《试论一般商业的性质》[①] 一书，最早对社会总资本再生产问题进行分析，创造性地研究了社会各阶级之间的流通。后来他又将该书稿译成法文。康替龙生前该书未能出版，直至1755年才出版该书法文版，比写成时间晚了30年。

康替龙的法文书稿在重农学派的老米拉波手中保存了长达十六年之久。重农学派的主要学者都很熟悉康替龙的这部著作。康替龙的著作成为魁奈《经济表》[②] 的秘密的思想源泉。重农学派的代表弗朗索瓦·魁奈（François Quesnay，1694－1774）继承与发展了康替龙的思想，发表了《经济表》一书。康替龙与魁奈的研究，是第一次试图说明社会资本再生产过程与流通过程。由于两人经济思想的传承关系，约瑟夫·熊彼特（Joseph Alois Schumpeter，1883—1950）[③]、吴易风（1932－）[④] 等经济学家将这一分析称为“康替龙和魁奈的经济表”。

马克思在批判重农学派的错误、继承重农学派科学部分的基础

① 康替龙. 试论一般商业的性质［M］. 载于《政论集》第3卷，阿姆斯特丹版，1756.

② 魁奈. 经济表［M］. 凡尔赛版，1758.

③ 熊彼特. 从马克思到凯恩斯十大经济学家［M］. 宁嘉风，译. 北京：商务印书馆，1965：277；经济分析史［M］. 朱泱，等译. 北京：商务印书馆，1991：336－345，374－376.

④ 吴易风. 英国古典经济理论［M］. 北京：商务印书馆，1988：470－476.

上，提出自己的社会资本再生产学说，系统地阐述了资本运动过程中价值补偿与物质补偿的规律。

三、发现平均利润规律与价值规律之间存在矛盾的根本原因

马克思发现，等量劳动创造等量价值与等量资本获得等量利润的矛盾，是如何在全体资本家之间分配总剩余价值的矛盾。他认为："全部困难是由这样一个事实产生的：商品不只是当作**商品**来交换，而是当作**资本的产品**来交换。这些资本要求从剩余价值的总量中，分到和它们各自的量成比例的一份，或者在它们的量相等时，要求分到相等的一份。"①

恩格斯认为："按照价值规律，产品是按照生产产品的社会必要劳动的比例来互相交换的，并且因为对资本家来说，制造他的剩余产品的必要劳动，就是那种已经积累在他的资本中的过去劳动，所以，剩余产品是按照生产它们所必需的资本的比例来互相交换的，而不是按照**实际**体现在它们里面的劳动的比例来互相交换的。这样，每个资本单位所应得的份额，就等于生产出来的全部剩余价值的总和除以所使用的资本的总和。"②

四、提出实现价值转形的基本思路

马克思在《资本论》第三卷中提出了一个五部门的考虑固定资本影响的价值转形的数例。价值转形前的剩余价值率、剩余价值、利润率、商品价值与成本价格的数例，如表 1-1 所示。其中，c 为不变资本，v 为可变资本。

---

① 马克思恩格斯全集：第 25 卷［M］. 北京：人民出版社，1974：196.

② 同上书，15 页。

表 1-1

资　本	剩余价值率	剩余价值	利润率	已经用掉的 c	商品价值	成本价格
Ⅰ. $80c+20v$	100%	20	20%	50	90	70
Ⅱ. $70c+30v$	100%	30	30%	51	111	81
Ⅲ. $60c+40v$	100%	40	40%	51	131	91
Ⅳ. $85c+15v$	100%	15	15%	40	70	55
Ⅴ. $95c+5v$	100%	5	5%	10	20	15
合计 $390c+110v$	—	110	—	—	—	—
平均 $78c+22v$	—	22	22%	—	—	—

在这个数例中，没有消耗的不变资本价值不构成成本价格，已经消耗的不变资本价值与可变资本构成成本价格，从而成为商品价值的一部分。商品价值的另一部分为剩余价值。平均利润率为总剩余价值与总资本之比，即

$$r_v=\frac{\sum s_i}{\sum K_i} \tag{1—1}$$

其中，r_v 为价值形式的平均利润率，s_i 为第 i 部门的剩余价值，K_i 为第 i 部门的资本。平均利润率取决于两个因素：第一，不同部门的资本与剩余价值，从而不同部门的不同利润率；第二，每个生产部门的资本在社会总资本中的比例。

显然，马克思定义的平均利润率是价值形式的，无论分子还是分母都是价值形式的。每个部门的平均利润 p_i，为价值形式的平均利润率与这个部门的价值形式的资本的乘积，即

$$p_i=r_vK_i \tag{1—2}$$

其中，p_i 为第 i 部门的平均利润。

在表 1-1 中，5 个部门的总资本为 500，不变资本总和为 390，可变资本总和为 110，总资本有机构成为 $390c/110v$，每个部门的资本为 100，每个部门平均的不变资本为 $78c$，每个部门平均的可

变资本为 $22v$，每个部门平均的资本有机构成为 $78c/22v$，总剩余价值为 110，每个部门的平均利润或平均剩余价值为 22。把剩余价值平均分配给 5 个部门，价值转形的结果如表 1－2 所示。

表 1－2

资　本	剩余价值	商品价值	商品成本价格	商品价格	利润率	价格同价值的偏离
Ⅰ. $80c+20v$	20	90	70	92	22%	+2
Ⅱ. $70c+30v$	30	111	81	103	22%	−8
Ⅲ. $60c+40v$	40	131	91	113	22%	−18
Ⅳ. $85c+15v$	15	70	55	77	22%	+7
Ⅴ. $95c+5v$	5	20	15	37	22%	+17

在表 1－2 中，第 i 部门的商品的成本价格加上平均利润等于生产价格，即

$$w_{pi}=K_i+p_i \tag{1—3}$$

其中，w_{pi} 为第 i 部门的生产价格，K_i 为第 i 部门的成本价格，p_i 为第 i 部门的平均利润。值得注意的是，表 1－2 中的商品价格，是指生产价格。

在这个数例中，资本有机构成高与利润率低的部门多得到一部分剩余价值，资本有机构成低与利润率高的部门少得到一部分剩余价值，在资本有机构成不同的生产部门之间实现平均利润。在这个数例中，各部门的资本与平均利润都是价值形式的。用价值形式的资本与价值形式的平均利润定义生产价格，不存在循环定义。

值得注意的是，表 1－2 的数例没有反映各部门之间的产品交换关系，不满足再生产条件。

马克思提出了平均利润率、平均利润与生产价格的定义，并且提出实现价值转形的基本思路，在解决价值转形的道路上迈出了最困难与最关键的一步。

第六节　马克思没有来得及解决的问题

一、剩余价值在不同部门之间的转移如何实现

在上面的数例中，只提到了剩余价值在不同生产部门之间转移，但是，并没有解释剩余价值在不同生产部门之间的转移是如何实现的，也没有解释如何将价值形式的资本或成本转变为生产价格形式的资本或成本，即如何同时满足平均利润条件与再生产条件。

关于剩余价值在不同生产部门之间如何转移的问题，马克思已经意识到："真正困难的问题是：利润到一般利润率的这种平均化是怎样进行的，因为这种平均化显然是结果，而不可能是起点。"①他提出："如果商品都按照它们的价值出售，那就象已经说过的那样，不同生产部门由于投入其中的资本量的有机构成不同，会产生极不相同的利润率。但是资本会从利润率较低的部门抽走，投入利润率较高的其他部门。通过这种不断的流出和流入，总之，通过资本在不同部门之间根据利润率的升降进行的分配，供求之间就会形成这样一种比例，以致不同的生产部门都有相同的平均利润，因而价值也就转化为生产价格。"②

马克思设想，通过生产资料与劳动力在资本有机构成不同的部门之间转移，即通过资本流动，引起不同部门的生产规模发生变化。生产规模变化，引起产品供求关系变化、产品价格变化与利润变化。利润率低的部门，随着资本流出，生产规模缩小，产品供不应求，产品价格提高，利润增加。利润率高的部门，随着资本流

① 马克思恩格斯全集：第 25 卷［M］. 北京：人民出版社，1974：195.

② 同上书，218-219 页。

入，生产规模扩大，产品供过于求，产品价格下降，利润减少，最终实现各部门利润率相等。

这种价值转形有两个特点：第一，生产资料与劳动力在资本有机构成不同的部类或部门之间流动，引起这些部类或部门的生产规模变化，产品的供求关系变化，产品的价格变化，利润变化，直到各部门的利润率相等为止；第二，在此过程中，不同部类或部门的利润率不相等。

这个通过资本流动实现平均利润的过程，是平均利润形成的历史过程。这个历史过程要经历很长的时期，不是短时期内能够实现的。在平均利润形成之前，资本有机构成不同的部类或部门的利润率不相等。

可以证明，无论在简单再生产条件下，还是在扩大再生产条件下，都无法通过资本流动解释剩余价值的转移，即无法解释价值转形。① 这是马克思没有来得及解决的一个问题。

二、价值形式的资本如何转变为生产价格形式的资本

马克思没有来得及解决的另一个问题，是资本或成本如何由价值形式转变为生产价格形式。他已经意识到问题的存在，并指出："这个论点好象和下述事实相矛盾：在资本主义生产中，生产资本的要素通常要在市场上购买，因此，它们的价格包含一个已经实现的利润，这样，一个产业部门的生产价格，连同其中包含的利润一起，会加入另一个产业部门的成本价格，就是说，一个产业部门的利润会加入另一个产业部门的成本价格。"②

在用价值形式的资本与价值形式的平均利润定义生产价格之后，马克思认为，成本价格应该由价值形式转变为生产价格形式。他认为："我们原先假定，一个商品的成本价格，等于该商品生产

① 沈民鸣. 价值转形：第1卷［M］. 北京：中国人民大学出版社，2014：19-23.
② 马克思恩格斯全集：第25卷［M］. 北京：人民出版社，1974：179.

时所消费的各种商品的价值。但一个商品的生产价格，对它的买者来说，就是成本价格，并且可以作为成本价格加入另一个商品的价格形成。因为生产价格可以偏离商品的价值，所以，一个商品的包含另一个商品的这个生产价格在内的成本价格，可以高于或低于它的总价值中由加到它里面的生产资料的价值构成的部分。必须记住成本价格这个修改了的意义。”①

马克思对成本价格的定义进行了修改，并明确地嘱咐自己的读者，必须记住成本价格这个修改了的意义。他没有来得及回答，如何将价值形式的资本或成本转变为生产价格形式的资本或成本，只是说：“对我们现在的研究来说，这一点没有进一步考察的必要。”②

如何使资本、成本与利润由价值形式转变为生产价格形式，如何在资本家之间分配总剩余价值，是价值转形研究的问题。

从1907年至今的一百多年中，鲍特凯维兹等很多经济学家提出了各种价值转形理论与相应的数学模型，都是试图解决这些问题。

三、如何同时满足再生产条件与平均利润条件

再生产理论与平均利润理论都是马克思的劳动价值论中最重要的组成部分。

在批判康替龙与魁奈《经济表》的错误，并继承其中的合理成分的基础上，马克思提出了自己的社会资本再生产理论。但是，可以严格地证明，价值转形无法同时满足价值形式的再生产条件与平均利润条件。

如何同时满足再生产条件与平均利润条件，成为马克思的劳动价值论需要解决的问题。这个问题，与如何使资本、成本与利润由价值形式转变为生产价格形式，与如何在资本家之间分配总剩余价值，是同一个问题。

---

① 马克思恩格斯全集：第25卷［M］. 北京：人民出版社，1974：184-185.

② 同上书，185页。

第七节　鲍特凯维兹对价值转形的探索

1906—1907年，俄国经济学家拉迪斯劳斯·冯·鲍特凯维兹（Ladislaus von Bortkiewicz，1868—1931）连续发表了《马克思理论体系中的价值计算和价格计算》[①] 和《论〈资本论〉第三卷中马克思的基本理论结构的修正问题》[②] 等论文。第一篇论文回顾了1906年以前的价值转形研究，对价值与生产价格的关系进行了探讨。第二篇论文试图通过数学方法解决价值转形问题。

鲍特凯维兹认为："到目前为止，马克思的评论家们还很少更严密地考察过《资本论》第三卷中关于从价值到生产价格的转化和平均利润率的决定的过程，以便看看其中是否就没有矛盾。在这方面，涂干-巴莱诺斯基（即杜冈-巴拉诺夫斯基——笔者注）是一个例外。他曾明确地指出，马克思计算平均利润率的方法是不正确的。……然而，指出马克思是在什么方法上犯了错误，而没有颠倒他提出问题的方法，是令人感兴趣的。"[③] 显然，他认为马克思的价值转形理论是错误的，自己的任务是要纠正这个错误。

在自己的论文中，鲍特凯维兹采用杜冈-巴拉诺夫斯基（Tugan-Baranovsky，1865—1919）的部类划分方法[④]，提出了一个价值转形

---

① Bortkiewicz，L. von，"Wertrechnung und Preisrechnung im Marxschen System"，Erster Artikel，*Archiv für Sozialwissenschaft und Sozialpolitik*，1906，23（1），p. 49；"Value and Price in Marxian System"，*International Ecomomic Paper*，1952（2），pp. 36-51.

② Bortkiewicz，L. von，"On the Correction of Marx's Fundamental Theoretical Construction in the Third Volume of Capital"，*Jahr. fur Nationalokonomie Statistik*，1907，34（3），pp. 370-385.

③ 本·法因，劳伦斯·哈里斯. 重读《资本论》[M]. 魏埙，等译. 济南：山东人民出版社，1993：171.

④ Tugan-Baranovsky，Mikhail，*Theoretische Grundlagen des Marxismus*，Leipzig：Duncker & Humblot，1905.

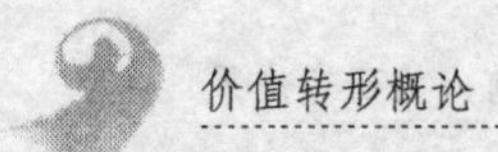

的数学模型。在这个价值转形模型中，他首先提出简单再生产条件

$$c_1+v_1+s_1=c_1+c_2+c_3 \tag{1—4}$$

$$c_2+v_2+s_2=v_1+v_2+v_3 \tag{1—5}$$

$$c_3+v_3+s_3=s_1+s_2+s_3 \tag{1—6}$$

在简单再生产条件中，第一部类的产品价值，等于各部类需要补偿的生产资料价值之和。第二部类的产品价值，等于各部类的工人需要的生活消费资料价值之和。第三部类的产品价值，等于各部类资本家耗费的生活消费资料价值之和。

他认为马克思的价值形式的平均利润率公式

$$r_v=\frac{s_1+s_2+s_3}{c_1+c_2+c_3+v_1+v_2+v_3} \tag{1—7}$$

是不正确的。他认为，正确的平均利润率是生产价格形式的平均利润率。

接下来，他提出了价值转形方程

$$(1+p)(c_1x+v_1y)=(c_1+v_1+s_1)x \tag{1—8}$$

$$(1+p)(c_2x+v_2y)=(c_2+v_2+s_2)y \tag{1—9}$$

$$(1+p)(c_3x+v_3y)=(c_3+v_3+s_3)z \tag{1—10}$$

其中，c_i、v_i、s_i（$i=1$，2，3）分别为第 i 部类的不变资本、可变资本、剩余价值。x、y、z 分别为三个部类的价值生产价格转化系数，p 为生产价格形式的平均利润率。这个非线性方程组中包括三个方程和四个未知变量。为了使方程组有唯一解，首先，他假设生产价格总和等于价值总和。即

$$(c_1+v_1+s_1)x+(c_2+v_2+s_2)y+(c_3+v_3+s_3)z$$
$$=(c_1+v_1+s_1)+(c_2+v_2+s_2)+(c_3+v_3+s_3) \tag{1—11}$$

不幸的是，后来他又放弃了这一假设条件，改为假设第三部类的价值生产价格转化系数为常数 1。即

$$z=1 \tag{1—12}$$

他将第三部类即资本家生活资料生产部类看作货币材料金的生产部类，并且认为金是货币，是价值单位，金的生产价格和价值相等。同时，他规定第三部类的资本有机构成是中等构成。显然，他的这一看法不成立，因此他的理论也不成立。

鲍特凯维兹之后研究价值转形的经济学家，大多沿用了他的部类划分方法。他们提出的价值转形模型与鲍特凯维兹的价值转形模型的差别，主要在于假设条件不同。

为了得到生产价格形式的平均利润率，他引入参数

$$f_1=\frac{v_1}{c_1} \tag{1—13}$$

$$f_2=\frac{v_2}{c_2} \tag{1—14}$$

$$f_3=\frac{v_3}{c_3} \tag{1—15}$$

$$g_1=\frac{c_1+v_1+s_1}{c_1} \tag{1—16}$$

$$g_2=\frac{c_2+v_2+s_2}{c_2} \tag{1—17}$$

$$g_3=\frac{c_3+v_3+s_3}{c_3} \tag{1—18}$$

$$\sigma=1+r \tag{1—19}$$

利用这些参数和价值转形方程，得到

$$\sigma=\frac{f_2g_1+g_2-\sqrt{(f_2g_1-g_2)^2+4f_1g_1g_2}}{2(f_2-f_1)} \tag{1—20}$$

为了具体说明价值转形的计算过程，鲍特凯维兹用一个经过巧妙设计的数例，作为价值转形的起点。这个数例如表 1－3 所示。

表 1－3　　价值计算

部类	不变资本	可变资本	剩余价值	产品价值
1	225	90	60	375

续前表

部类	不变资本	可变资本	剩余价值	产品价值
2	100	120	80	300
3	50	90	60	200
总和	375	300	200	875

由此得到参数 $f_1=2/5$，$f_2=6/5$，$f_3=9/5$，$g_1=5/3$，$g_2=3$，$g_3=4$，$\sigma=5/4$，$r=1/4$，$x=32/25$，$y=16/15$。这些结果可以表示为表 1-4。

表 1-4　　　　生产价格计算

部类	不变资本	可变资本	利润	生产价格
1	288	96	96	480
2	128	128	64	320
3	64	96	40	200
总和	480	320	200	1 000

由表 1-4 可以看出，虽然利润总和等于剩余价值总和，但是生产价格总和不等于价值总和。

在与利润率有关的参数 σ 的公式（1—20）中，只出现了参数 f_1、g_1、f_2、g_2，没有出现参数 f_3、g_3。因此，作为价值转形模型的一个推论，鲍特凯维兹认为，马克思关于社会总资本有机构成影响平均利润率的观点是不正确的。

为了证明自己的观点，他举了另外一个数例，作为价值转形的起点。这个数例可以表示为表 1-5。

表 1-5　　　　价值计算

部类	不变资本	可变资本	剩余价值	产品价值
1	300	120	80	500
2	80	96	64	240

续前表

部类	不变资本	可变资本	剩余价值	产品价值
3	120	24	16	160
总和	500	240	160	900

由此得到参数 $f_1=2/5$，$f_2=6/5$，$f_3=1/5$，$g_1=5/3$，$g_2=3$，$g_3=4/3$，$\sigma=5/4$，$r=1/4$，$x=32/35$，$y=16/21$。这些结果可以表示为表 1-6。

表 1-6　　生产价格计算

部类	不变资本	可变资本	利润	生产价格
1	$274\frac{2}{7}$	$91\frac{3}{7}$	$91\frac{3}{7}$	$457\frac{1}{7}$
2	$73\frac{1}{7}$	$73\frac{1}{7}$	$36\frac{4}{7}$	$182\frac{6}{7}$
3	$109\frac{5}{7}$	$18\frac{2}{7}$	32	160
总和	$457\frac{1}{7}$	$182\frac{6}{7}$	160	800

由表 1-5 和表 1-6 可以看出，按照鲍特凯维兹的方法，实现了价值转形。

表 1-5 和表 1-3 中的数值相比，剩余价值率相等，为 2/3；第一部类资本有机构成相同，为 2.5；第二部类资本有机构成相同，为 5/6；第三部类资本有机构成不同，由 5/9 变为 5。总资本有机构成不同，由 5/4 变为 25/12。生产价格形式的利润率相等，为 1/4。可见，第三部类资本有机构成和总资本有机构成都提高了，但是参数 f_1、g_1、f_2、g_2 没有变化，所以生产价格形式的利润率没有发生变化。

鲍特凯维兹试图用这两个数例证明自己的观点。

他提出："马克思不仅没有表明在价值和剩余价值既定关系的基础上确定利润率的正确方法，而且他还被他的错误的价格构成理论错误地引入对确定利润率高度的诸因素的不正确的理解。他持有

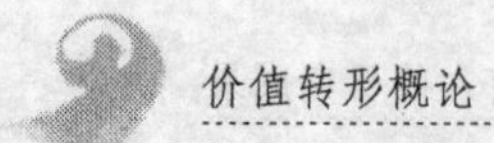

的主张是，在既定的剩余价值率前提下，利润率的大小取决于包括所有生产领域的社会总资本有机构成的高低。”①

他还提到：“李嘉图曾经指出过，只是触及到不进入工人阶级消费的商品的生产关系的变化，不会影响利润率的高度。”② 可见，他同意李嘉图的观点，不同意马克思的观点。

当然，鲍特凯维兹对马克思的批评是错误的。错误的根源在于他只考察了资本主义流通过程，没有考察资本主义生产过程，忽略了再生产条件，忽略了价值形式的资本有机构成和价值形式的利润率的重要作用。他只看到了现象，甚至是假象，没有看到本质。

值得注意的是，对于马克思的资本有机构成提高导致利润率下降的理论，鲍特凯维兹不是完全否定。他认为：“在一个既定的剩余价值率（r）和一个既定的可变资本的数量的前提下，没有利润率的下降，不变资本的无限制的增长不可能发生。”③ 他进一步指出：“如果根据以上所说，与马克思相对立地认为利润率一般不依赖于社会总资本的有机构成，那将是完全不正确的。”④

这表明，鲍特凯维兹已经注意到自己对马克思的批评是片面的。他最终不得不间接地承认，马克思的资本有机构成提高导致平均利润率下降是总趋势的观点是正确的。

尽管鲍特凯维兹的价值转形理论是不正确的，他对马克思的平均利润下降趋势理论的批评也是不正确的，但是，他在价值转形研究中的贡献是无法抹杀的。任何研究价值转形的学者，都无法回避他的研究成果。

鲍特凯维兹的价值转形理论的历史功绩，在于最早试图用数学方法解决价值转形问题，并取得了重大突破。由于他的论文是用德文发表的，在发表以后很长时间，在学术界都没有引起应有的重

① 本·法因、劳伦斯·里斯. 重读《资本论》[M]. 魏埙，等译. 济南：山东人民出版社，1993：178.

② 同上书，181页。

③ 同上书，189页。

④ 同上书，190页。

视。直到35年后，斯威齐在他的英文著作《资本主义发展论》中介绍并且高度赞扬了鲍特凯维兹的理论以后，鲍特凯维兹的价值转形理论才引起学术界广泛的重视。此时鲍特凯维兹已经去世11年了。

第八节　斯威齐对价值转形的探索

1942年，美国经济学家保罗·斯威齐（Paul Marlo Sweezy，1910—2004）出版了《资本主义发展论》一书。在该书中，他详细介绍了鲍特凯维兹解决价值转形问题的基本方法，并高度赞扬了鲍特凯维兹的贡献。斯威齐认为："在对马克思的理论体系进行批评的人中，只有博尔特凯维奇（即鲍特凯维兹——笔者注）一人，把握住价值规律的全部意义及其用法。此外，我们又将看到，正是博尔特凯维奇，他为从逻辑上无可置辩地证明马克思方法的正确性奠定了基础。这个事实使他有资格博得这样的尊称：既是一个马克思理论的批判家，又是一个对马克思理论有重要贡献的人。"①

在《资本主义发展论》中，斯威齐同时介绍了鲍特凯维兹的两种不同的假设条件或约束方程。但是，斯威齐不赞同第三部类的生产价格与价值相等的假设，即$z=1$。他批评道："没有理由假定采金工业的资本有机构成等于社会资本的平均有机构成。"②

斯威齐赞同的价值转形模型可以表示为

$$(1+p)(c_1x+v_1y)=(c_1+v_1+s_1)x \tag{1—21}$$

$$(1+p)(c_2x+v_2y)=(c_2+v_2+s_2)y \tag{1—22}$$

$$(1+p)(c_3x+v_3y)=(c_3+v_3+s_3)z \tag{1—23}$$

---

① 斯威齐. 资本主义发展论［M］. 陈观烈、秦亚男，译. 北京：商务印书馆，1997：90.

② 同上书，140页。

$$(c_1+v_1+s_1)x+(c_2+v_2+s_2)y+(c_3+v_3+s_3)z$$
$$=(c_1+v_1+s_1)+(c_2+v_2+s_2)+(c_3+v_3+s_3) \quad (1—24)$$

显然，斯威齐提出的价值转形模型①，就是鲍特凯维兹曾经提出过的价值转形模型。只不过其中的约束方程，采用了鲍特凯维兹最终放弃的假设条件。

在斯威齐看来，“马克思的转化方法在逻辑上是不能令人满意的”②。他注意到鲍特凯维兹的平均利润率公式。在这个公式中，第三部类的资本有机构成不影响生产价格形式的平均利润率。因此，“第三部类（奢侈品）的资本有机构成在利润率的决定中不起直接作用。这是一个饶有理论兴味的结论。它实质上是意味着，利润率仅仅是取决于那些存在于对实际工资的组成有直接或间接影响的产业内部的生产状况。那些仅仅是为资本家消费服务的产业，它们的状况，只有在影响到工资品生产状况的程度内才和利润率有关。马克思也许会同意，这个命题适用于剩余价值率，但他的价值向价格转化的方法，却使他相信，这个命题不适用于利润率。不过，正如博尔特凯维奇所指出，这个结论是和李嘉图的利润率学说相一致的，马克思在这个问题上对李嘉图的批评是没有道理的”③。

当然，斯威齐毕竟是一个马克思主义者。他认为：“如果我们同意马克思及伟大的古典学派经济学家的看法，相信只能把利润理解为社会劳动综合产品的一种扣除，那就没有理由抛弃价值计算及其所依据的劳动价值理论。”④

斯威齐在价值转形研究中的主要贡献，是在英语世界广泛地传播鲍特凯维兹的价值转形理论。

---

① Sweezy, P. M., *The Theory of Capitalist Development*, New York: Oxford University Press, 1942.

② 斯威齐. 资本主义发展论［M］. 陈观烈、秦亚男，译. 北京：商务印书馆，1997：132.

③ 同上书，142页。

④ 同上书，148页。

第九节　温特尼茨对价值转形的探索

1948 年，英国经济学家温特尼茨（J. Winternitz，1896—1952）发表了题为《价值与价格：所谓“转形问题”的一种解法》的论文[①]，提出自己的价值转形理论。

他提出的价值转形模型经过简化之后，在本质上，与斯威齐的价值转形模型相同。他采用的假设条件，就是鲍特凯维兹起初提出过但后来又放弃了的假设条件。

温特尼茨认为，鲍特凯维兹把资本家的全部消费品等同于黄金，并且让第三部类的生产价格与价值相等，是“一个相当武断和不公正的假定，它会导致价格总额偏离价值总额”[②]。

按照斯威齐和温特尼茨的价值转形模型，生产价格总和等于价值总和，但是，利润总和不等于剩余价值总和。温特尼茨的价值转形模型与前人的价值转形模型相比，并没有取得实质性的进步。

第十节　米克对价值转形的探索

英国经济学家罗纳德·米克（Ronald L. Meek，1917—1978）发表过很多关于价值转形的论文和著作，先后提出过各种不同的价值转形模型。

米克分析了鲍特凯维兹的价值转形模型和温特尼茨的价值转形

---

① Winternitz, J., “Value and Price: A Solution of the So-Called Transformation Problem”, *Economic Journal*, 1948 (58), pp. 276-280.

② Winternitz, J., “Value and Price: A Solution of the So-Called Transformation Problem”, *Economic Journal*, 1948 (58), p. 278.

模型。他认为："转化后，总利润等于总剩余价值，同时总生产价格等于总价值；通常这是不可能的。除掉极其例外的情形，我们一般可能保持两个等量中的一个，而不是两个。倘使马克思特别注意这个问题，他很可能重新表述关于总价格等于总价值的一些说法"①。

1956 年，米克提出一种价值转形模型②。该模型中的价值转形方程为

$$(1+r)(c_1p_1+v_1p_2)=a_1p_1 \tag{1—25}$$

$$(1+r)(c_2p_1+v_2p_2)=a_2p_2 \tag{1—26}$$

$$(1+r)(c_3p_1+v_3p_2)=a_3p_3 \tag{1—27}$$

这三个方程与鲍特凯维兹、斯威齐、温特尼茨的方程相同。其中

$$a_1=c_1+v_1+s_1 \tag{1—28}$$

$$a_2=c_2+v_2+s_2 \tag{1—29}$$

$$a_3=c_3+v_3+s_3 \tag{1—30}$$

该模型的约束条件为

$$\frac{\sum a_i}{\sum v_i}=\frac{\sum a_ip_i}{\sum v_ip_2} \tag{1—31}$$

（1—31）式表示，价值形式的可变资本之和在总价值中的比例，等于生产价格形式的可变资本之和在总生产价格中的比例。米克认为："在总剩余价值转化为利润从而价值转化为价格以后，劳动力价值与一般商品价值间的根本比率（利润就是决定于这个比率），可以认为不因转化而有所改变。"③

① 米克．劳动价值学说的研究［M］．陈彪如，译．北京：商务印书馆，1979：215.

② Meek，R. L.，"Some Notes on the Transformation Problem"，*Economic Journal*，1956，66（3），pp. 94-107；reprinted in Meek，R. L.，*Economics and Ideology and Other Essays：Studies in the Development of Economic Thought*，London：Chapman & Hall，1967.

③ 米克．劳动价值学说的研究［M］．陈彪如，译．北京：商务印书馆，1979：221.

米克认为，这个规定相当于“假定第二部类的资本有机构成等于社会平均构成”①。即

$$\frac{c_2}{v_2}=\frac{\sum c_i}{\sum v_i} \tag{1—32}$$

显然，如果采用鲍特凯维兹的部类划分方法，并且满足简单再生产条件，那么，约束条件（1—31）式与（1—32）式等价。

1973年，米克在《劳动价值学说的研究》第二版导言中提出，如果要让（1—25）式、（1—26）式、（1—27）式表示的方程组有唯一解，那么，需要第四个方程。他提出，“单单这三个方程式不能使我们得到更多答案：不难看出，它们能使我们得到 r 的解和 $p_1:p_2$ 的比率，此外再没有别的。要使这个系统完全有解，像前面的一样，我们需要第四个方程。现在，像我们已经看到的那样，这里有三个可能的候选者：

$$(\text{i})\, r\left[\sum (c_i p_1+v_i p_2)\right]=E\left(\sum v_i\right)$$

（表达了这样的条件：利润总额应该与剩余价值总额相等）

$$(\text{ii})\, a_1p_1+a_2p_2+a_3p_3=a_1+a_2+a_3$$

（表达了这样的条件：价格总额应该与价值总额相等）

$$(\text{iii})\, p_j=1$$

（表达了这样的事实：行业中的一个——行业‘j’——被假定为黄金生产业）

我们到底是用（i）或是用（ii），有相当明显的理由可以说这不再是一个无关宏旨的问题了：除了一些特殊的例外，我们得到的答案将根据我们选取这两个中的哪一个而有所不同。我自己的感觉是这样：在（i）、（ii）和（iii）中，马克思本人所愿意选取的一个是（ii）；但无论如何，从形式上看，这三个中的任何一个都和另外的两个同样地好。

① 米克. 劳动价值学说的研究［M］. 陈彪如，译. 北京：商务印书馆，1979：221.

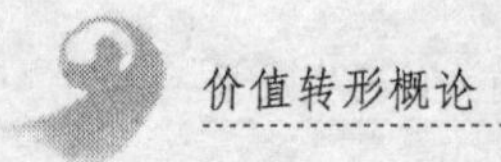

不论我们选取哪一个，我们都将能够为那些未知数取得明确的解”①。

在上面的条件中，r 是生产价格形式的平均利润率，E 是剩余价值率，p_j 是第 j 部类的价值生产价格偏离系数。值得注意的是，在米克的书中，上面的第一个条件有误，应该是生产价格形式的利润，已按照原书注释改正。上面的三个条件不是完全排斥或不同的。

在米克的这段表述中，有两点非常重要：

第一，作为一个马克思主义者，米克事实上放弃了他的 1956 年模型中的条件（1—31）式或（1—32）式，转而采用马克思“愿意选取的”条件（ⅱ）。

第二，米克认为上述三个条件中选取哪个都可以，并且同样好。这个观点被经济学界称为价值转形的“不变性假设条件”。

鲍特凯维兹提出的条件是其中的第三个条件，并且 $j=3$，同时也满足第一个条件。斯威齐、温特尼茨提出的条件，以及米克在他的 1973 年模型中提出的条件，是其中的第二个条件。米克在他的 1956 年模型中提出的条件是其中的第三个条件，并且 $j=2$。

米克提出的“不变性假设条件”非常重要。采用不同的“不变性假设条件”，可以得到不同的价值转形模型。如果这些结果真的如米克所说的同样好，那么，各种价值转形理论就是随意的，具有不确定性。科学的理论不可能是随意的，必须是确定的，必定具有排他性。

米克的价值转形理论与鲍特凯维兹的价值转形理论同样不能成立。

第十一节　塞顿对价值转形的探索

1957 年，奥地利经济学家弗朗西斯·塞顿（Francis Seton，

① 米克. 劳动价值学说的研究［M］. 陈彪如，译. 北京：商务印书馆，1979：26-27.

1920—2002）发表了题为《论转化问题》的论文[①]。该文用部门划分标准代替部类划分标准，提出了 n 个部门的价值转形模型。在他的模型中，有 n 个方程和 $n+1$ 个未知变量。为了使价值转形方程组能够得到唯一解，他假设其中某个部门的资本有机构成等于社会平均资本有机构成，规定该部门的价值生产价格转化系数为 1，这样就减少了一个未知变量。

他的价值转形模型包括两个方程组：价值方程组和生产价格方程组。其中价值方程组为

$$\begin{cases} k_{11}+k_{21}+\cdots+k_{n1}+e_1=a_1 \\ k_{12}+k_{22}+\cdots+k_{n2}+e_2=a_2 \\ \cdots \\ k_{1n}+k_{2n}+\cdots+k_{nn}+e_n=a_n \\ s_1+s_2+\cdots+s_n=s \end{cases} \tag{1—33}$$

其中，k_{ij} 表示第 i 部门生产中耗费第 j 部门生产的产品价值，它既包括生产资料价值，也包括工人生活资料价值；既包括不变资本，也包括可变资本。e_i 表示第 i 部门用于资本家生活消费和为扩大再生产追加的生产资料和工人需要的生活资料在生产中耗费的剩余价值。a_i 表示第 i 部门的产品价值。s_i 表示第 i 部门生产中耗费的剩余劳动。s 表示各部门生产中耗费的总剩余劳动。

价值转形后的生产价格方程组为

$$\begin{cases} k_{11}p_1+k_{12}p_2+\cdots+k_{1n}p_n=\rho a_1 p_1 \\ k_{21}p_1+k_{22}p_2+\cdots+k_{2n}p_n=\rho a_2 p_2 \\ \cdots \\ k_{n1}p_1+k_{n2}p_2+\cdots+k_{nn}p_n=\rho a_n p_n \end{cases} \tag{1—34}$$

其中，p_i 表示第 i 部门产品生产价格与价值偏离率。ρ 表示“成本率”（这是塞顿模型中特有的变量），指成本与产品生产价格的

① Seton, F., “The ‘Transformation Problem’”, *Rev. Econ. Stud.*, 1957, 25 (6), pp. 149-160.

比率。

$$\rho=1-\pi \tag{1—35}$$

$$r=\frac{\pi}{1-\pi} \tag{1—36}$$

其中，π 表示总利润与总生产价格的比率。r 表示利润率。由（1—35）式、（1—36）式，得到

$$\rho=\frac{1}{1+r} \tag{1—37}$$

如果令

$$K_{ij}=\frac{k_{ij}}{a_i} \tag{1—38}$$

那么，（1—34）式可以表示为

$$\begin{cases}(K_{11}-\rho)p_1+K_{12}p_2+\cdots+K_{1n}p_n=0\\K_{21}p_1+(K_{22}-\rho)p_2+\cdots+K_{2n}p_n=0\\\cdots\\K_{n1}p_1+K_{n2}p_2+\cdots+(K_{nn}-\rho)p_n=0\end{cases} \tag{1—39}$$

在（1—39）式中，p_i有非零解的必要条件是，p_i的系数行列式

$$\begin{vmatrix}K_{11}-\rho & K_{12} & \cdots & K_{1n}\\K_{21} & K_{22}-\rho & \cdots & K_{2n}\\\vdots & \vdots & & \vdots\\K_{n1} & K_{n2} & \cdots & K_{nn}-\rho\end{vmatrix}=0 \tag{1—40}$$

由（1—40）式解 ρ 的 n 次方程，得到成本率 ρ。由（1—37）式，得到利润率 r。由塞顿的价值转形模型可以得到平均利润率，以及生产价格与价值偏离率的相对量 p_1/p_n，p_2/p_n，…，p_{n-1}/p_n，但是得不到生产价格与价值偏离率的绝对量 p_1，p_2，…，p_n。

为了得到生产价格与价值偏离率的绝对量，必须加入一个“不变性假设条件”。塞顿认为，选择哪种“不变性假设条件”是不确

定的。在这个问题上，他接受了米克的观点。

塞顿认为，要解决转形问题，必须将上面所列的一般方程组变为简化了的、假定的、特殊的形式。他将 n 个部门化简为三部类：第一部类生产生产资料，第二部类生产工人用的生活消费资料，第三部类生产资本家消费的必要生活资料和奢侈品。他设想第三部类的资本有机构成与社会平均资本有机构成相一致，并将这个条件作为“不变性假设条件”。这样，经过简化的塞顿价值转形模型与鲍特凯维兹的价值转形模型完全相同。

鲍特凯维兹价值转形模型中的全部缺陷，在塞顿价值转形模型中同样存在。因此，塞顿的价值转形模型同样不能成立。

第十二节　鲍特凯维兹等人的价值转形理论的缺陷

一、没有考虑再生产条件

鲍特凯维兹等人的各种价值转形理论都没有考虑再生产条件。虽然有的经济学家提出的价值转形模型提到了再生产条件，但是都没有使用这个条件。更多的人没有提到再生产条件。由于没有考虑再生产条件，鲍特凯维兹甚至提出，奢侈品生产部类资本有机构成不影响平均利润率，从而总资本有机构成不影响平均利润率的错误结论。

价值转形要解决价值形式的再生产条件与实现平均利润的矛盾。因此，必须考虑再生产条件。

二、各种“不变性假设”缺乏依据

鲍特凯维兹、斯威齐、温特尼茨、米克等人的模型基本相同，都是三个基本方程、四个未知变量，差别仅在于规定某部类的价值

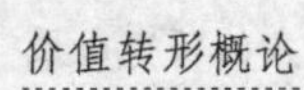

生产价格转化系数为 1，减少一个未知变量，或者依据不同的假设条件，加入一个约束方程，使价值转形方程组有唯一解。米克把各种假设条件称为“不变性假设条件”。

塞顿的模型虽然适用于多部门，但是仍然不能解决“不变性假设”的唯一性问题。

他们提出的“不变性假设”缺乏依据。他们既然不能证明其他假设是错误的，也就不能证明自己的假设和理论是正确的。如果各种不同的“不变性假设”都同样好，各种互相矛盾的价值转形理论同样成立，那么，价值转形的科学性何在?

如果有的学者认为只有其中的一种假设条件成立，那么，必须证明为什么这种假设条件成立，为什么其他假设条件不成立。如果将价值转形建立在一种假设条件下，那么，价值转形就是一种可能的结果，而不是一种必然成立的结果。

三、没有认识价值生产价格转化系数的经济意义

价值生产价格转化系数的经济意义是什么？仅仅是一个偏离系数，还是一个适配系数？价值生产价格转化系数具有重要经济意义。在价值转形中，涉及投入的资本由价值形式转变为生产价格形式。鲍特凯维兹等人没有认识到这一点。

四、用生产价格形式的投入解释生产价格形式的产出是循环定义

在鲍特凯维兹等人的模型中，投入的资本或成本是生产价格形式的，似乎实现了马克思没有实现的将生产成本由价值形式转变为生产价格形式的愿望。但是，这些经济学家没有注意到，为什么马克思明知生产成本需要由价值形式转变为生产价格形式，还要采取价值形式的生产成本。这是因为避免循环定义的需要。

在鲍特凯维兹等人的模型中，投入的资本或成本是生产价格形

式的，利润也是生产价格形式的，用生产价格形式的资本或成本，加上生产价格形式的利润，解释产品的生产价格，是循环定义或循环推论。

五、没有解决成本用价值形式还是用生产价格形式的两难选择

由以上分析可以看出，生产成本采用价值形式，还是采用生产价格形式，是一个两难选择问题。

像马克思那样，生产成本采用价值形式，无法在投入和产出之间取得一致。作为成本组成部分的生产资料和工人需要的生活资料，必须以生产价格形式从市场上购买。

像鲍特凯维兹等人那样，生产成本采用生产价格形式，又存在循环定义或循环推论的错误。

生产成本到底应该采用价值形式，还是采用生产价格形式？这成了难解之谜。

六、没有解释剩余价值的分配是如何实现的

关于利润到一般利润率的平均化是如何进行的，即剩余价值的分配是如何实现的，绝大部分经济学家认为，通过偏离系数或适配系数，能够解决平均利润率的实现问题。

有的经济学家认为，通过生产资料和劳动力在资本有机构成不同的部类之间流动，能够解决平均利润率的实现问题。

有的经济学家认为，通过马尔可夫过程（Markovian process），能够解决平均利润率的实现问题，例如森岛通夫（Michio Morishima，1923—2004）等人。

这些方法都不能解决平均利润率的实现问题。

价值转形是资本主义基本矛盾的反映，不是通过数学适配系数可以解决的。

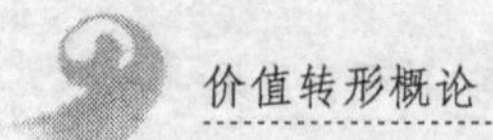

资本流动不能解决平均利润率的实现问题，因为资本流动需要很长时间。在此过程中，如何实现平均利润？在简单再生产过程中，不存在资本流动，如何实现平均利润？

马尔可夫过程也不能解决平均利润率的实现问题。马尔可夫过程需要通过多个生产周期，经历很长时间。在此过程中，如何实现平均利润？马尔可夫过程完成之后，进入时间序列的平稳状态，每次生产过程中，不同部类的资本有机构成不同，仍然存在价值转形问题。如何实现平均利润？资本是否还要继续流动？

七、没有确定资本家最终占有的剩余价值和价值

资本家通过价值转形得到各种物质产品。在简单再生产中，资本家得到生活资料，在扩大再生产中，资本家除了得到生活资料，还得到追加不变资本的生产资料，以及追加可变资本的工人的生活资料。

几乎所有研究价值转形的经济学家，都没有考察过，每个部类的资本家通过价值转形得到的各种物质产品，需要多少劳动生产出来。也就是说，他们没有确定资本家最终占有的剩余价值和价值，甚至没有意识到资本家最终占有的剩余价值和价值的存在。

八、没有正确解释马克思“两个等于”的思想

马克思认为，利润总和等于剩余价值总和，生产价格总和等于价值总和。这些价值转形理论没有正确解释马克思“两个等于”的思想，不能回答马克思的“两个等于”在什么范围成立。

有的经济学家认为，马克思的“两个等于”至多只有一个成立，另一个不成立。有的经济学家虽然认为马克思的“两个等于”都成立，但是他们的观点缺乏说服力或缺乏科学性。

九、没有认识到生产过程对流通过程的决定作用

价值转形是资本家在流通过程中分配剩余价值。几乎所有研究价值转形的经济学家都清楚地认识到了这一点。但是，他们仅限于在流通过程中考察剩余价值的分配，没有认识到生产过程对流通过程的决定作用。有的学者甚至认为，不应该在价值转形中引入再生产条件。

他们没有认识到，生产过程对流通过程的决定作用，就是价值对生产价格的决定作用。“不变性假设条件”的唯一性问题，“两个等于”问题，剩余价值分配实现的途径问题等，都与生产过程对流通过程的决定作用有关。这个问题是解决价值转形的关键。

第二章

价值转形的各种问题与矛盾

第一节　无法同时满足价值形式的再生产条件和平均利润条件的数例

前面提到，只要两部类的资本有机构成不同，剩余价值率相等，一定无法同时满足价值形式的平均利润条件与再生产条件。这里，以一个简单的数例予以说明。

由第一章表 1－1 与表 1－2 所给出的马克思的价值转形的数例可以看出，虽然不同生产部门实现了平均利润，价值转变为生产价格，平均利润与价值规律的矛盾似乎已经得到解决，但是，无法满足再生产条件，即没有反映每个部门耗费的生产资料从哪些部门购买，工人与资本家的生活资料从哪些部门购买，每个部门的产品卖给哪些部门。

在马克思的数例中，资本或成本是价值形式的，也就是说，没有考虑资本或成本如何从价值形式转变为生产价格形式。可见，在马克思的数例中，虽然实现了平均利润，但是无法满足再生产条件。反之，如果满足再生产条件，那么，必然不能满足平均利润条件。

我们以一个最简单的两部类简单再生产问题为例[①]

$$4\ 000c_1+1\ 000v_1+1\ 000s_1=6\ 000 \tag{2—1}$$

$$2\ 000c_2+1\ 000v_2+1\ 000s_2=4\ 000 \tag{2—2}$$

在（2—1）式、（2—2）式中，$1\ 000v_1+1\ 000s_1=2\ 000c_2$，满足简单再生产的条件 $v_1+s_1=c_2$。但是，第一部类的利润率为 1/5，第二部类的利润率为 1/3，平均利润率为 1/4，显然不满足平均利润条件。

如果第一部类得到的剩余价值多 250，第二部类得到的剩余价值少 250，那么，上面的数例转变为

$$4\ 000c_1+1\ 000v_1+1\ 250s_1=6\ 250 \tag{2—3}$$

$$2\ 000c_2+1\ 000v_2+750s_2=3\ 750 \tag{2—4}$$

在（2—3）式、（2—4）式中，第一部类与第二部类的利润率均为 1/4，满足平均利润条件，但是不满足简单再生产条件。因为，$1\ 000v_1+1\ 250s_1>2\ 000c_2$，不满足简单再生产条件 $v_1+s_1=c_2$。

可以严格地证明，只要两部类的资本有机构成不同，剩余价值率相等，无论两部类的不变资本、可变资本和剩余价值率取什么数值，都无法简单地通过资本有机构成高从而利润率低的部类或部门多得到一部分剩余价值、资本有机构成低从而利润率高的部类或部门少得到一部分剩余价值的方式[②]，同时满足价值形式的平均利润条件与再生产条件，从而无法实现价值转形。

将价值形式的资本或成本转变为生产价格形式的资本或成本，

---

① 沈民鸣．价值转形：第 1 卷［M］．北京：中国人民大学出版社，2014：11-12.

② 沈民鸣．价值转形：第 1 卷［M］．北京：中国人民大学出版社，2014：12-15；沈民鸣．二元价值转形：第 1 卷［M］．北京：中国人民大学出版社，2015：18-25.

就是同时满足平均利润条件与再生产条件。价值转形无法同时满足价值形式的平均利润条件与再生产条件，但是，能够同时满足生产价格形式的平均利润条件与再生产条件。①

第二节　无法同时满足价值形式的再生产条件和平均利润条件的证明

一、基本假设和符号规定

为了讨论方便，提出如下假设条件：社会生产划分为两部类，第一部类生产生产资料，第二部类生产生活消费资料；生产过程为简单再生产；两部类的资本有机构成不同，剩余价值率相等。

假设第一部类的不变资本、可变资本、剩余价值、价值形式的利润率、资本有机构成分别为 c_1、v_1、s_1、r_{v1}、k_1。第二部类的不变资本、可变资本、剩余价值、价值形式的利润率、资本有机构成分别为 c_2、v_2、s_2、r_{v2}、k_2。由于两部类的资本有机构成不同，利润率不相等，每个部类得到社会承认的剩余价值与该部类工人创造的剩余价值不相等，每个部类得到的剩余价值与该部类工人创造的剩余价值也不相等。第一部类和第二部类被社会多承认的剩余价值分别为 s_{a1}、s_{a2}。第一部类和第二部类多得到或多实现的剩余价值分别为 s_{t1}、s_{t2}。剩余价值率为 e。

二、在资本有机构成不同和剩余价值率相等条件下，两部类价值形式的利润率不相等

按照假设条件，第一部类的资本有机构成可以表示为

① 沈民鸣. 价值转形：第1卷［M］. 北京：中国人民大学出版社，2014：82-86.

$$k_1=\frac{c_1}{v_1} \tag{2—5}$$

第二部类的资本有机构成可以表示为

$$k_2=\frac{c_2}{v_2} \tag{2—6}$$

两部类的剩余价值率相等，即

$$e=\frac{s_1}{v_1}=\frac{s_2}{v_2} \tag{2—7}$$

由（2—5）式、（2—7）式，第一部类价值形式的利润率为

$$r_{v1}=\frac{s_1}{c_1+v_1}=\frac{ev_1}{k_1v_1+v_1}=\frac{e}{k_1+1} \tag{2—8}$$

由（2—6）式、（2—7）式，第二部类价值形式的利润率为

$$r_{v2}=\frac{s_2}{c_2+v_2}=\frac{ev_2}{k_2v_2+v_2}=\frac{e}{k_2+1} \tag{2—9}$$

由（2—8）式、（2—9）式得

$$\frac{r_{v1}}{r_{v2}}=\frac{k_2+1}{k_1+1} \tag{2—10}$$

因为

$$k_1\neq k_2 \tag{2—11}$$

所以

$$r_{v1}\neq r_{v2} \tag{2—12}$$

因此，只要两部类的资本有机构成不同，剩余价值率相等，无论是否满足简单再生产条件，两部类价值形式的利润率一定不相等。

三、在资本有机构成不同和剩余价值率相等条件下，只要满足了价值形式的平均利润条件，就不满足价值形式的简单再生产条件

价值转形是按照等量资本获得等量利润的原则，在资本家之间分配剩余价值的过程。价值转形不可能改变生产中已经耗费的劳动。无论剩余价值如何分配，两部类需要补偿的生产资料价值应该等于第一部类产品价值，即

$$c_1+v_1+s_1=c_1+c_2 \tag{2—13}$$

两部类需要补偿的生活资料价值，应该等于第二部类产品价值，即

$$c_2+v_2+s_2=v_1+s_1+v_2+s_2 \tag{2—14}$$

（2—13）式、（2—14）式都可以简化为

$$v_1+s_1=c_2 \tag{2—15}$$

（2—15）式就是简单再生产条件。

假设第一部类的资本有机构成高、利润率低，为了实现平均利润，应该多得到社会承认的一部分剩余价值，或者多得到一部分剩余价值。第二部类的资本有机构成低、利润率高，为了实现平均利润，应该少得到社会承认的一部分剩余价值，或者少得到一部分剩余价值。

在简单再生产条件下，剩余价值全部用于资本家的生活消费。第一部类的可变资本与剩余价值之和，加上被社会多承认的剩余价值 s_{a1}（$s_{a1}>0$），应该大于第二部类的不变资本，即

$$v_1+s_1+s_{a1}>c_2 \tag{2—16}$$

第一部类的可变资本与剩余价值之和，加上多得到的剩余价值 s_{t1}（$s_{t1}>0$），也应该大于第二部类的不变资本，即

$$v_1+s_1+s_{t1}>c_2 \tag{2—17}$$

第二部类生产中消耗的生产资料价值为 c_2，须要通过与第一部类交换产品得到补偿，才能进行再生产。

第一部类生产的生产资料中，扣除补偿第一部类消耗的生产资料 c_1之后，可以用来与第二部类交换生活资料的生产资料价值为 v_1+s_1。其价值刚好等于第二部类需要补偿的生产资料价值 c_2。但是，为了实现平均利润，在第一部类与第二部类的产品交换中，第一部类得到社会承认的一部分生产资料价值 $v_1+s_1+s_{a1}$与第二部类需要补偿的生产资料价值 c_2，价值量不相等，无法实现等价交换。第一部类实际得到的一部分价值为 $v_1+s_1+s_{t1}$的生活资料与第二部类需要补偿的生产资料价值 c_2，价值量不相等，也无法实现等价交换。显然，（2—16）式与（2—15）式不一致，（2—17）式也与（2—15）式不一致。这种不一致，不是数学关系的不一致，而是经济学关系的不一致。(2—16）式与（2—15）式的数学关系不矛盾，(2—17）式与（2—15）式的数学关系也不矛盾。

因此，通过有的部类多得到一部分社会承认的剩余价值，有的部类少得到一部分社会承认的剩余价值的方法，无法实现等价交换。通过有的部类多得到一部分剩余价值，有的部类少得到一部分剩余价值的方法，也无法实现等价交换。两种方法都不满足价值形式的简单再生产条件。也就是说，只要满足了价值形式的平均利润条件，就不满足价值形式的简单再生产条件。

总之，在资本有机构成不同和剩余价值率相等的条件下，无法同时满足价值形式的简单再生产条件和平均利润条件。

第三节　为何要将价值形式的资本转化为生产价格形式的资本

在价值转形问题上，马克思面临很多困难与有待解决的问题。其中一个主要困难是资本如何生产价格化。

马克思设想，资本有机构成高从而利润率低的部门多得到一部分剩余价值，资本有机构成低从而利润率高的部门少得到一部分剩余价值，以这种方式实现平均利润。但是，我们已经证明，用这种方法，如果满足价值形式的平均利润条件，那么，一定不满足价值形式的简单再生产条件；如果满足价值形式的简单再生产条件，那么，一定不满足价值形式的平均利润条件。

原因在于，不变资本和可变资本仍然为价值形式。只要不变资本和可变资本仍然为价值形式，就无法同时满足再生产条件和平均利润条件。满足再生产条件的问题，就是资本生产价格化的问题，因为生产资料与雇佣劳动者需要的生活资料，只能在市场上以偏离其价值的生产价格购买。

如果要具体说明每个部类购买的生产资料来自哪个部类，雇佣劳动者所需的生活资料来自哪个部类，资本家所需的生活资料来自哪个部类，每个部类的产品出售给哪个部类，产品价值如何实现，那么，必须引入生产价格形式的再生产条件。在这种条件下，必须对价值形式的资本进行修正，转化为生产价格形式的资本。

马克思考虑这种变化后提出："一个商品的这样同价值偏离的生产价格，会作为要素加入另一个商品的成本价格，因此，撇开对商品本身由于平均利润和剩余价值的差额而产生的偏离不说，一个商品的成本价格，已经能够包含同该商品中所消费的生产资料价值的偏离。"①

虽然马克思没有进一步提出应该如何实现这种转变，但是，他始终在考虑如何解决这个问题。

他认为："价值转化为费用价格有双重作用。……加到预付资本上的利润可以高于或低于商品本身包含的**剩余价值**……不变资本——或者说，作为原料、辅助材料和劳动工具，总之作为劳动条件加入新生产的商品的价值的商品——的费用价格，同样可以高于或低于它们的价值。……可变资本，无论它的价值和费用价格之间

① 马克思恩格斯全集：第 25 卷［M］. 北京：人民出版社，1974：230.

有多大差额，总是由构成新商品的价值组成部分的一定劳动量补偿的，至于新商品的价值是恰好表现在新商品的价格上，还是高于或低于价格，那是无关紧要的。相反，如果说的是不依赖新商品本身的生产过程而加入该商品的价格的价值组成要素，那末费用价格和价值的这种差额将作为先决要素转入新商品的价值。”①

他还认为：“商品的费用价格和价值之间的差额是由双重原因产生的：一方面是那些构成新商品生产过程的前提的商品的费用价格和价值之间的差额，另一方面是实际加到生产费用上的剩余价值和［按预付资本］计算的利润之间的差额。”②

他明确指出：“费用价格对价值的这种有重要意义的偏离——这种偏离是由资本主义生产决定的——丝毫没有改变费用价格照旧是由价值决定这个事实。”③

价值转形不能同时满足价值形式的简单再生产条件与平均利润条件，只能同时满足生产价格形式的简单再生产条件与平均利润条件。无论按照生产价格形式的简单再生产条件，还是按照生产价格形式的平均利润条件，资本都只能是生产价格形式的。

第四节　剩余价值在不同部类或部门之间转移如何实现

一、马克思的设想

马克思曾经设想，通过生产资料和劳动力在不同部门之间转移，即不同部门的生产规模不断变化，改变原有的商品供求关系的方法，实现价值转形。具体地说，就是让生产资料和劳动力从资本

① 马克思恩格斯全集：第26卷Ⅲ［M］. 北京：人民出版社，1974：181-182.
②③ 同上书，182页。

有机构成高、利润率低的部门流出，生产规模变小，产品供不应求，价格上升，多得到一部分剩余价值，利润率提高；让生产资料和劳动力流入资本有机构成低、利润率高的部门，生产规模变大，产品供过于求，价格下降，少得到一部分剩余价值，利润率降低。

他认为："资本家阶级在一定程度上是这样分配总剩余价值的：总剩余价值不是按照各个个别生产部门的资本所实际创造的剩余价值来分配，而是与他们的资本量成比例地大致平均地进行分配。较高的利润——来源于某个生产部门内的实际剩余劳动，来源于该部门中实际创造的剩余价值——由于竞争会降低到这个平均水平，而另一生产部门的较低的剩余价值，由于该部门的资本被抽出并由此而形成有利的供求关系，就会提高到这个水平。竞争不能降低这个水平本身，它只是具有形成这个水平的趋势。……利润率的这种平均化是通过不同生产部门的价格关系实现的；在一些部门中价格降低到**价值以下**，在另一些部门中价格**提高到**价值以上。由此产生一种假象，似乎同量资本在不同生产部门中会创造出**同样多剩余劳动或剩余价值**。"①

他还认为："竞争使不同生产部门的利润率平均化为平均利润率，并由此使这些不同部门的产品的价值转化为生产价格。而这是通过资本从一个部门不断地转移到利润暂时高于平均利润的另一个部门来实现的"②。

二、生产资料和劳动力在不同部类之间转移，不能说明剩余价值在不同部类之间转移是如何实现的

按照马克思的设想，资本从有机构成高、利润率低的部类或部门，转移到有机构成低、利润率高的部类或部门，可以说明剩余价

① 马克思恩格斯全集：第46卷上册［M］. 北京：人民出版社，1979：426-427.

② 马克思恩格斯全集：第25卷［M］. 北京：人民出版社，1974：231.

值在资本有机构成不同的部类或部门之间转移。但是，生产资料和劳动力在不同部类或部门之间转移，也就是资本在不同部类或部门之间转移，无法说明这个问题。

第一，如果通过生产资料和劳动力在不同部门之间转移说明产品价格的变化，那么，必须了解当生产资料和劳动力数量发生变化时产品数量如何变化。也就是，必须了解资本数量与产品数量之间的函数关系，还必须了解产品价格与产品供给数量的关系，以及产品价格与产品需求数量的关系。

当产品供过于求时，该产品的价格如何下降？当产品供不应求时，该产品的价格如何上升？换句话说，必须了解产品的价格与供求数量之间的函数关系。例如，必须了解它们之间的函数关系是线性关系还是非线性关系。如果是线性关系，那么，截距和斜率是多少？如果是非线性关系，那么，是哪一种非线性关系？

只有同时知道产品数量与资本数量的关系，产品价格与产品供给数量的关系，产品价格与产品需求数量的关系，才能知道各部门资本数量发生多少变化才能实现利润率相等。

也就是说，这里不仅要分析商品供求平衡的情况，还要分析商品供求不平衡的情况。但是，以商品供求不平衡为基础进行分析，不符合马克思通常使用的分析方法，因为“在政治经济学上必须假定供求是一致的。为什么呢？这是为了对各种现象要在它们的合乎规律的、符合它们的概念的形态上来进行考察；也就是说，要撇开由供求变动引起的假象来进行考察”①。

马克思认为：“在供求关系借以发生作用的基础得到说明以前，供求关系绝对不能说明什么问题。”②

第二，即使各部类或各部门的资本发生变化，也不能说明如何形成平均利润。

在资本家之间分配剩余价值，不能改变生产中已经耗费的劳

---

① 马克思恩格斯全集：第 25 卷［M］. 北京：人民出版社，1974：212.

② 同上书，203 页。

动。当资本家开始分配剩余价值时，生产过程已经完成。生产两部类需要补偿的生产资料的劳动，应该等于第一部类生产过程耗费的全部劳动。生产两部类需要得到的生活资料的劳动，应该等于第二部类生产过程耗费的全部劳动。也就是说，价值转形中必须满足价值形式的再生产条件。生产资料和劳动力在不同部类之间转移，将破坏原有的简单再生产条件。

第三，资本在不同部类或部门之间转移，或者生产资料和劳动力在不同部类或部门之间转移，通常要经历一段比较长的历史过程，不可能在短时期内完成，例如在资本周转一次的时间内或一年内完成。马克思意识到，“在每一个真正从事生产的部门，——工业、农业、矿业等等，——资本从一个部门转移到另一个部门却有很大的困难，特别是因为存在着固定资本。”①

退一步讲，即使资本在不同部类之间转移能够在资本周转一次的时间内或一年内完成（在一般情况下，这是不可能实现的），资本转移导致原有的价值形式的简单再生产条件被破坏，也应该满足新的价值形式的简单再生产条件。在新的价值形式的再生产平衡条件下，仍然应该满足：生产两部类需要补偿的生产资料的劳动，等于第一部类生产过程耗费的劳动；生产两部类需要得到的生活资料的劳动，等于第二部类生产过程耗费的劳动。

也就是说，无论是否形成平均利润率和生产价格，在生产过程中都要满足价值形式的再生产条件。只有在流通过程中，才满足生产价格形式的再生产条件，才实现平均利润。因此，在这种情况下，平均利润率和生产价格的形成，不可能是资本不断流出和流入的结果，而应该从生产过程和流通过程的关系中寻找形成平均利润率的直接的真正原因。

第四，在生产过程中，剩余价值率表现为剩余劳动与必要劳动的比例，资本有机构成表现为物化劳动与必要劳动的比例。在简单再生产过程中，资本有机构成不同的各部类都要获得平均利润，也

① 马克思恩格斯全集：第25卷［M］. 北京：人民出版社，1974：232.

就是实现价值转形。但是，资本在不同部类之间流动与简单再生产相矛盾。在简单再生产中，不允许资本在不同部类之间出现宏观的流动；资本在不同部类之间出现宏观的流动，就不再是简单再生产。因此，不能通过资本在不同部类之间的流动说明形成平均利润率的原因。

第五，任何资本家都不会把自己生产的剩余价值无条件地送给其他资本家。

三、在简单再生产条件下，不能通过资本流动说明剩余价值如何转移

在资本生产中，生产资料和劳动力总是在不同企业、不同部类或部门之间转移。也就是说，从微观方面看，资本不停地流动。从宏观方面看，如果流入一个部类的资本大于流出的资本，那么，可以认为资本流入；如果流入的资本小于流出的资本，那么，可以认为资本流出；如果流入的资本等于流出的资本，那么，可以认为资本不流动。

在简单再生产条件下，各部类的生产规模不变。从宏观方面看，资本不流动。因此，不能通过资本流动说明剩余价值如何转移。

四、在扩大再生产条件下，不能通过资本流动说明剩余价值如何转移

在扩大再生产条件下，各部类的资本都增加，不存在资本从有机构成高、利润率低的部类或部门被抽走的问题。

在外延扩大再生产条件下，各部类的资本等比例增加，每个部类内部不变资本和可变资本也是等比例增加，资本有机构成不变。对于资本有机构成高、利润率低的部类来说，资本不是流出，而是流入。因此，不能通过资本流动说明剩余价值如何转移。

在内涵扩大再生产条件下，通常伴随着全社会技术进步，也就是总资本有机构成提高。由于第一部类的资本有机构成通常高于第二部类的资本有机构成，总资本有机构成提高要求第一部类生产增长高于第二部类生产增长，即第一部类的资本增长高于第二部类的资本增长。对于资本有机构成高、利润率低的第一部类来说，不仅资本流入，而且资本流入的比例大于第二部类资本流入的比例。因此，也不能通过资本流动说明剩余价值如何转移。

此外，如果两部类资本周转速度相同，例如每年周转一次，那么，每次周转资本家都必须得到平均利润。资本家用得到的剩余价值的一部分追加资本，扩大再生产。不能用下一次周转中生产规模扩大或资本流入说明本次周转如何实现平均利润。

因此，在扩大再生产条件下，也不能通过资本流动说明剩余价值如何转移。

五、资本流动与剩余价值转移中的矛盾

从上面的分析可以看出：资本在不同部类或部门之间转移，不能说明剩余价值如何在不同部类或部门之间转移；资本不在不同部类或部门之间转移，也不能说明剩余价值如何在不同部类或部门之间转移。在简单再生产条件下，不能通过资本流动说明剩余价值如何转移；在扩大再生产条件下，也不能通过资本流动说明剩余价值如何转移。在外延扩大再生产条件下，不能通过资本流动说明剩余价值如何转移；在内涵扩大再生产条件下，也不能通过资本流动说明剩余价值如何转移。剩余价值在不同部类或部门之间转移是如何实现的，成了难解之谜。

产生这个困难的根本原因在于，在生产过程中创造剩余价值与在流通过程中分配剩余价值，分别满足不同规律。在生产过程中耗费的各种劳动，必须满足等量劳动创造等量价值，也就是满足价值规律。在流通过程中分配剩余价值，要满足等量资本获得等量利润的要求。

第五节　价值形式的资本转变为生产价格形式的资本的数学和逻辑问题

资本在从价值形式转变为生产价格形式的过程中存在数学和逻辑问题。这个问题就是如何通过有的部类或部门多得到一部分社会承认的价值，有的部类或部门少得到一部分社会承认的价值，说明生产价格与价值偏离，说明资本如何从价值形式转变为生产价格形式。

资本从价值形式转变为生产价格形式的问题，不仅存在数学问题，而且存在逻辑问题。

一方面，要用价值形式的资本说明生产价格，避免用生产价格形式的资本说明生产价格，即避免循环定义的逻辑错误。另一方面，要完成资本从价值形式到生产价格形式的转变，避免投入和产出在逻辑上不一致。

生产过程中使用的生产资料，是按照生产价格从市场上购买的。工人生活需要的生活资料也是按照生产价格从市场上购买的。如果资本是价值形式的，产品是生产价格形式的，那么，投入和产出在逻辑上不一致。如果资本是生产价格形式的，产品也是生产价格形式的，那么，就是用生产价格形式的资本说明生产价格，会产生循环定义的逻辑错误。

马克思是用价值说明生产价格的，不存在这种逻辑错误。但是，须要在投入和产出方面取得逻辑上的一致性。

很多经济学家不理解，既然马克思已经意识到，须要将价值形式的资本或成本修改为生产价格形式的资本或成本，为什么还将资本或成本用价值形式表示？这正是为了避免循环定义的逻辑错误。

不难看出，资本用价值表示不行，用生产价格表示也不行；资本不用价值表示不行，不用生产价格表示也不行。显然，这是一个两难问题。

因此，在价值转形中，存在重大的数学和逻辑方面的困难。如何解决价值转形中的数学和逻辑问题，是价值转形面临的困难和有待解决的问题之一。

第六节　价值转形中不同部类多得到的剩余价值是观念上的还是现实的

在价值转形中，不同部类多得到的剩余价值，只是观念上的，还是现实的？换句话说，资本家多得到的剩余价值，与雇佣劳动者创造的剩余价值之和，只是观念上应该得到的，还是资本家实际得到或实际占有的剩余价值？

全体资本家认为某个部类应该得到的剩余价值，是不是资本家最终实际得到的和占有的剩余价值？

如果全体资本家认为某个部类应该得到的剩余价值只是观念上的，不是资本家最终得到的剩余价值，那么，二者有何联系？为什么？

第七节　金属货币和信用货币对价值转形的影响

在价值转形中，在金银执行价值尺度和流通手段职能的情况下，作为金属货币的金银的生产价格，是否与其价值相等？如果金银的生产价格与价值不相等，那么，是否还可以充当一般等价物？如果金银的价值与其生产价格偏离，那么，这种偏离对价值转形有何影响？

在纸币代替金属货币执行流通手段职能的情况下，作为货币符号和信用货币的纸币，是代表金银的价值，还是代表金银的生产价

格？为什么？

第八节　中等资本有机构成的部类或部门的生产价格与价值是否相等

几乎所有经济学家都认为，中等资本有机构成的部门的生产价格等于价值，尽管这种看法从未得到严格的证明。

马克思有时认为，在中等资本有机构成的部门中，利润是同这些资本所生产的剩余价值一致的，生产价格是同价值一致的；有时又认为，在中等资本有机构成的部门中，生产价格与价值是接近一致的，也就是说，生产价格可以同价值不完全一致。

哪一种看法是正确的？中等资本有机构成的部类或部门的生产价格与价值是否完全相等？生产价格与价值相等的部类或部门的资本有机构成，是否一定为中等资本有机构成？为什么？在什么条件下，中等资本有机构成的部类或部门的生产价格与价值不相等？在什么条件下，生产价格与价值相等的部类或部门的资本有机构成不等于中等资本有机构成？

第九节　资本有机构成高（或低）的部类的生产价格是否高于（或低于）价值

马克思认为，在资本有机构成高于平均资本有机构成的部门中，生产价格高于价值；在资本有机构成低于平均资本有机构成的部门中，生产价格低于价值。

这种看法是否完全正确？为什么？

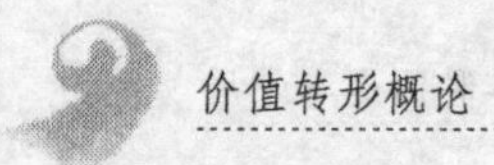

第十节　在价值转形中价值规律是否发生变化

在价值转形中，产品不能按照自身的价值进行交换，而要按照生产价格进行交换。在这种情况下，价值规律是否发生变化？是价值规律本身发生变化，还是价值规律的表现形式发生变化？价值规律是否还成立？为什么？

第十一节　资本周转时间对价值转形会造成什么影响

在《资本论》第三卷中，马克思考虑了资本周转时间对利润率的影响，分析了周转时间变化对剩余价值生产造成影响的原因。但是，对于资本周转对价值转形会造成什么影响，他没有做具体分析。在鲍特凯维兹等经济学家提出的各种价值转形模型中，几乎都没有考虑资本周转时间的影响。

如果考虑资本周转时间的影响，那么，价值转形模型有什么特点？价值形式的简单再生产条件会发生哪些变化？价值生产价格转化系数会发生哪些变化？价值转形方程有哪些新特征？生产价格形式的平均利润率如何确定？

资本循环时间与固定资本都影响资本周转时间。资本循环时间是否影响生产价格？是否影响价值转形？生产过程中使用而又没有耗费的固定资本，其价值不加入产品价值，不影响总价值。但是，没有耗费的固定资本是否影响生产价格形式的平均利润率、平均利润或产品的生产价格，从而影响价值转形？为什么？

第十二节　马克思的“两个等于”的观点是否正确

马克思认为：“一切不同生产部门的利润的总和，必然等于剩余价值的总和；社会总产品的生产价格的总和，必然等于它的价值的总和。”①

这个观点是否正确？“两个等于”在什么范围内成立？“两个等于”是结论还是条件？“两个等于”对价值转形有什么重要影响？为什么？

很多经济学家认为，马克思“两个等于”的观点是结论，并且以这两个观点是否同时成立作为检验马克思的经济理论是否正确的依据。他们普遍认为，利润总和等于剩余价值总和，生产价格总和等于价值总和，这两个观点中最多只有一个成立。有些人对此进行过数学证明。因此，他们认为马克思的理论是不正确的。

这些经济学家的分析方法和观点是否正确？为什么？

第十三节　政治经济学中最重要的基本理论

在马克思之前的古典政治经济学中，有两个最重要的基本理论问题没有得到解决。第一个问题，是价值增殖与价值规律的矛盾。第二个问题，是平均利润规律与价值规律的矛盾。

一、价值增殖与价值规律的矛盾

价值增殖与价值规律的矛盾，被马克思称为“资本总公式的

① 马克思恩格斯全集：第25卷［M］. 北京：人民出版社，1974：193.

矛盾”。

货币资本的循环是资本主义生产的基本循环形式。资本流通与商品流通既有相同的一面，也有不同的一面。

作为商品流通的货币流通形式，可以用商品流通公式表示为W—G—W，即商品转化为货币，货币再转化为商品；作为资本流通的货币流通形式，可以用资本流通公式表示为G—W—G，即货币转化为商品，商品再转化为货币。

两种货币流通形式的共同之处在于：都有W—G和G—W两个阶段，即卖和买两个阶段。

两种货币流通形式的不同之处在于：在商品流通中，先卖后买，货币是中介，为买而卖；在资本流通中，是先买后卖，商品是中介，为卖而买。

如果在流通过程中满足等价交换的价值规律的基本要求，那么，商品流通公式W—G—W有意义，通过先卖后买，得到价值相等但是使用价值不同的另一种商品。但是，资本流通公式G—W—G似乎没有意义，通过先买后卖，只得到与预付资本相同的货币。

资本总公式的矛盾在于：如果两次交换都是等价交换，那么，不可能实现价值增殖；如果实现价值增殖，那么，又违背等价交换的价值规律。二者存在矛盾。

马克思通过区分劳动与劳动力，发现劳动力商品，彻底解决了资本总公式的矛盾。

二、平均利润与价值规律的矛盾

平均利润与价值规律的矛盾，困扰了经济学界几百年。马克思最早提出实现价值转形的思想，并做出重大贡献，但是没有完全解决这个问题。这个问题就是价值转形。

马克思不仅提出平均利润率、平均利润和生产价格的定义，提出剩余价值转变为利润，价值转变为生产价格，资本有机构成高、利润率低的部门多得到一部分剩余价值，资本有机构成低、利润率

高的部门少得到一部分剩余价值的思想，而且提出通过生产资料与劳动力在资本有机构成不同的部门之间转移的方式，实现价值转形的思想，提出将价值形式的资本或成本转变为生产价格形式的资本或成本的任务。

马克思之后的很多经济学家都试图解决这个难题，但没有得到令人满意的结果。笔者试图在本书中解决这个问题。

第三章 简单再生产条件下的两部类价值转形

马克思在《资本论》第二卷提出社会资本再生产理论。他将社会生产划分为两部类：第一部类生产生产资料，第二部类生产生活消费资料。他认为，分析社会资本再生产的基础是简单再生产。

考察简单再生产条件下的价值转形，不仅可以避免使用时间序列分析方法，忽略生产过程中与流通过程的不同阶段变量的时间差别，简化数学分析过程，而且可以发现扩大再生产条件下的价值转形中难以发现的重要规律。简单再生产条件下的价值转形，是检验各种价值转形理论是否正确的重要的试金石。

资本直接生产过程中各种变量的关系，满足价值形式的再生产条件。这些关系构成再生产条件方程组。资本流通过程中的各种变量的关系，满足生产价格形式的再生产条件。这些关系构成价值转形方程组。这两个方程组共同构成价值转

形模型。[①]

这里分析生产过程、流通过程中与价值转形有关的各种关系。

第一节　两部类价值转形的基本假设条件与符号规定

一、两部类价值转形的基本假设条件

为了考察简单再生产条件下的两部类价值转形的基本关系，必须规定如下基本假设条件：

（1）社会生产划分为两部类。第一部类生产生产资料，第二部类生产生活消费资料。

（2）社会资本再生产过程为简单再生产。

（3）两部类的剩余价值率相等，并且已知。

（4）两部类生产价格形式的利润率相等，并且未知。

（5）两部类的资本有机构成不同，并且已知。某部类的不变资本、可变资本与剩余价值已知。例如，第一部类的不变资本、可变资本与剩余价值已知，第二部类的资本有机构成已知。

（6）资本循环一次的时间为一年，即不考虑资本循环速度的影响。

（7）资本周转一次的时间为一年，在一次生产过程中各种生产资料全部耗费掉，不变资本的价值通过一次生产过程转移到产品中，即不考虑固定资本的影响。

二、两部类价值转形的符号规定

c_i、v_i、s_i有双重涵义。一方面，在生产过程中，c_i、v_i、s_i分

① 沈民鸣. 论简单再生产条件下的价值转形问题［J］. 当代经济研究，2005（5）：9-13.

别表示第 i 部类使用的物化劳动、耗费的必要劳动、耗费的剩余劳动，$i=1$，2；另一方面，在流通过程中，c_i、v_i、s_i分别表示第 i 部类使用的不变资本、使用的或耗费的可变资本、工人创造的剩余价值。

如果使用的生产资料价值通过一次生产过程全部转移到产品中，也就是不考虑固定资本，那么，使用的物化劳动就是耗费的物化劳动，使用的不变资本就是耗费的不变资本。

a_i表示第 i 部类的价值生产价格转化系数。

s_{ai} 表示第 i 部类被社会多承认的剩余价值。

s_{ti}表示第 i 部类多得到的或多实现的剩余价值。

k_i表示第 i 部类的价值形式的资本有机构成。

r_i表示第 i 部类的生产价格形式的利润率。

r 为生产价格形式的平均利润率。

e 为剩余价值率。

第二节　建立两部类价值转形模型的依据与基本关系

一、价值形式的简单再生产条件

在鲍特凯维兹等很多经济学家的价值转形模型中，虽然包括反映再生产条件的方程，但是，在求生产价格形式的平均利润率与价值生产价格转化系数（即偏离系数）的过程中，并没有使用再生产条件。这导致选择“不变性假设条件”的分歧与不确定性。产生这种结果的根本原因是：这些经济学家只注重流通过程，忽视生产过程；只注重剩余价值分配过程，忽视剩余价值生产过程。

价值转形问题的产生，从而出现价值转形的矛盾，从现象看是价值形式的资本或成本转变为生产价格形式的资本或成本的矛盾；

从本质看是价值规律与平均利润规律的矛盾，是等量劳动创造等量价值与等量资本获得等量利润的矛盾。这种矛盾，表现为价值形式的再生产条件与资本有机构成不同的部类或部门之间实现平均利润的矛盾。

既然价值转形的矛盾是价值形式的再生产条件与平均利润的矛盾，那么，就不能离开价值形式的再生产条件单独考察如何实现平均利润，不能离开生产过程片面地、孤立地考察流通过程。既然剩余价值只有生产出来才能进行分配，那么，应该首先考察生产过程中耗费的劳动的关系，也就是首先考察价值形式的再生产条件。

马克思认为："资本的直接生产过程，就是资本的劳动过程和价值增殖过程。这个过程的结果是商品产品，它的决定性动机是生产剩余价值。资本的再生产过程，既包括这个直接的生产过程，也包括真正流通过程的两个阶段，也就是说，包括全部循环。"①

既然生产过程与流通过程都属于资本的再生产过程，那么，在考察资本流通过程中发生的价值转形时，必须同时考察生产过程。离开生产过程，单独在流通过程中考察价值转形的观点，带有重商主义的烙印。

如果考察扩大再生产条件下的价值转形，例如，考察外延扩大再生产条件下的价值转形，那么，考虑到不同时期的资本不同，必须使用时间序列分析方法。如果考察内涵扩大再生产条件下的价值转形，那么，除了使用时间序列分析方法，考虑资本有机构成的变化，也就是生产率变化之外，还要考虑单位生产资料价值的变化。这将使价值转形的分析过于复杂，不利于考察价值转形的最基本的关系。为了简化价值转形的分析，这里只考察简单再生产条件下的两部类价值转形。

在流通过程中分配剩余价值，不影响生产中已经耗费的劳动，不影响物化劳动、必要劳动与剩余劳动。第一部类生产过程中耗费的物化劳动、必要劳动和剩余劳动之和，等于为了维持简单再生

① 马克思恩格斯全集：第 24 卷［M］. 北京：人民出版社，1972：389.

产，生产补偿两部类耗费的生产资料所需要的劳动之和，即

$$c_1+v_1+s_1=c_1+c_2 \tag{3—1}$$

（3—1）式也表示，第一部类产品的价值等于补偿两部类生产中耗费的生产资料价值之和。

第二部类生产过程中耗费的物化劳动、必要劳动与剩余劳动之和，等于为了维持再生产，生产两部类雇佣劳动者需要的生活资料耗费的劳动与生产两部类资本家消费的生活资料耗费的劳动之和，即

$$c_2+v_2+s_2=(v_1+v_2)+(s_1+s_2) \tag{3—2}$$

（3—2）式也表示，第二部类产品的价值等于两部类雇佣劳动者与资本家的生活消费所需要的产品价值之和。

（3—1）式与（3—2）式都可以表示为

$$v_1+s_1=c_2 \tag{3—3}$$

（3—3）式表示，第一部类生产过程中耗费的必要劳动与剩余劳动之和，等于生产补偿第二部类耗费的生产资料所需要的劳动。（3—3）式也表示，第一部类的可变资本与剩余价值之和等于第二部类的不变资本。（3—3）式为两部类价值形式的简单再生产条件。

价值形式的再生产条件，是价值转形的最重要的与最基本的条件，表明生产决定流通。

二、资本有机构成

第 i 部类生产过程中使用的物化劳动与耗费的必要劳动之比，或者第 i 部类的不变资本与可变资本之比，就是第 i 部类的资本有机构成，即

$$\frac{c_i}{v_i}=k_i \tag{3—4}$$

在价值转形中，两部类的资本有机构成不同。如果假设 c_1、v_1、s_1已知，c_2、v_2、s_2未知，那么，规定第二部类的资本有机构成 k_2为一个不同于第一部类的资本有机构成 k_1的常数，（3—4）式表示为

$$\frac{c_2}{v_2}=k_2 \tag{3—5}$$

如果假设 c_2、v_2、s_2已知，c_1、v_1、s_1未知，那么，规定第一部类的资本有机构成 k_1为一个不同于第二部类的资本有机构成 k_2的常数，（3—4）式表示为

$$\frac{c_1}{v_1}=k_1 \tag{3—6}$$

三、剩余价值率相等

剩余价值率表示资本对劳动的剥削程度，即资本家对雇佣劳动者的剥削程度。在资本主义生产过程中，劳动力能够自由流动，因此，不同部类的资本对劳动的剥削程度相同，也就是剩余价值率相等。剩余价值率可以表示为每个部类的剩余劳动与必要劳动之比，也可以表示为每个部类的雇佣劳动者创造的剩余价值与可变资本之比，即

$$\frac{s_1}{v_1}=\frac{s_2}{v_2}=e \tag{3—7}$$

剩余价值率相等，是价值转形的基本条件之一。

四、被社会多承认的剩余价值与价值生产价格转化系数的关系

在鲍特凯维兹、斯威齐、温特尼茨、米克、塞顿等人提出的价

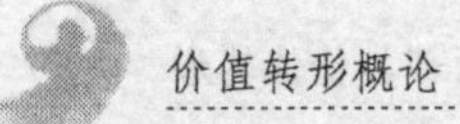

值转形模型中，都是由生产价格形式的成本与生产价格形式的利润之和来确定产品的生产价格。这是循环定义，违背了形式逻辑的基本规定。因此，这些理论是错误的。

马克思用价值形式的成本与价值形式的利润之和来确定产品的生产价格的方法，不存在循环定义，是正确的。只不过不能简单地通过资本在不同部类或部门之间转移，来说明剩余价值如何在不同部类或部门之间转移。只能通过社会对不同部类或不同部门生产过程中耗费的劳动给予不同的承认，来实现价值转形。

按照资本主义生产方式，无论在简单再生产中，还是在扩大再生产中，也无论资本有机构成高、利润率低的部类或部门，还是资本有机构成低、利润率高的部类或部门，在生产过程中，每个部类耗费的生产资料与维持雇佣劳动者的生存需要的生活资料，都必须按照原来的数量得到补偿，不能用于资本家之间的分配。相应地，生产中耗费的物化劳动与活劳动中的必要劳动，社会应该按照实际耗费的劳动给予承认。简单再生产与扩大再生产的区别在于，在简单再生产中，只需要按照原来的生产资料与维持雇佣劳动者的生存需要的生活资料的数量进行补偿，而在扩大再生产中，除去这种补偿，还要追加生产资料与维持更多雇佣劳动者的生存需要的生活资料，用于扩大生产规模。

同样，按照资本主义生产方式，在简单再生产条件下，全体资本家的生活资料也需要得到满足，相应地，生产中耗费的总活劳动中的总剩余劳动，社会也应该按照实际耗费的劳动给予承认。但是，每个部类的雇佣劳动者创造的剩余价值不能完全由本部类的资本家占有，相应地，每个部类生产中耗费的活劳动中的剩余劳动，社会不能按照实际耗费的劳动给予承认，否则，无法实现平均利润。资本有机构成高、利润率低的部类或部门耗费的剩余劳动，社会应该给予较多承认；资本有机构成低、利润率高的部类或部门耗费的剩余劳动，社会应该给予较少承认，才能实现平均利润。

值得注意的是，在一般情况下，每个部类得到社会承认的剩余劳动与这个部类生产中耗费的活劳动中的剩余劳动不同，但是，耗

费的活劳动中的另一组成部分——必要劳动——却不变，耗费的物化劳动也不变。这是因为，每个部类生产中耗费的生产资料是过去的劳动生产的，雇佣劳动者消费的生活资料也是过去的劳动生产的，这些劳动在本次生产过程开始之前已经结束。本次生产过程耗费的活劳动中的必要劳动数量等于生产这些雇佣劳动者消费的生活资料所耗费的劳动数量，因此不变。

剩余价值在资本有机构成不同的部类或部门之间的转移，是通过社会对不同部类或部门生产的剩余价值给予不同程度的承认来实现的。但是，一个部类或部门被社会多承认的剩余价值，不等于这个部类或部门多得到的剩余价值。每个部类得到社会承认的剩余价值或价值形式的利润，是观念或形式上的，而不是实质的。

一个部类或部门得到社会承认的剩余价值，是这个部类或部门的产品价值的组成部分。因此，每个部类或部门的产品被社会多承认的价值，等于这个部类或部门被社会多承认的剩余价值；各部类或各部门产品被社会承认的价值总和，或生产价格总和，等于各部类或各部门的产品价值总和。

一个部类或部门得到社会承认的价值与商品本身的价值之比，为这个部类或部门的价值生产价格转化系数。

第 i 部类的商品本身的价值为 $c_i+v_i+s_i$，被社会多承认的剩余价值为 s_{ai}，得到社会承认的剩余价值为 s_i+s_{ai}，得到社会承认的价值为 $c_i+v_i+s_i+s_{ai}$。第 i 部类的价值生产价格转化系数，为得到社会承认的价值与商品本身的价值之比，即

$$a_i=\frac{c_i+v_i+s_i+s_{ai}}{c_i+v_i+s_i} \tag{3—8}$$

如果一个部类或部门得到社会承认的价值高于或低于该部类或部门商品本身的价值，那么，该部类或部门的价值生产价格转化系数大于 1 或小于 1。如果一个部类或部门得到社会承认的价值等于该部类或部门商品本身的价值，那么，该部类或部门的价值生产价格转化系数等于 1。

五、分配剩余价值不改变耗费的劳动

只有在生产过程中生产出剩余价值，才能在流通过程中分配剩余价值。在资本家在流通过程中开始分配剩余价值时，生产过程已经完成，无论如何分配剩余价值，都无法改变生产过程中已经耗费的劳动。生产过程中耗费的物化劳动不变，耗费的必要劳动不变，耗费的剩余劳动不变，耗费的总劳动也不变。无论按照什么形式分配剩余价值，总剩余劳动既不会增加，也不会减少。两部类被社会多承认的剩余价值互相抵消，即

$$s_{a1}+s_{a2}=0 \tag{3—9}$$

六、两部类的生产价格形式的利润率相等

价值转形不能同时满足价值形式的再生产条件与平均利润条件，只能同时实现生产价格形式的再生产条件与平均利润条件。在价值转形中，生产价格形式的利润率相等，但是，价值形式的利润率不相等。

生产中使用的生产资料与需要补偿的已耗费的生产资料，要按照生产价格从第一部类购买，雇佣劳动者需要的生活资料要按照生产价格从第二部类购买。

第一部类的商品本身的价值为 $c_1+v_1+s_1$。第一部类得到社会承认的价值为 $c_1+v_1+s_1+s_{a1}$，就是这个部类的产品得到社会承认的价值形式的生产价格。该生产价格由价值形式的成本 c_1+v_1 与得到社会承认的剩余价值或得到社会承认的价值形式的利润 s_1+s_{a1} 共同构成。第一部类得到社会承认的价值形式的生产价格，可以表示为 $c_1+v_1+s_1+s_{a1}$，也可以表示为 $a_1(c_1+v_1+s_1)$。$a_1(c_1+v_1+s_1)$ 是价格形式的生产价格。

第一部类的雇佣劳动者需要的生活资料的生产价格为 a_2v_1。第

一部类需要补偿的生产资料的生产价格为 a_1c_1。不考虑固定资本，需要补偿的生产资料就是使用的生产资料，第一部类生产价格形式的资本就是生产价格形式的成本，可以表示为 $a_1c_1+a_2v_1$。

第一部类的生产价格形式的利润，为第一部类的产品的生产价格扣除需要补偿的生产资料的生产价格、再生产劳动力所需要的生活资料的生产价格之后的余额，即

$$a_1(c_1+v_1+s_1)-a_1c_1-a_2v_1=a_1v_1+a_1s_1-a_2v_1$$

第一部类生产价格形式的利润率，为第一部类生产价格形式的利润 $a_1v_1+a_1s_1-a_2v_1$ 与第一部类生产价格形式的资本 $a_1c_1+a_2v_1$ 之比，即

$$r_1=\frac{a_1v_1+a_1s_1-a_2v_1}{a_1c_1+a_2v_1} \tag{3—10}$$

第二部类的商品本身的价值为 $c_2+v_2+s_2$。第二部类得到社会承认的价值为 $c_2+v_2+s_2+s_{a2}$，就是这个部类的产品得到社会承认的价值形式的生产价格。该生产价格由价值形式的成本 c_2+v_2 与得到社会承认的剩余价值或得到社会承认的价值形式的利润 s_2+s_{a2} 共同构成。第二部类得到社会承认的价值形式的生产价格，可以表示为 $c_2+v_2+s_2+s_{a2}$，也可以表示为 $a_2(c_2+v_2+s_2)$。$a_2(c_2+v_2+s_2)$ 是价格形式的生产价格。

第二部类的雇佣劳动者需要的生活资料的生产价格为 a_2v_2。第二部类需要补偿的生产资料的生产价格为 a_1c_2。不考虑固定资本，需要补偿的生产资料就是使用的生产资料，第二部类生产价格形式的资本就是生产价格形式的成本，可以表示为 $a_1c_2+a_2v_2$。

第一部类的生产价格形式的利润，为第一部类的产品的生产价格扣除需要补偿的生产资料的生产价格、再生产劳动力所需要的生活资料的生产价格之后的余额，即

$$a_2(c_2+v_2+s_2)-a_1c_2-a_2v_2=a_2c_2+a_2s_2-a_1c_2$$

第二部类生产价格形式的利润率，为第二部类生产价格形式的

利润 $a_2c_2+a_2s_2-a_1c_2$ 与第二部类生产价格形式的资本 $a_1c_2+a_2v_2$ 之比，即

$$r_2=\frac{a_2c_2+a_2s_2-a_1c_2}{a_1c_2+a_2v_2} \tag{3—11}$$

在流通过程中，两部类生产价格形式的利润率相等，等于生产价格形式的平均利润率，即

$$r_1=r_2=r \tag{3—12}$$

七、价值转形方程

由（3—10）式、（3—11）式、（3—12）式可以得到

$$\frac{a_1v_1+a_1s_1-a_2v_1}{a_1c_1+a_2v_1}+1=\frac{a_2c_2+a_2s_2-a_1c_2}{a_1c_2+a_2v_2}+1$$
$$=r+1 \tag{3—13}$$

（3—13）式可以分别表示为

$$(a_1c_1+a_2v_1)(1+r)=a_1(c_1+v_1+s_1) \tag{3—14}$$

与

$$(a_1c_2+a_2v_2)(1+r)=a_2(c_2+v_2+s_2) \tag{3—15}$$

这两个方程就是价值与生产价格联系方程或价值转形方程。

在价值转形方程中，利润表现为预付资本增殖的结果，利润或剩余价值的真正来源看不到了。

资本家只关心价值增殖的程度，不关心剩余价值的真实来源，不关心价值增殖是由生产中使用的不变资本带来的，由生产中耗费的不变资本带来的，还是由可变资本带来的。资本家认为资本的不同组成部分在生产过程中与价值增殖过程中的作用相同，将剩余价值或利润看作全部预付资本的产物，看作资本的价值增加额。因为资本家只考虑固定资本与流动资本的区别，所以不变资本与可变资本的区别从资产阶级的视野中消失了。一旦不变资本与可变资本在价值增

殖中的不同作用被抹杀，资本主义的剥削关系就被掩盖了。

在资本家看来，“剩余价值不仅对进入价值增殖过程的预付资本部分来说是一个增加额，而且对不进入价值增殖过程的预付资本部分来说也是一个增加额；因而，不仅对用商品的成本价格来补偿的所耗费的资本来说是一个价值增加额，而且对生产中所使用的全部资本来说也是一个价值增加额”。① 资本家认为，生产中没有耗费的固定资本，虽然不是生产成本的组成部分，但是作为物质生产要素，同样参加了商品的生产过程，离开了这部分资本，生产过程无法进行，自己也得不到剩余价值。

只有在价值形式的再生产条件中，才能看出剩余价值是可变资本的产物。

价值转形方程的意义在于，它能够同时满足生产价格形式的再生产条件与平均利润条件。价值转形同时满足的再生产条件与平均利润条件，不是价值形式的，而是生产价格形式的。资本家得到的平均利润，不是价值形式的，而是生产价格形式的。资本家要求得到的是平均利润本身，哪怕这种平均利润只是形式上的平等。

马克思认为：“在这里，基本观念是平均利润本身，是等量资本必须在相同时间内提供等量利润。而这又以下述观念为基础：每个生产部门的资本，都应按照各自大小的比例来分享社会总资本从工人那里榨取来的总剩余价值；或者说，每个特殊资本都只作为总资本的一部分，每个资本家事实上都作为总企业的一个股东，按照各自资本股份的大小比例来分享总利润。在这个观念的基础上然后建立起资本家的计算。”②

八、资本家得到的剩余价值

每个部类的资本家最终得到或最终占有的剩余价值或利润，既

① 马克思恩格斯全集：第 25 卷［M］. 北京：人民出版社，1974：42.

② 同上书，233 页。

不是每个部类得到社会承认的剩余价值或价值形式的利润，也不是该部类的雇佣劳动者创造的剩余价值，而是全体资本家认为这个部类或部门应该得到的剩余价值或利润，是生产资本家得到的产品所耗费的劳动。如果每个部类的资本家都得到这样数量的剩余价值，那么，就能够同时满足生产价格形式的再生产条件与平均利润条件。

在简单再生产条件下，资本家得到的生产价格形式的利润，用于购买自己需要的生活资料。资本家得到的剩余价值，反映生产这些生活资料所耗费的劳动。

在扩大再生产条件下，资本家得到的生产价格形式的利润，不仅用于购买自己需要的生活资料，而且用于购买追加的生产资料，用于购买为交换追加的劳动力需要追加的生活资料。资本家得到的剩余价值，反映生产这些生产资料与生活资料所耗费的劳动。

每个部类得到的剩余价值或价值形式的利润都是实质的。

在简单再生产条件下，资本家得到的生产价格形式的利润，只用于购买生活资料。资本家最终得到的剩余价值，要乘以第二部类的价值生产价格转化系数，才等于生产价格形式的利润。

第一部类的资本家得到的剩余价值与生产价格形式的利润的关系，可以表示为

$$a_2(s_1+s_{t1})=(a_1c_1+a_2v_1)r \tag{3—16}$$

第二部类的资本家得到的剩余价值与生产价格形式的利润的关系，可以表示为

$$a_2(s_2+s_{t2})=(a_1c_2+a_2v_2)r \tag{3—17}$$

最终获得剩余价值，是资本主义生产的唯一目的。

上面各方程，构成了简单再生产条件下两部类价值转形的基本关系。

第三节　简单再生产条件下的两部类价值转形模型

简单再生产条件下的两部类价值转形模型，表示如下：

$$v_1+s_1=c_2 \tag{3—18}$$

$$\frac{c_2}{v_2}=k_2 \tag{3—19}$$

$$\frac{s_1}{v_1}=\frac{s_2}{v_2}=e \tag{3—20}$$

$$a_1=\frac{c_1+v_1+s_1+s_{a1}}{c_1+v_1+s_1} \tag{3—21}$$

$$a_2=\frac{c_2+v_2+s_2+s_{a2}}{c_2+v_2+s_2} \tag{3—22}$$

$$s_{a1}+s_{a2}=0 \tag{3—23}$$

$$(a_1c_1+a_2v_1)(1+r)=a_1(c_1+v_1+s_1) \tag{3—24}$$

$$(a_1c_2+a_2v_2)(1+r)=a_2(c_2+v_2+s_2) \tag{3—25}$$

$$a_2(s_1+s_{t1})=(a_1c_1+a_2v_1)r \tag{3—26}$$

$$a_2(s_2+s_{t2})=(a_1c_2+a_2v_2)r \tag{3—27}$$

在简单再生产条件下的两部类价值转形模型中，各关系式的涵义分别如下：

(3—18) 式为简单再生产条件。

(3—19) 式为第二部类的资本有机构成。

(3—20) 式为两部类剩余价值率相等条件。

(3—21) 式、(3—22) 式分别为第一部类与第二部类的价值生产价格转化系数定义。

(3—23) 式表示两部类被社会多承认的剩余价值互相抵消。

(3—24) 式、(3—25) 式分别为第一部类与第二部类的价值转

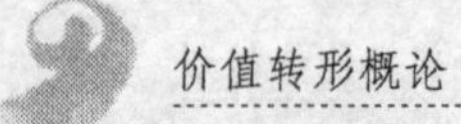

形方程。

（3—26）式、（3—27）式分别为第一部类与第二部类生产价格形式的利润与最终得到的剩余价值的关系。

该模型包括两个子方程组，共 10 个方程。前 3 个方程构成简单再生产条件方程组。简单再生产条件方程组反映生产过程中两部类耗费的物化劳动、耗费的活劳动中的必要劳动、耗费的活劳动中的剩余劳动的关系，满足相应的价值形式的简单再生产条件，满足价值规律。后 7 个方程构成价值转形方程组。价值转形方程组反映生产价格与价值之间的联系，反映流通过程中两部类生产价格形式的资本、生产价格形式的平均利润率、价值生产价格转化系数、被社会多承认的剩余价值与不变资本、可变资本、剩余价值之间的关系，也反映两部类生产价格形式的利润与资本家实际得到的剩余价值之间的关系。该方程组满足生产价格形式的再生产条件与平均利润条件。

从时间方面考察，简单再生产条件方程组与价值转形方程组属于同一个资本循环周期。在生产资本循环中，简单再生产条件方程组反映生产资本循环的生产阶段中，各部类耗费的各种劳动之间的关系。价值转形方程组反映生产资本循环的售卖阶段与购买阶段中，各部类实现资本价值与剩余价值的关系。售卖阶段与购买阶段在生产阶段之后。因此，简单再生产条件方程组影响价值转形方程组，价值转形方程组不影响简单再生产条件方程组。

如果不考虑（3—20）式中的剩余价值率 e，那么，从形式上看，该模型包括 10 个方程与 14 个变量，其中，c_1、v_1、s_1、k_2这 4 个变量为已知量或外生变量，c_2、v_2、s_2、s_{a1}、s_{a2}、s_{t1}、s_{t2}、a_1、a_2、r 这 10 个变量为未知变量或内生变量。由 10 个独立方程，可以得到唯一解。

由简单再生产条件方程组得到的结果 c_2、v_2、s_2，是价值转形方程组的条件。

对于简单再生产条件方程组来说，不考虑（3—20）式中的剩

余价值率 e，包括 6 个变量 v_1、s_1、c_2、v_2、s_2、k_2，其中，v_1、s_1、k_2这 3 个变量为已知量或外生变量，c_2、v_2、s_2这 3 个变量为未知变量或内生变量。由 3 个独立方程，可以得到 3 个内生变量的唯一解。

对于价值转形方程组来说，包括 13 个变量 c_1、v_1、s_1、c_2、v_2、s_2、s_{a1}、s_{a2}、s_{t1}、s_{t2}、a_1、a_2、r，其中，c_1、v_1、s_1、c_2、v_2、s_2这 6 个变量为已知量或外生变量，s_{a1}、s_{a2}、s_{t1}、s_{t2}、a_1、a_2、r 这 7 个变量为未知变量或内生变量。由 7 个独立方程，可以得到 7 个内生变量的唯一解。

上述价值转形模型，是第一部类的不变资本、可变资本与剩余价值已知的情况下，简单再生产条件下的两部类价值转形模型。如果假设条件改变为 c_2、v_2、s_2、k_1已知，c_1、v_1、s_1、s_{a1}、s_{a2}、s_{t1}、s_{t2}、a_1、a_2、r 未知，那么，只要将（3—19）式改变为（3—6）式，即可构成第二部类的不变资本、可变资本与剩余价值已知的情况下，简单再生产条件下的两部类价值转形模型。

第四节　两部类价值转形的四个系统

一、两部类价值转形的四个系统的内涵

在价值转形过程中，共有四个系统：价值转形前工人创造的剩余价值和价值系统；价值转形后得到社会承认的剩余价值和价值系统，即社会承认的价值形式的利润和生产价格系统；价值转形后生产价格形式的利润和价格形式的生产价格系统；价值转形后资本家得到的剩余价值和价值系统，即实现的价值形式的利润和生产价格系统。

这四个系统可以用表 3－1 至表 3－4 表示。

表 3-1　价值转形前工人创造的剩余价值和价值

部类	不变资本	可变资本	剩余价值	产品价值
1	c_1	v_1	s_1	$c_1+v_1+s_1=c_1+c_2$
2	c_2	v_2	s_2	$c_2+v_2+s_2=v_1+v_2+s_1+s_2$
总和	c_1+c_2	v_1+v_2	s_1+s_2	$c_1+v_1+s_1+c_2+v_2+s_2$

表 3-2　价值转形后价值形式的利润和生产价格（社会承认的）

部类	不变资本	可变资本	利润（社会承认的剩余价值）	生产价格（社会承认的价值）
1	c_1	v_1	s_1+s_{a1}	$c_1+v_1+s_1+s_{a1}$
2	c_2	v_2	s_2+s_{a2}	$c_2+v_2+s_2+s_{a2}$
总和	c_1+c_2	v_1+v_2	s_1+s_2	$c_1+v_1+s_1+c_2+v_2+s_2$

表 3-3　价值转形后生产价格形式的利润和价格形式的生产价格

部类	不变资本	可变资本	利润（生产价格形式）	生产价格（价格形式）
1	a_1c_1	a_2v_1	$(a_1c_1+a_2v_1)\ r$	$a_1(c_1+v_1+s_1)$ $=(a_1c_1+a_2v_1)\ (1+r)$ $=c_1+v_1+s_1+s_{a1}$
2	a_1c_2	a_2v_2	$(a_1c_2+a_2v_2)\ r$	$a_2(c_2+v_2+s_2)$ $=(a_1c_2+a_2v_2)\ (1+r)$ $=c_2+v_2+s_2+s_{a2}$
总和	$a_1(c_1+c_2)$	$a_2(v_1+v_2)$	$(a_1c_1+a_2v_1$ $+a_1c_2+a_2v_2)\ r$	$c_1+v_1+s_1+c_2+v_2+s_2$

表 3-4　价值转形后价值形式的利润和生产价格（实现的）

部类	不变资本	可变资本	利润（实现的剩余价值）	生产价格（实现的价值）
1	c_1	v_1	s_1+s_{t1} $=(a_1c_1+a_2v_1)r/a_2$	$c_1+v_1+s_1+s_{t1}$

续前表

部类	不变资本	可变资本	利润（实现的剩余价值）	生产价格（实现的价值）
2	c_2	v_2	s_2+s_{t2} $=(a_1c_2+a_2v_2)r/a_2$	$c_2+v_2+s_2+s_{t2}$
总和	c_1+c_2	v_1+v_2	s_1+s_2	$c_1+v_1+s_1$ $+c_2+v_2+s_2$

二、四个系统的关系

第一，考虑到两部类价值转形的符号规定，c_i、v_i、s_i有双重涵义。在简单再生产条件下的两部类价值转形模型中，价值转形前雇佣劳动者创造的剩余价值和价值系统，一方面，反映生产过程中两部类耗费的物化劳动、必要劳动、剩余劳动之间的关系；另一方面，反映两部类的不变资本、可变资本、剩余价值之间的关系。产品只有生产出来才能进入流通过程。因此，这个系统是价值转形的起点，不受价值转形的影响，如表 3－1 所示。这个系统与（3—18）式、（3—19）式、（3—20）式表示的价值形式的简单再生产条件方程组对应。

第二，简单再生产条件下的两部类价值转形模型中，价值转形同时产生三个系统。这三个系统不是三种不同的价值转形，而是同一价值转形过程的三个不同方面，因而是三个互相联系又有区别的不同系统。这三个系统与反映流通过程的价值转形方程组对应。

从数学方面看，这三个系统中的所有未知变量是同时得到的；从逻辑方面看，这三个系统为三个不同层次。

在简单再生产条件下考察，在价值转形前后，两部类生产过程中耗费的生产资料数量没有变化，雇佣劳动者消费的生活资料数量也没有变化。因此，生产这些生产资料和生活资料所耗费的劳动没有变化，两部类的不变资本和可变资本的价值没有变化。雇佣劳动

者不参与资本家之间分配总剩余价值的过程，他们为维持生存所需要的生活资料需要得到补偿，生产过程中已经耗费的生产资料也需要得到补偿，其价值不能用于分配。发生在流通过程中的价值转形，不可能改变生产过程中已经耗费的物化劳动、必要劳动、剩余劳动与总劳动。在价值转形后得到社会承认的价值形式的利润和生产价格系统中，不变资本、可变资本为价值形式，分别与价值转形前后的生产过程中耗费的物化劳动和必要劳动对应。因此，两部类的不变资本与可变资本不变。

虽然总剩余劳动不变，但是，每个部类得到社会承认的剩余价值与这个部类雇佣劳动者创造的剩余价值一般不相等，从而每个部类的产品得到社会承认的价值与这个部类的产品的价值一般不相等，否则无法实现平均利润。每个部类得到社会承认的剩余价值是一种价值形式的利润。两部类得到社会承认的剩余价值的总和等于总剩余价值，即两部类价值形式的利润的总和等于总剩余价值。

用这种方式定义生产价格，是由价值定义生产价格，避免了由生产价格形式的不变资本、可变资本、利润来定义生产价格所导致的循环定义。

这个系统如表 3 - 2 所示，与（3—21）式、（3—22）式、（3—23）式对应。

值得注意的是，虽然这个系统既不满足平均利润条件，也不满足再生产条件，但是，从（3—21）式、（3—22）式、（3—23）式可以看出，该系统决定了两部类的价值生产价格转化系数，从而为价值转形后生产价格形式的利润和价格形式的生产价格系统同时满足平均利润和再生产条件奠定了基础。

第三，在价值转形后生产价格形式的利润和价格形式的生产价格系统中，不变资本、可变资本、利润均为生产价格形式。该系统用表 3 - 3 表示，与（3—24）式、（3—25）式相对应。

由（3—21）式、（3—22）式、（3—23）式、（3—24）式、（3—25）式可以看出，在该系统中，价格形式的生产价格与表 3 - 2 中由价值决定的生产价格相同。生产价格与价值的偏离有两种表示

方法：既可以用价值乘以一个不等于 1 的系数表示生产价格，也可以用价值加一个不等于 0 的价值量表示生产价格。这个生产价格中已经包含了对其价值的偏离，因此，可以顺利地实现生产成本由价值形式向生产价格形式转化。这个系统同时满足生产价格形式的平均利润和再生产条件，是马克思将成本价格由价值形式修改为生产价格形式后希望得到的系统。

第四，在价值转形后资本家得到的剩余价值和价值系统中，也就是在实现的价值形式的利润和生产价格系统中，不变资本、可变资本为价值形式，同样分别与价值转形前生产过程中耗费的物化劳动和必要劳动对应。该系统用表 3 - 4 表示，与（3—26）式、（3—27）式相对应。

在简单再生产条件下的两部类价值转形模型中，因为每个部类资本家得到的剩余价值或利润全部用于购买生活资料，所以，在这个系统中，实现的价值形式的利润等于表 3 - 3 中的生产价格形式的利润除以生活资料生产部类的价值生产价格转化系数。实现的价值形式的利润，反映生产这些生活资料所耗费的劳动。

这个系统既不满足价值形式的平均利润条件，也不满足价值形式的再生产条件。也就是说，从价值的角度看，并没有同时实现平均利润和再生产条件，只是从生产价格的角度看，同时实现了平均利润和再生产条件。

第五，由这四个系统的关系可以看出，价值转形前雇佣劳动者创造的剩余价值和价值系统决定其他三个系统，也就是，价值转形前两个部类的不变资本、可变资本、剩余价值决定价值转形后的所有内生变量。

具体地说，价值转形前雇佣劳动者创造的剩余价值和价值，决定价值转形后得到社会承认的价值形式的利润和得到社会承认的价值形式的生产价格。价值转形后得到社会承认的价值形式的利润和得到社会承认的价值形式的生产价格，决定价值转形后生产价格形式的利润和价格形式的生产价格。价值转形后生产价格形式的利润和价格形式的生产价格，决定资本家得到的剩余价值或实

现的价值形式的利润、实现的价值或实现的价值形式的生产价格。

值得注意的是，资本本质上是过去的劳动或死劳动的凝结，在运动过程中表现为不同形式。最初，资本表现为货币资本。通过购买阶段，货币资本转化为生产资本，即生产资料和劳动力，其中包括过去生产出来的生活资料与劳动力的交换。在生产阶段，资本家支配雇佣劳动者的活劳动与生产资料结合，活劳动不仅创造出相当于劳动力价值的价值，而且创造出剩余价值，同时将生产资料价值转移到产品中。通过生产阶段，生产资本转化为商品资本。包含剩余价值的商品资本的价值大于生产资本的价值。通过售卖阶段，商品转化为货币，商品资本转化为货币资本，其中包括货币形式的剩余价值。一部分货币资本用于再生产，另一部分货币资本转化为资本家的生活消费基金。

虽然价值转形后实现的价值形式的利润和生产价格系统不满足平均利润和再生产条件，但是，这个系统中的利润和生产价格反映资本家实际占有的剩余劳动和社会劳动，是隐藏在生产价格背后并支配生产价格的价值。占有这些剩余劳动，是资本家从事生产的唯一目的，也是雇佣劳动制度的基本特征。

价值转形通过分配总剩余价值，让资本家看到表面现象上的“公平”，即看到资本有机构成不同的部类最终得到的剩余价值的表象——生产价格形式的平均利润。

第五节　价值转形不是通过资本在不同部类之间流动实现的

从该模型中可以看出，在简单再生产条件下的价值转形中，在资本有机构成不同的部类中，价值形式的不变资本和可变资本没有变化，生产资料的数量和劳动力的数量没有变化。变化的是社会对

不同部类生产的剩余价值的承认，以及社会对不同部类的产品价值的承认程度。因此，价值转形不是通过资本在不同部类之间流动实现的，而是通过社会对不同部类生产的剩余价值给予不同的承认实现的，也就是通过社会对不同部类的产品价值的承认程度不同实现的。

资本在不同部类或部门之间流动，无法解释简单再生产条件下的价值转形。在简单再生产条件下，在微观上资本可以流动，生产资料和劳动力在不同部类之间不停地流动，但是在宏观上资本不能流动。这就是说，流入一个部类或部门的资本与流出这个部类或部门的资本相等。如果一个部类或部门的资本发生变化，无论增大还是减小，也无论不变资本变化还是可变资本变化，那么，都不再是简单再生产。

在简单再生产条件下，不同部门或不同部类的资本有机构成不同，剩余价值率相等，仍然要实现平均利润，要实现价值转形。因此，是否能够说明简单再生产条件下的价值转形，是检验一种价值转形理论是否正确的重要标准。

第六节　简单再生产条件下的两部类价值转形是辩证关系

简单再生产条件下的两部类价值转形是极其复杂的问题。仅仅利用形式逻辑这样简单的方法，不可能解决价值转形这样复杂的问题。要解决简单再生产条件下的两部类价值转形问题，必须利用辩证法。

与生产过程中耗费的两部类的物化劳动、活劳动中的必要劳动、活劳动中的剩余劳动相对应的不变资本、可变资本、剩余价值满足价值形式的简单再生产条件，也就是满足价值规律。流通过程中产品不是按照价值交换，而是按照生产价格交换，满足生产价格

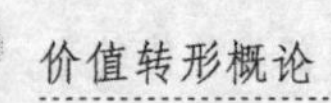

形式的简单再生产条件。资本家得到的不是本部类生产的剩余价值，而是生产价格形式的利润。可见，生产价格与价值是对立的。

一方面，流通过程中的生产价格形式的利润和产品的生产价格完全由生产过程中耗费的物化劳动和活劳动（包括必要劳动、剩余劳动）决定，也就是由剩余价值和价值决定。另一方面，两部类资本家最终得到的剩余价值和价值由生产价格形式的利润和生产价格决定，生产价格总和等于价值总和。可见，生产价格与价值又是统一的。

这反映生产与流通是对立统一的，也就是价值与生产价格是对立统一的。因此，简单再生产条件下的两部类价值转形是对立统一的关系。

利润率低的部类得到社会承认的剩余价值逐渐增加，使得该部类的生产价格不断提高，逐渐偏离其价值。利润率高的部类得到社会承认的剩余价值逐渐减少，使得该部类的生产价格不断降低，也逐渐偏离其价值。当两部类得到社会承认的剩余价值达到某一数量界限时，两部类的生产价格恰好同时满足生产价格形式的平均利润条件和简单再生产条件。得到社会承认剩余价值的量的变化，引起从不能满足生产价格形式的平均利润到满足生产价格形式的平均利润的质的转变。

因此，简单再生产条件下的两部类价值转形是由量变到质变的关系。

这种实现价值转形的方式与马克思实现价值转形的方式的相同之处在于：二者都存在剩余价值转移。二者的不同之处在于：马克思通过剩余价值转移的数量达到一定程度，直接实现平均利润，但是不满足再生产条件；而这种实现价值转形的方式，是通过得到社会承认的剩余价值的变化达到某一界限或生产价格偏离价值达到某一程度，为同时满足生产价格形式的平均利润条件和再生产条件奠定了基础。

同时满足生产价格形式的平均利润条件和再生产条件并不是价值转形的结束。在简单再生产条件下，资本家要用得到的生产价格

形式的平均利润购买剩余产品，与生产这些剩余产品所耗费的劳动相对应的剩余价值才是每个部类的资本家最终占有的剩余价值。

生产价格形式的利润和生产价格，是对剩余价值和价值的否定。由剩余价值和价值到生产价格形式的利润和生产价格的转变，是第一次否定。资本家最终得到的剩余价值和价值，是对生产价格形式利润和生产价格的否定。由生产价格形式的利润和生产价格到资本家最终得到的剩余价值和价值的转变，是第二次否定。也就是对否定的否定。第二次否定并没有退回到第一次否定之前的剩余价值和价值。

因此，简单再生产条件下的两部类价值转形是否定之否定的关系。

总之，简单再生产条件下的两部类价值转形是辩证关系。

第七节　马克思的“两个等于”的观点在哪些系统之间成立

马克思认为，利润总和等于剩余价值总和，生产价格总和等于价值总和。这个观点是否成立？在哪些系统之间成立？为什么？

一、价值转形后得到社会承认的价值形式的利润和生产价格系统中的“两个等于”问题

价值转形后，利润和生产价格表现为几种不同形式。在价值转形后得到社会承认的价值形式的利润和生产价格的系统中，包含了被社会多承认的剩余价值 s_{a1}、s_{a2}。平均利润和生产价格的形成过程，是在资本家之间按照等量资本获得等量利润的原则，对剩余价值进行分配的过程。因为总剩余劳动没有发生变化，社会总劳动没有发生变化，所以，反映总剩余劳动的剩余价值总额不会发生变

化，反映社会总劳动的社会产品价值总额也不会发生变化。因此，一个部类被社会多承认的剩余价值，正好等于另一个部类被社会少承认的剩余价值。由（3—23）式可以直接得到

$$(s_1+s_{a1})+(s_2+s_{a2})=s_1+s_2 \quad (3—28)$$

和

$$(c_1+v_1+s_1+s_{a1})+(c_2+v_2+s_2+s_{a2})$$
$$=(c_1+v_1+s_1)+(c_2+v_2+s_2) \quad (3—29)$$

即得到社会承认的价值形式的利润总和等于剩余价值总和；得到社会承认的价值形式的生产价格总和等于价值总和。这是由（3—23）式决定的，因此不需要证明。马克思的“两个等于”的观点，在这种情况下成立。

二、价值转形后生产价格形式的利润和价格形式的生产价格系统中的“两个等于”问题

在价值转形后生产价格形式的利润和价格形式的生产价格系统中，由（3—21）式、（3—22）式、（3—23）式可以得到，价格形式的生产价格总和或得到社会承认的价值形式的生产价格总和为

$$a_1(c_1+v_1+s_1)+a_2(c_2+v_2+s_2)$$
$$=(c_1+v_1+s_1+s_{a1})+(c_2+v_2+s_2+s_{a2})$$
$$=(c_1+v_1+s_1)+(c_2+v_2+s_2) \quad (3—30)$$

即价格形式的生产价格总和等于价值总和。但是，生产价格形式的利润总和一般不等于剩余价值总和。

三、价值转形后资本家得到的剩余价值和价值系统中的“两个等于”问题

在价值转形后资本家实际得到的或实现的价值形式的利润和生

产价格系统中，由（3—18）式、（3—24）式、（3—25）式、（3—26）式、（3—27）式可以得到第一部类和第二部类资本家实际多得到的剩余价值分别为

$$s_{t1}=\left(\frac{a_1}{a_2}-1\right)c_2 \tag{3—31}$$

和

$$s_{t2}=\left(1-\frac{a_1}{a_2}\right)c_2 \tag{3—32}$$

因此

$$s_{t1}+s_{t2}=0 \tag{3—33}$$

即两部类的资本家多得到的剩余价值之和为0。那么

$$(s_1+s_{t1})+(s_2+s_{t2})=s_1+s_2 \tag{3—34}$$

即两部类的资本家实际得到的价值形式的利润之和等于两部类的工人创造的剩余价值之和。同时

$$\begin{aligned}&(c_1+v_1+s_1+s_{t1})+(c_2+v_2+s_2+s_{t2})\\=&(c_1+v_1+s_1)+(c_2+v_2+s_2)\end{aligned} \tag{3—35}$$

即两部类资本家实际得到的价值形式的生产价格之和等于两部类的产品价值之和。马克思的“两个等于”的观点，在这种情况下成立。

可见，马克思“两个等于”的观点，在价值转形后得到社会承认的价值形式的利润和生产价格系统与价值转形前雇佣劳动者创造的剩余价值和价值系统之间成立，在价值转形后资本家实际得到的价值形式的利润和生产价格系统与价值转形前雇佣劳动者创造的剩余价值和价值系统之间也成立。

在价值转形后生产价格形式的利润和价格形式的生产价格系统与价值转形前工人创造的剩余价值和价值系统之间，生产价格形式的利润之和不等于剩余价值之和，但是，价格形式的生产价格之和

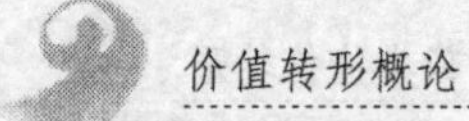

等于价值之和。

四、马克思的“两个等于”是生产决定流通的必然结果

通过（3—34）式、（3—35）式，在价值转形后资本家实际得到的价值形式的利润和生产价格系统与价值转形前工人创造的剩余价值和价值系统之间，马克思的“两个等于”的观点似乎通过数学方法得到了证明。但是，这是一种误解。

必须注意，“两个等于”不是通过数学方法证明的，更不是由“看不见的手”或供求关系决定的，而是生产决定流通这个事实的必然结果。“两个等于”不仅不是通过价值转形得到的结果，相反，“两个等于”是价值转形的前提。这个前提不是假设前提，而是客观存在。

产品只有生产出来才能进入流通过程从而被消费，剩余价值只有生产出来才能在流通过程中在资本家之间分配。任何人都不可能消费还没有生产出来的产品，也不可能分配还没有生产出来的剩余价值。当包含剩余劳动的产品进入流通过程时，生产过程已经结束，生产过程中耗费的各种劳动已经确定，无法改变。无论怎样分配剩余价值，都不可能改变剩余劳动总量和劳动总量。因此，“两个等于”是由因果关系决定的，也就是由逻辑关系决定的。“两个等于”是铁一样的事实，是客观存在。

在推导（3—34）式、（3—35）式的过程中，利用了价值形式的再生产条件。价值形式的再生产条件反映了生产过程中各部类耗费的物化劳动、必要劳动、剩余劳动之间的关系。在价值转形模型中，价值形式的再生产条件方程组是价值转形方程组的基础。价值形式的再生产条件方程组决定价值转形方程组，前者不受后者的影响。因此，（3—34）式、（3—35）式并不表示通过数学方法可以证明“两个等于”，只是以数学形式重申剩余价值的生产决定剩余价值的分配，也就是生产决定流通或价值决定生产价格。

第八节　简单再生产条件下的两部类价值转形模型的解

求简单再生产条件下的两部类价值转形模型的解，通常按照以下顺序：

(1) 求参数 σ 和生产价格形式的平均利润率 r。

(2) 求价值生产价格转化系数 a_1、a_2。

(3) 求各部类被社会多承认的剩余价值 s_{a1}、s_{a2}。

(4) 求各部类多得到的剩余价值 s_{t1}、s_{t2}。

一、求参数 σ 和生产价格形式的平均利润率 r

在 s_{a1}、s_{a2}、a_1、a_2、r 这五个变量中，可以先求得任何一个变量，再求其他变量。但是，为了方便，通常先求参数 σ 和生产价格形式的平均利润率 r。

采用鲍特凯维兹使用的符号，令参数

$$f_1=\frac{v_1}{c_1}=\frac{1}{k_1} \tag{3—36}$$

$$f_2=\frac{v_2}{c_2}=\frac{1}{k_2} \tag{3—37}$$

$$g_1=\frac{c_1+v_1+s_1}{c_1} \tag{3—38}$$

$$g_2=\frac{c_2+v_2+s_2}{c_2} \tag{3—39}$$

$$\sigma=1+r \tag{3—40}$$

将 (3—36) 式、(3—37) 式、(3—38) 式、(3—39) 式、(3—40) 式代入 (3—21) 式、(3—22) 式、(3—23) 式、(3—24) 式、

(3—25) 式，可以得到

$$(a_1+a_2 f_1)\sigma=a_1 g_1 \tag{3—41}$$

$$(a_1+a_2 f_2)\sigma=a_2 g_2 \tag{3—42}$$

$$a_1 c_1 g_1+a_2 c_2 g_2=c_1 g_1+c_2 g_2 \tag{3—43}$$

由 (3—41) 式得

$$a_1=\frac{\sigma f_1 a_2}{g_1-\sigma} \tag{3—44}$$

由 (3—42) 式得

$$a_2=\frac{\sigma a_1}{g_2-f_2\sigma} \tag{3—45}$$

由 (3—44) 式、(3—45) 式得

$$(f_1-f_2)\sigma^2+(f_2 g_1+g_2)\sigma-g_1 g_2=0 \tag{3—46}$$

解方程得到

$$\sigma=\frac{-(f_2 g_1+g_2)}{2(f_1-f_2)} \pm\frac{\sqrt{(f_2 g_1+g_2)^2+4(f_1-f_2)g_1 g_2}}{2(f_1-f_2)} \tag{3—47}$$

(3—47) 式可以表示为

$$\sigma=\frac{f_2 g_1+g_2\pm\sqrt{(g_2-f_2 g_1)^2+4f_1 g_1 g_2}}{2(f_2-f_1)} \tag{3—48}$$

如果第一部类资本有机构成低于第二部类资本有机构成，即

$$\frac{c_1}{v_1}<\frac{c_2}{v_2} \tag{3—49}$$

那么

$$f_1>f_2 \tag{3—50}$$

如果 (3—48) 式的平方根前取正号，那么

$$\sigma<0 \tag{3—51}$$

与

$$\sigma=r+1\geqslant 1 \tag{3—52}$$

矛盾。在这种情况下，(3—48) 式的平方根前只能取负号。

如果第一部类资本有机构成高于第二部类资本有机构成，即

$$\frac{c_1}{v_1}>\frac{c_2}{v_2} \tag{3—53}$$

那么

$$f_1<f_2 \tag{3—54}$$

由于

$$\sqrt{(g_2-f_2g_1)^2+4f_1g_1g_2}>g_2-f_2g_1 \tag{3—55}$$

如果 (3—48) 式的平方根前取正号，那么

$$(f_2g_1+g_2)+\sqrt{(g_2-f_2g_1)^2+4f_1g_1g_2}>2g_2 \tag{3—56}$$

由 (3—48) 式、(3—56) 式

$$\sigma>\frac{g_2}{f_2-f_1} \tag{3—57}$$

但是，由 (3—42) 式，可以得到

$$\sigma=\frac{g_2}{\frac{a_1}{a_2}+f_2} \tag{3—58}$$

显然

$$\sigma=\frac{g_2}{\frac{a_1}{a_2}+f_2}<\frac{g_2}{f_2}<\frac{g_2}{f_2-f_1} \tag{3—59}$$

(3—59) 式与 (3—57) 式矛盾。在这种情况下，(3—48) 式的平

方根前只能取负号。

因此，无论第一部类资本有机构成高于第二部类资本有机构成，还是第一部类资本有机构成低于第二部类资本有机构成，（3—48）式的平方根前只能取负号，即

$$\sigma=\frac{f_2g_1+g_2-\sqrt{(g_2-f_2g_1)^2+4f_1g_1g_2}}{2(f_2-f_1)}$$

$$=\frac{f_2g_1+g_2-\sqrt{(f_2g_1-g_2)^2+4f_1g_1g_2}}{2(f_2-f_1)} \qquad (3—60)$$

由（3—40）式、（3—60）式可以得到生产价格形式的平均利润率

$$r=\sigma-1 \qquad (3—61)$$

如果第一部类资本有机构成等于第二部类资本有机构成，那么，由（3—40）式、（3—47）式、（3—48）式可以看出，生产价格形式的平均利润率为有限值的必要条件是，（3—48）式的平方根前取负号。但是，在这种情况下，可以直接得到价值形式的平均利润率，不存在价值转形，也不属于这里讨论的范围。

二、参数σ的实系数一元二次方程中实数根的存在性

因为

$$(f_2g_1-g_2)^2+4f_1g_1g_2>0 \qquad (3—62)$$

所以，（3—60）式中的σ一定是方程（3—46）式的实数根。

三、求价值生产价格转化系数

由（3—43）式得

$$a_2=\frac{(1-a_1)c_1g_1+c_2g_2}{c_2g_2} \qquad (3—63)$$

将σ和（3—63）式代入（3—44）式，得

$$a_1=\frac{\sigma f_1[(1-a_1)c_1g_1+c_2g_2]}{c_2g_2(g_1-\sigma)} \tag{3—64}$$

因此

$$a_1=\frac{\sigma f_1(c_1g_1+c_2g_2)}{c_2g_2(g_1-\sigma)+f_1c_1g_1\sigma} \tag{3—65}$$

将（3—65）式代入（3—45）式，得

$$a_2=\frac{\sigma^2 f_1(c_1g_1+c_2g_2)}{(g_2-f_2\sigma)[c_2g_2(g_1-\sigma)+f_1c_1g_1\sigma]} \tag{3—66}$$

利用克莱姆准则，同样可以求价值生产价格转化系数。（3—41）式可以表示为

$$(\sigma-g_1)a_1+f_1\sigma a_2=0 \tag{3—67}$$

由（3—67）式、（3—43）式构成的方程组，根据克莱姆准则，可以得到价值生产价格转化系数

$$a_1=\frac{\begin{vmatrix}0 & f_1\sigma\\ c_1g_1+c_2g_2 & c_2g_2\end{vmatrix}}{\begin{vmatrix}\sigma-g_1 & f_1\sigma\\ c_1g_1 & c_2g_2\end{vmatrix}}=\frac{-f_1\sigma(c_1g_1+c_2g_2)}{c_2g_2(\sigma-g_1)-c_1g_1f_1\sigma} \tag{3—68}$$

和

$$a_2=\frac{\begin{vmatrix}\sigma-g_1 & 0\\ c_1g_1 & c_1g_1+c_2g_2\end{vmatrix}}{\begin{vmatrix}\sigma-g_1 & f_1\sigma\\ c_1g_1 & c_2g_2\end{vmatrix}}=\frac{(c_1g_1+c_2g_2)(\sigma-g_1)}{c_2g_2(\sigma-g_1)-c_1g_1f_1\sigma} \tag{3—69}$$

显然，（3—65）式和（3—68）式表示的第一部类价值生产价格转化系数相同。

由（3—44）式、（3—45）式得

$$\frac{\sigma^2 f_1}{g_2-f_2\sigma}=g_1-\sigma \tag{3—70}$$

因此，（3—66）式和（3—69）式表示的第二部类价值生产价格转化系数相同。

四、求两部类被社会多承认的剩余价值

将（3—68）式、（3—69）式分别代入（3—21）式、（3—22）式，可以得到两部类被社会多承认的剩余价值 s_{a1}、s_{a2}。

五、求两部类多得到的剩余价值

将由（3—68）式、（3—69）式得到的 a_1 和 a_2，以及由(3—61)式得到的生产价格形式的平均利润率 r，代入（3—26）式、（3—27）式，或将由（3—68）式、（3—69）式得到的 a_1 和 a_2 代入（3—31）式、（3—32）式，可以得到第一部类和第二部类资本家实际多得到的剩余价值 s_{t1}、s_{t2}。

第九节　简单再生产条件下的两部类价值转形的数例

这里通过一个数例，说明如何实现简单再生产条件下的两部类价值转形，以及马克思的“两个等于”的观点在什么范围成立。

假设第一部类生产过程中耗费的物化劳动或不变资本为 $c_1=4\,000$，耗费的必要劳动或可变资本为 $v_1=1\,000$，耗费的剩余劳动或剩余价值为 $s_1=1\,000$，第二部类的资本有机构成为 $k_2=2$。

在简单再生产条件下的两部类价值转形模型中，由（3—18）

式、(3—19) 式、(3—20) 式可以得到，第二部类生产过程中耗费的物化劳动或不变资本为 $c_2=2\,000$，耗费的必要劳动或可变资本为 $v_2=1\,000$，耗费的剩余劳动或剩余价值为 $s_2=1\,000$。由此得到价值转形前工人创造的剩余价值和价值，如表 3-5 所示。

表 3-5　　价值转形前工人创造的剩余价值和价值

部类	不变资本	可变资本	剩余价值	产品价值
1	4 000	1 000	1 000	6 000
2	2 000	1 000	1 000	4 000
总和	6 000	2 000	2 000	10 000

将以上结果代入 (3—36) 式、(3—37) 式、(3—38) 式、(3—39) 式，得 $f_1=1/4$，$f_2=1/2$，$g_1=3/2$，$g_2=2$。将 f_1、f_2、g_1、g_2代入 (3—60) 式，得 $\sigma=1.227\,998\,127\,3$。

将 σ 代入 (3—61) 式，得 $r=0.227\,998\,127\,3$。

将 f_1、f_2、g_1、g_2、σ 代入 (3—65) 式、(3—66) 式，得 $a_1=1.047\,778\,298\,0$，$a_2=0.928\,332\,553\,1$。

将 a_1、a_2代入 (3—21) 式、(3—22) 式，得 $s_{a1}=286.669\,787\,76$，$s_{a2}=-286.669\,787\,76$。

将 a_1、a_2代入 (3—31) 式、(3—32) 式，得 $s_{t1}=257.333\,957\,55$，$s_{t2}=-257.333\,957\,55$。

由这些结果，可以得到表 3-6、表 3-7 和表 3-8。

表 3-6　价值转形后价值形式的利润和生产价格（社会承认的）

部类	不变资本	可变资本	利润（社会承认的剩余价值）	生产价格（社会承认的价值）
1	4 000	1 000	1 286. 669 79	6 286. 669 79
2	2 000	1 000	713. 330 21	3 713. 330 21
总和	6 000	2 000	2 000	10 000

表 3－7　价值转形后生产价格形式的利润和价格形式的生产价格

部类	不变资本	可变资本	利润（生产价格形式）	生产价格（价格形式）
1	4 191.113 19	928.332 55	1 167.224 04	6 286.669 79
2	2 095.556 60	928.332 55	689.441 06	3 713.330 21
总和	6 286.669 79	1 856.665 11	1 856.665 11	10 000

表 3－8　价值转形后价值形式的利润和生产价格（实现的）

部类	不变资本	可变资本	利润（实现的剩余价值）	生产价格（实现的价值）
1	4 000	1 000	1 257.333 96	6 257.333 96
2	2 000	1 000	742.666 04	3 742.666 04
总和	6 000	2 000	2 000	10 000

由表 3－5、表 3－6、表 3－7、表 3－8 可以看出：在简单再生产条件下的两部类价值转形模型对应的四个系统中，在价值转形后生产价格形式的利润和价格形式的生产价格表中，生产价格形式的利润总和不等于剩余价值总和，价格形式的生产价格总和等于价值总和；在社会承认的价值形式的利润和生产价格表中，以及实现的价值形式的利润和生产价格表中，都满足利润总和等于剩余价值总和，生产价格总和等于价值总和。

第十节　被社会多承认的剩余价值与多得到的剩余价值的关系

这里的简单再生产条件下的两部类价值转形模型与其他经济学家的价值转形模型的显著区别在于多了两个系统：一是价值转形后

得到社会承认的价值形式的利润和生产价格系统；二是价值转形后资本家实际得到的价值形式的利润和生产价格系统。

在价值转形后得到社会承认的价值形式的利润和生产价格系统中有被社会多承认的剩余价值 s_{a1} 和 s_{a2}；在价值转形后资本家实际得到的价值形式的利润和生产价格系统中有资本家多得到的剩余价值 s_{t1} 和 s_{t2}。那么，多得到的剩余价值与被社会多承认的剩余价值有什么关系？

一、多得到的剩余价值与被社会多承认的剩余价值的变化方向相同

令

$$w_1 = c_1 + v_1 + s_1 \tag{3—71}$$

$$w_2 = c_2 + v_2 + s_2 \tag{3—72}$$

由（3—6）式、（3—19）式、（3—20）式、（3—21）式、（3—22）式、（3—71）式、（3—72）式可以得到

$$a_1 = \frac{c_1 + v_1 + s_1 + s_{a1}}{c_1 + v_1 + s_1} = \frac{(k_1 + 1 + e)v_1 + s_{a1}}{(k_1 + 1 + e)v_1} = \frac{w_1 + s_{a1}}{w_1} \tag{3—73}$$

和

$$a_2 = \frac{c_2 + v_2 + s_2 + s_{a2}}{c_2 + v_2 + s_2} = \frac{(k_2 + 1 + e)v_2 + s_{a2}}{(k_2 + 1 + e)v_2} = \frac{w_2 + s_{a2}}{w_2} \tag{3—74}$$

由（3—6）式、（3—18）式、（3—19）式、（3—20）式、（3—21）式、（3—71）式、（3—72）式可以得到

$$w_1 = c_1 + v_1 + s_1 = k_1 v_1 + v_1 + e v_1$$

$$=(k_1+1+e)v_1 \tag{3—75}$$

$$c_2=v_1+s_1=v_1+ev_1=(1+e)v_1 \tag{3—76}$$

$$v_2=\frac{c_2}{k_2}=\frac{(1+e)v_1}{k_2} \tag{3—77}$$

$$s_2=ev_2=\frac{(1+e)ev_1}{k_2} \tag{3—78}$$

$$\begin{aligned}w_2&=c_2+v_2+s_2=k_2v_2+v_2+ev_2=(k_2+1+e)v_2\\&=\frac{(k_2+1+e)(1+e)v_1}{k_2}\end{aligned} \tag{3—79}$$

由（3—23）式、（3—73）式、（3—74）式可以得到

$$\begin{aligned}\frac{a_1}{a_2}&=\frac{\dfrac{w_1+s_{a1}}{w_1}}{\dfrac{w_2+s_{a2}}{w_2}}=\frac{\dfrac{w_1+s_{a1}}{w_1}}{\dfrac{w_2-s_{a1}}{w_2}}=\left(\frac{w_2}{w_1}\right)\left(\frac{w_1+s_{a1}}{w_2-s_{a1}}\right)\\&=\left(\frac{w_2}{w_1}\right)\left(\frac{w_1+w_2-w_2+s_{a1}}{w_2-s_{a1}}\right)=\left(\frac{w_2}{w_1}\right)\left(\frac{w_1+w_2}{w_2-s_{a1}}-1\right)\\&=\left(\frac{w_2}{w_1}\right)\left(\frac{w_1+w_2}{w_2+s_{a2}}-1\right)\end{aligned} \tag{3—80}$$

由（3—23）式、（3—75）式、（3—79）式得（3—80）式中的因子为

$$\frac{w_2}{w_1}=\frac{\dfrac{(1+e)(k_2+1+e)v_1}{k_2}}{(k_1+1+e)v_1}=\frac{(1+e)(k_2+1+e)}{k_2(k_1+1+e)} \tag{3—81}$$

和

$$\begin{aligned}\frac{w_1+w_2}{w_2-s_{a1}}&=\frac{w_1+w_2}{w_2+s_{a2}}=\frac{(k_1+1+e)v_1+\dfrac{(k_2+1+e)(1+e)v_1}{k_2}}{\dfrac{(k_2+1+e)(1+e)v_1}{k_2}-s_{a1}}\\&=\frac{k_2(k_1+1+e)v_1+(k_2+1+e)(1+e)v_1}{(k_2+1+e)(1+e)v_1-k_2s_{a1}}\\&=\frac{k_2(k_1+1+e)v_1+(k_2+1+e)(1+e)v_1}{(k_2+1+e)(1+e)v_1+k_2s_{a2}}\end{aligned} \tag{3—82}$$

由（3—31）式、（3—32）式、（3—80）式、（3—81）式、（3—82）式可以得到

$$s_{t1}=\left(\frac{a_1}{a_2}-1\right)c_2=\left[\left(\frac{w_2}{w_1}\right)\left(\frac{w_1+w_2}{w_2-s_{a1}}-1\right)-1\right]c_2$$

$$=\left\{\frac{(1+e)(k_2+1+e)}{k_2(k_1+1+e)}\left[\frac{k_2(k_1+1+e)v_1+(k_2+1+e)(1+e)v_1}{(k_2+1+e)(1+e)v_1-k_2s_{a1}}-1\right]-1\right\}c_2 \tag{3—83}$$

和

$$s_{t2}=\left(1-\frac{a_1}{a_2}\right)c_2=\left[1-\left(\frac{w_2}{w_1}\right)\left(\frac{w_1+w_2}{w_2+s_{a2}}-1\right)\right]c_2$$

$$=\left\{1-\frac{(1+e)(k_2+1+e)}{k_2(k_1+1+e)}\left[\frac{k_2(k_1+1+e)v_1+(k_2+1+e)(1+e)v_1}{(k_2+1+e)(1+e)v_1+k_2s_{a2}}-1\right]\right\}c_2 \tag{3—84}$$

由（3—83）式、（3—84）式可以看出：s_{t1}和s_{a1}互为双曲函数，并且二者变化方向相同，即当s_{a1}变大或变小时，s_{t1}也变大或变小；s_{t2}和s_{a2}互为双曲函数，并且二者变化方向相同，即当s_{a2}变大或变小时，s_{t2}也变大或变小。

二、多得到的剩余价值的符号与被社会多承认的剩余价值的符号相同

由（3—83）式、（3—84）式可以看出：如果$s_{a1}>0$，那么，$s_{t1}>0$；如果$s_{a1}=0$，那么，$s_{t1}=0$；如果$s_{a1}<0$，那么，$s_{t1}<0$；如果$s_{a2}>0$，那么，$s_{t2}>0$；如果$s_{a2}=0$，那么，$s_{t2}=0$；如果$s_{a2}<0$，那么，$s_{t2}<0$。

因此，在简单再生产条件下的两部类价值转形模型中，无论哪个部类，多得到的剩余价值的符号与被社会多承认的剩余价值的符号都相同。

值得注意的是，这种结论对按照其他部类划分的价值转形模型

不一定适用。不是按照任何部类划分的价值转形模型中，多得到的剩余价值的符号与被社会多承认的剩余价值的符号都相同。在有些部类划分的价值转形模型中，例如，在按照列宁的部类划分的价值转形模型中，在一定范围内，二者的符号相反。

至于在每一种部类划分方式的价值转形模型中，多得到的剩余价值的符号与被社会多承认的剩余价值的符号是否相同，要进行具体分析。

第十一节　被社会多承认的剩余价值与多得到的剩余价值关系的数例

一、第一部类被社会多承认的剩余价值与多得到的剩余价值之间的关系

如果第一部类不变资本的取值范围为 $200 \leqslant c_1 \leqslant 4\,000$，例如 $c_1=200$，400，600，…，4 000，其他数值不变，那么，第一部类的不变资本 c_1、第一部类资本有机构成与中等资本有机构成之差 k_1-k、第一部类被社会多承认的剩余价值 s_{a1}、第一部类多得到的剩余价值 s_{t1} 之间的关系，可以用表 3－9 表示。

表 3－9　c_1、k_1-k、s_{a1}、s_{t1} 之间的关系

c_1	k_1-k	s_{a1}	s_{t1}
200	−0.9	−293.170 183 1	−384.893 607 4
400	−0.8	−266.666 666 7	−333.333 333 3
600	−0.7	−236.948 830 4	−283.923 888 0
800	−0.6	−204.964 920 0	−236.754 388 2
1 000	−0.5	−171.499 615 6	−191.857 033 0
1 200	−0.4	−137.188 186 3	−149.218 940 6

续前表

c_1	k_1-k	s_{a1}	s_{t1}
1 400	−0.3	−102.534 765 5	−108.793 179 9
1 600	−0.2	−67.931 825 5	−70.508 375 1
1 800	−0.1	−33.678 971 2	−34.276 659 3
2 000	0.0	0.000 000 0	0.000 000 0
2 200	0.1	32.942 237 5	32.424 936 0
2 400	0.2	65.033 264 6	63.103 158 2
2 600	0.3	96.196 568 5	92.138 736 9
2 800	0.4	126.385 117 2	119.632 981 2
3 000	0.5	155.574 532 7	145.683 229 5
3 200	0.6	183.757 650 2	170.382 097 9
3 400	0.7	210.940 215 7	193.817 067 2
3 600	0.8	237.137 506 7	216.070 313 9
3 800	0.9	262.371 692 9	237.218 712 8
4 000	1.0	286.669 787 8	257.333 957 6

表 3-9 的数据可以用图 3-1 表示。

在图 3-1 中，上面的曲线表示第一部类被社会多承认的剩余价值 s_{a1} 与第一部类资本有机构成对中等资本有机构成偏离的关系。下面的曲线表示第一部类多得到的剩余价值 s_{t1} 与第一部类资本有机构成对中等资本有机构成偏离的关系。

当 $k_1=k$ 时，$s_{a1}=s_{t1}=0$。可以看出，如果 $s_{a1}>0$，那么，$s_{t1}>0$；如果 $s_{a1}=0$，那么，$s_{t1}=0$；如果 $s_{a1}<0$，那么，$s_{t1}<0$。

还可以看出，如果 $k_1>k>k_2$，那么，$s_{t1}<s_{a1}$，$|s_{t1}|<|s_{a1}|$；如果 $k_1<k<k_2$，那么，$s_{t1}<s_{a1}$，$|s_{t1}|>|s_{a1}|$。

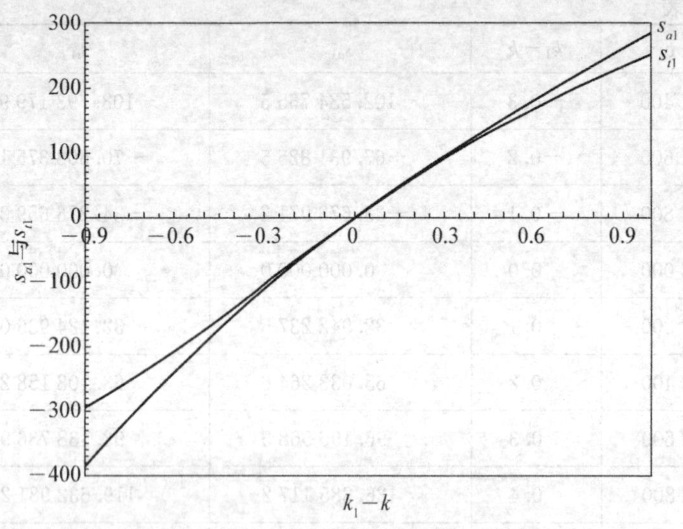

图 3-1　s_{a1}、s_{t1}与 k_1-k 之间的关系

二、第二部类被社会多承认的剩余价值与多得到的剩余价值之间的关系

如果第一部类不变资本的取值范围为 $200\leqslant c_1\leqslant 4\,000$，例如 $c_1=4\,000$，3 800，3 600，…，200，其他数值不变，那么，第一部类的不变资本 c_1、第二部类资本有机构成与中等资本有机构成之差 k_2-k、第二部类被社会多承认的剩余价值 s_{a2}、第二部类多得到的剩余价值 s_{t2}之间的关系，可以用表 3-10 表示。

表 3-10　c_1、k_2-k、s_{a2}、s_{t2}之间的关系

c_1	k_2-k	s_{a2}	s_{t2}
4 000	−1.0	−286.669 787 8	−257.333 957 6
3 800	−0.9	−262.371 692 9	−237.218 712 8
3 600	−0.8	−237.137 506 7	−216.070 313 9

续前表

c_1	k_2-k	s_{a2}	s_{t2}
3 400	−0.7	−210.940 215 7	−193.817 067 2
3 200	−0.6	−183.757 650 2	−170.382 097 9
3 000	−0.5	−155.574 532 7	−145.683 229 5
2 800	−0.4	−126.385 117 2	−119.632 981 2
2 600	−0.3	−96.196 568 5	−92.138 736 9
2 400	−0.2	−65.033 264 6	−63.103 158 2
2 200	−0.1	−32.942 237 5	−32.424 936 0
2 000	0.0	0.000 000 0	0.000 000 0
1 800	0.1	33.678 971 2	34.276 659 3
1 600	0.2	67.931 825 5	70.508 375 1
1 400	0.3	102.534 765 5	108.793 179 9
1 200	0.4	137.188 186 3	149.218 940 6
1 000	0.5	171.499 615 6	191.857 033 0
800	0.6	204.964 920 0	236.754 388 2
600	0.7	236.948 830 4	283.923 888 0
400	0.8	266.666 666 7	333.333 333 3
200	0.9	293.170 183 1	384.893 607 4

表 3 - 10 的数据可以用图 3 - 2 表示。

在图 3 - 2 中，上面的曲线表示第二部类多得到的剩余价值 s_{t2} 与第二部类资本有机构成对中等资本有机构成偏离的关系。下面的曲线表示第二部类被社会多承认的剩余价值 s_{a2} 与第二部类资本有机构成对中等资本有机构成偏离的关系。

当 $k_2=k$ 时，$s_{a2}=s_{t2}=0$。可以看出，如果 $s_{a2}>0$，那么，$s_{t2}>0$；如果 $s_{a2}=0$，那么，$s_{t2}=0$；如果 $s_{a2}<0$，那么，$s_{t2}<0$。

还可以看出，如果 $k_1>k>k_2$，那么，$s_{t2}>s_{a2}$，$|s_{t2}|<|s_{a2}|$；

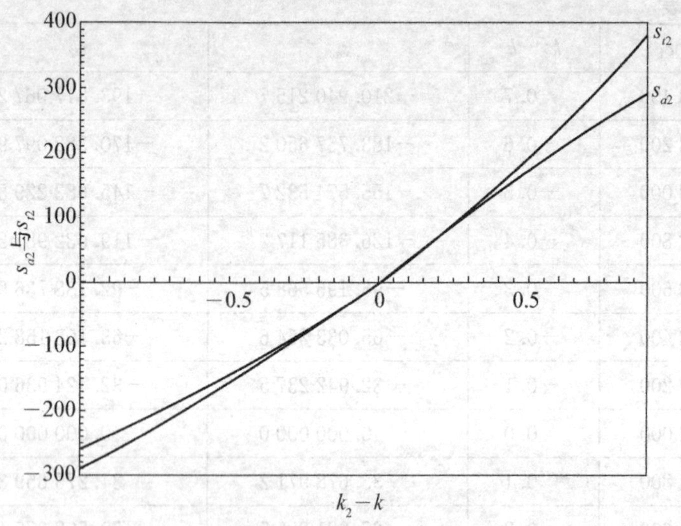

图 3－2　s_{a2}、s_{t2}与 k_2-k 之间的关系

如果 $k_1<k<k_2$，那么，$s_{t2}>s_{a2}$，$|s_{t2}|>|s_{a2}|$。

表 3－9、图 3－1、表 3－10、图 3－2 表明，被社会多承认的剩余价值与多得到的剩余价值的符号相同。

三、经济变量的变化与简单再生产条件的关系

在上面的分析中可以看到，随着第一部类的不变资本 c_1 变化，与价值转形有关的变量都发生变化。简单再生产是资本、资本有机构成、剩余价值率都不变的社会资本再生产，也就是生产规模不变的社会资本再生产。如果某些经济变量发生了变化，那么，就不再是简单再生产，而是扩大再生产。在扩大再生产条件下考察各种变量之间的关系，不仅分析过程极为复杂，涉及时间序列分析，而且不具有唯一性。

为了用这里的价值转形模型分析各种变量之间的关系，我们将社会资本再生产为简单再生产的假设条件，扩展到满足简单再生产必须满足的关系的社会资本再生产的假设条件。社会资本再生产是

简单再生产与社会资本再生产满足简单再生产必须满足的关系，是两个不同的概念。例如，假设在生产规模变化之前，两部类的不变资本、可变资本、剩余价值满足简单再生产必须满足的关系，即满足（3—18）式，如果第二部类的不变资本、可变资本、剩余价值不变，第一部类的可变资本、剩余价值也不变，只有第一部类的不变资本发生变化，那么，社会资本再生产不是简单再生产，但是，仍然满足简单再生产必须满足的关系，因为（3—18）式不受第一部类的不变资本 c_1变化的影响。又例如，在外延扩大再生产中，两部类的不变资本、可变资本、剩余价值都等比例扩大，仍然满足简单再生产必须满足的关系。

因此，如果社会资本再生产是简单再生产，那么，一定满足简单再生产必须满足的关系。但是，满足简单再生产必须满足的关系的社会资本再生产，不一定是简单再生产。也就是说，满足简单再生产必须满足的关系，是简单再生产的必要条件，而不是充分条件。

这里，在满足简单再生产必须满足的关系的条件下，分析两部类价值转形中各种主要变量之间的关系。但是，社会资本再生产不一定是简单再生产。

简单再生产条件，是封闭经济体系中生产规模不变条件下各种变量的关系。如果某些变量发生变化，例如资本变化，又要满足简单再生产必须满足的关系，那么，可以理解为开放经济体系中出现资本输入或资本输出。如果输入或输出一定数量的资本后，资本不再变化，那么，资本变化之后的生产体系仍然满足简单再生产条件。这种情况可以看作满足简单再生产条件的不同生产体系之间的比较。

在后面的考察中，凡是涉及满足简单再生产必须满足的关系条件下的变量变化，均应照此理解。

四、其他情况下多得到的剩余价值与被社会多承认的剩余价值的关系

在按照列宁的部类划分的价值转形与多部门价值转形中，在一

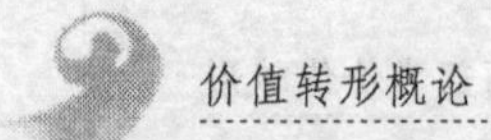

定范围内，被社会多承认的剩余价值和多得到的剩余价值的符号可能相反；被社会多承认的剩余价值大于零，多得到的剩余价值可以小于零；被社会多承认的剩余价值小于零，多得到的剩余价值可以大于零。超出这个范围，二者的符号相同，变化方向相同。

在这些情况下，多得到的剩余价值和被社会多承认的剩余价值的关系与简单再生产条件下两部类价值转形中多得到的剩余价值和被社会多承认的剩余价值的关系不同。

第十二节　为什么由价值决定生产价格

人类对商品交换关系的探索，已经有几千年了。在长期的经济活动过程中，人们通过大量实践经验的积累，确定了不同产品之间的交换比例。先进的思想家一直在思索：什么因素决定不同产品之间的交换比例？

古希腊哲学家亚里士多德早在 2 300 多年前就已经认识到，互相交换的产品本质上必须具有可通约性和等同性。但是，他没有找到不同产品中具有可通约性和等同性的实体是什么。

300 多年前，英国经济学家威廉·配第发现，互相交换的产品中具有可通约性和等同性的实体是生产商品的劳动，劳动决定价值。他生活在早期资本主义时期，没有意识到平均利润与价值规律的矛盾。资产阶级两位最优秀的经济学家亚当·斯密和大卫·李嘉图都对劳动价值理论做出过重要贡献，但是，他们既没有解决价值增殖与价值规律的矛盾，也没有解决平均利润与价值规律的矛盾。

在资本主义生产方式出现之前的几千年里，不同产品按照生产过程中耗费的劳动决定产品的交换比例，但是，人们没有发现决定不同产品交换比例的因素。在资本主义生产的早期阶段，当威廉·配第发现决定不同产品之间具有可通约性和等同性的实体是劳动，

发现价值决定不同产品的交换比例之后，资本主义生产发展起来，从按照价值交换产品逐步转向按照生产价格交换产品，人类不得不继续探索价值能否决定生产价格，价值如何决定生产价格。人类经过几千年探索才获得的重大发现在资本主义商品交换中是否有意义？具有什么意义？

马克思解决了价值增殖与价值规律之间的矛盾，基本解决了平均利润与价值规律之间的矛盾。迄今为止，只有马克思的劳动价值理论可以正确地解释产品交换关系。因此，一定要由价值决定生产价格。价值转形是由价值决定市场价格过程中一个重要的认识阶段。

第十三节　为什么在价值转形中必须考虑再生产条件

一、马克思和恩格斯认为价值转形是社会再生产过程的一部分

马克思认为，价值转形中应该考虑再生产条件。他提出：“每一种作为不变资本加入另一种商品的商品本身都是作为结果，作为产品从另一个生产过程出来的。”① 确切地说，“在资本主义生产中，生产资本的要素通常要在市场上购买”②。他还认为：“一个商品的生产价格，对它的买者来说，就是成本价格”③。可见，马克思认为，在价值转形中必须考虑再生产条件。显然，这里的再生产条件是生产价格形式的再生产条件。

---

① 马克思恩格斯全集：第 26 卷Ⅲ［M］. 北京：人民出版社，1974：182.
② 马克思恩格斯全集：第 25 卷［M］. 北京：人民出版社，1974：179.
③ 同上书，184 页。

恩格斯认为："第二卷的卓越的研究，以及这种研究在至今几乎还没有人进入的领域内所取得的崭新成果，仅仅是第三卷的内容的引言，而第三卷，将阐明马克思对资本主义基础上的社会再生产过程的研究的最终结论。"[①] 可见，恩格斯认为，包括平均利润和生产价格理论在内的全部《资本论》第三卷内容，都是阐述社会再生产过程的。

二、价值转形研究不能脱离自身的基础和起点

价值转形的目的，是要通过价值说明生产价格。价值是分析的基础与起点。马克思认为："商品按照它们的价值来交换或出售是理所当然的，是商品平衡的自然规律。应当从这个规律出发来说明偏离，而不是反过来，从偏离出发来说明规律本身。"[②]

从本质看，价值形式的再生产条件，反映生产过程中各部类或各部门耗费的劳动的关系。这些劳动，不仅包括生产生产资料耗费的劳动，而且包括生产消费资料耗费的劳动；不仅包括凝结在产品中的耗费的物化劳动，而且包括耗费的活劳动；耗费的活劳动中包括耗费的必要劳动和耗费的剩余劳动。这些耗费的劳动满足相应的价值形式的再生产条件，满足价值规律。

价值转形是通过社会对不同部类或部门的劳动给予不同程度的承认实现的。在流通过程中，产品按照生产价格形式的再生产条件交换，在完成商品交换的同时实现剩余价值分配。因为资本家之间分配剩余价值表现为生产价格形式的产品交换，因此，价值规定的基础被掩盖了。

被掩盖的价值规定的基础，也就是价值形式的再生产条件，是价值转形的基础。不能离开自身的基础和分析的起点研究价值转形。

---

① 马克思恩格斯全集：第24卷［M］. 北京：人民出版社，1972：25.
② 马克思恩格斯全集：第25卷［M］. 北京：人民出版社，1974：209.

三、不能离开矛盾的一方片面地研究矛盾的另一方

价值转形问题，是由于价值形式的再生产条件与平均利润条件的矛盾产生的。也就是由等量劳动创造等量价值的价值规律和等量资本获得等量利润的平均利润规律的矛盾产生的。在资本有机构成不同的条件下，如果满足价值形式的再生产条件，也就是满足价值规律，那么，就一定不满足价值形式的平均利润条件；如果满足价值形式的平均利润条件，也就是按照价值形式满足等量资本获得等量利润的要求，那么，就一定不满足价值形式的再生产条件。

既然价值形式的再生产条件是矛盾中的一方，那么，在解决这个矛盾的过程中，必须考虑这个条件。不能离开矛盾的一方，片面地、孤立地研究矛盾的另一方，也就是，片面地、孤立地研究生产价格形式的平均利润。

四、不能离开生产过程孤立地研究流通过程

价值转形是在流通过程中分配剩余价值。但是，任何产品必须首先生产出来才能进行交换与分配。剩余价值包括在产品价值中，在生产产品的同时生产出剩余价值和产品价值。剩余价值也必须首先生产出来才能进行分配。

生产过程中耗费的各种劳动，满足相应的价值形式的再生产条件。价值转形发生在流通过程中。不能离开生产过程孤立地研究流通过程，也就不能离开价值形式的再生产条件孤立地研究价值转形。

五、不能离开价值增殖过程孤立地研究剩余价值分配过程

马克思认为："在流通行为中，商品资本只是作为商品，而不

是作为资本执行职能。它是和简单商品不同的商品**资本**，因为：1. 它已经怀有剩余价值，因此，它的价值的实现同时就是剩余价值的实现；但是，这个事实并不影响它单纯地作为商品，作为有一定价格的产品而存在；2. 它作为商品所执行的职能，是它作为资本所进行的再生产过程的一个要素，因而它作为商品所进行的运动，由于只是它所进行的过程的部分运动，同时就是它作为资本所进行的运动；但它作为商品所进行的运动成为它作为资本所进行的运动，并不是由于卖的行为本身，而只是由于这个行为同这个一定的价值额作为资本所进行的总运动的联系。”①

他还认为：“在现实的运动中，资本并不是在流通过程中，而只是在生产过程中，在剥削劳动力的过程中，才作为资本存在。”②

资本只有在生产过程中才能实现价值增殖，所以，资本只是在生产过程中才作为资本存在。在流通过程中，商品资本作为包含剩余价值的商品与简单商品对立。

价值增殖过程中耗费的劳动，满足相应的价值形式的再生产条件。要分析剩余价值的分配，必须考察剩余价值的生产。不能离开价值增殖过程孤立地研究剩余价值分配过程。因此，不能离开价值形式的再生产条件孤立地研究剩余价值分配。

六、不能离开使用价值孤立地研究价值

马克思认为：“当我们从单个资本的角度来考察资本的价值生产和产品价值时，商品产品的实物形式，对于分析是完全无关的……但是，当我们考察社会总资本及其产品价值时，这种仅仅从形式上来说明的方法，就不够用了。产品价值的一部分再转化为资本，另一部分进入资本家阶级和工人阶级的个人消费，这在表现出总资本执行职能的结果的产品价值本身内形成一个运动。这个运动

① 马克思恩格斯全集：第25卷［M］. 北京：人民出版社，1974：382.
② 同上书，384页。

不仅是价值补偿，而且是物质补偿，因而既要受社会产品的价值组成部分相互之间的比例的制约，又要受它们的使用价值，它们的物质形式的制约。”①

作为资本的物质形式，一部分是生产资料，另一部分是工人生活需要的生活资料。根据产品的使用价值不同，有些产品只能作为生产资料，有些产品既可以作为生产资料，又可以作为生活资料，还有一些产品只能作为生活资料。按照产品的使用价值不同，在社会资本再生产过程中，分别成为不变资本、可变资本、剩余价值的物质组成部分。考察社会资本再生产，必须同时考察产品的价值和使用价值。价值形式的再生产条件不仅与价值有关，而且与使用价值有关，不仅要满足价值补偿，而且要满足物质补偿。

考察资本主义生产过程和流通过程，不能离开产品的使用价值孤立地研究产品的价值。价值形式的再生产条件不仅与价值有关，而且与使用价值有关，因此，不能离开价值形式的再生产条件孤立地研究价值转形。

七、得到社会承认的剩余价值与价值形式的再生产条件有关

得到社会承认的价值形式的利润和生产价格系统，虽然本身并不满足再生产条件，但是该系统与生产过程有关。流通过程发生在生产过程之后，不可能影响生产过程中已经耗费的劳动。因此，各部类被社会多承认的剩余价值互相抵消，从而得到社会承认的剩余价值总和等于剩余价值总和，得到社会承认的价值总和等于价值总和。

价值形式的再生产条件反映生产过程中耗费的劳动的关系。因此，得到社会承认的剩余价值与价值形式的再生产条件有关。

---

① 马克思恩格斯全集：第24卷［M］. 北京：人民出版社，1972：437-438.

八、价值形式的再生产条件是价值转形方程满足生产价格形式的再生产条件的充分必要条件

价值转形方程（3—24）式、（3—25）式满足生产价格形式的平均利润条件，但是，不一定满足生产价格形式的再生产条件。当且仅当价值转形模型满足价值形式的再生产条件时，价值转形模型中的价值转形方程才满足生产价格形式的再生产条件。

因此，价值形式的再生产条件，是价值转形方程同时满足平均利润条件和生产价格形式的再生产条件的充分必要条件。

九、资本家最终得到的剩余价值和价值与价值形式的再生产条件有关

在价值转形模型中，资本家最终得到的剩余价值或实现的价值形式的利润，以及最终得到的价值或实现的价值形式的生产价格，都与价值形式的再生产条件有关。通过价值形式的再生产条件可以证明：资本家得到或占有的剩余价值总和，也就是得到的价值形式的利润总和，等于工人创造的剩余价值总和；资本家得到或占有的价值形式的生产价格总和等于价值总和。

十、价值形式的再生产条件是解决价值转形的关键条件

在很多经济学家提出的价值转形模型中，只有价值转形方程和一个“不变性假设”方程。在有些经济学家（例如鲍特凯维兹）提出的价值转形模型中，虽然有价值形式的再生产条件，但是并没有被利用。他们都认为价值转形方程是价值转形的核心和关键。

价值转形方程中的成本和利润都是生产价格形式的。由生产价格形式的成本和生产价格形式的利润决定生产价格是循环定义。

不同经济学家提出的不同的价值转形模型的区别是不同的“不

变性假设”方程。这些经济学家无法证明自己提出的“不变性假设”方程是唯一正确的。

价值形式的再生产条件反映生产过程中耗费的劳动的关系。流通过程中分配剩余价值不能改变生产过程中耗费的劳动。资本家之间分配剩余价值之后得到的价值形式的利润总和必然等于剩余价值总和，价值形式的生产价格总和必然等于价值总和。

因此，不仅证明了马克思“两个等于”的观点正确，而且证明了生产价格总和必然等于价值总和是唯一正确的“不变性假设”方程。

由生产过程中耗费的劳动决定剩余价值分配，决定生产价格形式的平均利润和生产价格，避免循环定义或循环推论的错误。

因此，价值形式的再生产条件是解决价值转形的关键条件。

第十四节　两种不同类型的再生产条件

这里阐述的两种不同类型的再生产条件，不是简单再生产条件和扩大再生产条件，而是价值形式的再生产条件和生产价格形式的再生产条件。这里只讨论简单再生产问题。

一、价值形式的再生产条件

社会资本再生产过程，是全社会所有企业互相联系、互相依存的生产过程。全社会需要补偿的生产资料与追加的生产资料是第一部类的产品，全社会的雇佣劳动者和资本家需要的生活资料是第二部类的产品。补偿全社会耗费的生产资料与追加的生产资料所需要的劳动，等于第一部类耗费的全部劳动。提供雇佣劳动者和资本家的生活消费资料所需要的劳动，等于第二部类耗费的全部劳动。生产商品耗费的劳动，既包括物化劳动，也包括活劳动（活劳动中包括必要劳动和剩余劳动)。这些劳动满足相应的价值形式的再生产条件。在简单再生产条件下，这些劳动满足相应的价值形式的简单再生产条件。在扩大再生产条件下，这些劳动满足相应的价值形式的扩大再生产条件。

因此，在资本的生产过程中，必须满足价值形式的再生产条件。

二、生产价格形式的再生产条件

马克思认为："从长期来看生产价格是供给的条件，是每个特殊生产部门商品再生产的条件。"①

当平均利润率形成时，产品的生产价格偏离其价值。在资本的流通过程中，各部类或各部门需要补偿的生产资料，以及工人和资本家的生活资料，只能从市场上按照产品的生产价格形式购买。也就是说，必须满足生产价格形式的再生产条件。

恩格斯在 1868 年 4 月 26 日致马克思的信中，曾经向马克思提出："我只是不明白，你为什么把 m/(c+v) 作为**利润率**；因为 m 毕竟没有全部落入生产它的产业家的钱袋，他必须与商人等等共同分享它"②。马克思在 1868 年 4 月 30 日回复恩格斯的信中回答道："这里保留 m，是为了通过公式本身，从质的意义上指出利润是由哪里产生的。……**剩余价值**获得了**利润**的形式，两者之间并没有**数量上的**差别。这只是剩余价值的使人发生错觉的表现形式。"③

马克思和恩格斯提到的剩余价值，是不同的剩余价值。

马克思所说的保留在利润率公式中的剩余价值或者"质的意义上"的剩余价值，是生产过程中工人耗费剩余劳动创造的剩余价值。这种剩余价值符合价值规律，满足价值形式的再生产条件。

恩格斯所说的对资本家来说还未拿到手的剩余价值，是流通过

① 马克思恩格斯全集：第 25 卷 [M]. 北京：人民出版社，1974：221.

② 马克思恩格斯全集：第 32 卷 [M]. 北京：人民出版社，1974：68.

③ 同上书，70-71 页。

程中分配之后，资本家可以得到的剩余价值，也就是价值转形后的生产价格形式的利润。这种利润“只是剩余价值的使人发生错觉的表现形式”。对于恩格斯所说的商业资本与产业资本共同瓜分的剩余价值，平均利润的分配原则完全适用。

因此，社会资本再生产条件与实现平均利润的关系，是资本主义生产与资本主义流通的关系，也是价值形式的再生产条件与生产价格形式的再生产条件的关系，同时还反映等量劳动创造等量价值与等量资本获得等量利润的矛盾。

价值转形实现的平均利润与满足的再生产条件，是生产价格形式的。

第十五节 为什么在简单再生产条件下考察价值转形

虽然资本主义生产是扩大再生产而不是简单再生产，但是，这里重点考察简单再生产条件下的价值转形。原因如下：

一、简单再生产是扩大再生产的基础

如果不是孤立地研究一个企业、一个部门或一个部类的生产过程，而是在各企业、各部门、各部类互相联系的条件下，系统地研究全社会的生产过程和流通过程，那么，就离不开再生产条件。价值转形是从互相联系的观点研究全社会的生产过程和流通过程，研究全社会的剩余价值的生产和分配，因此，必须研究社会资本再生产。

在生产过程中，耗费的劳动满足相应的价值形式的再生产条件，也就是满足价值规律；在流通过程中，产品的交换满足生产价格形式的再生产条件，也就是实现生产价格形式的平均利润。

任何扩大再生产必须首先补偿生产中耗费的生产资料，以及维持工人生活的生活资料，也就是必须首先满足简单再生产条件。在此基础上才能将一部分剩余价值用于资本积累，进行扩大再生产。因此，简单再生产是扩大再生产的基础。

二、对简单再生产问题的考察具有唯一性

对简单再生产问题的考察具有唯一性，而对扩大再生产问题的考察不具有唯一性。无论按照什么方式扩大再生产，都只是无数种可能的扩大再生产方式中的一个特例，都不具有一般性。研究价值转形的目的是要通过价值说明生产价格，在价值规律的基础上，找到价值与生产价格联系的最基本的一般规律。必须使考察具有唯一性。因此，研究价值转形问题应该重点考察简单再生产条件下的价值转形。

三、在简单再生产条件下考察价值转形可以避免时间序列分析，简化分析过程

研究价值转形问题，必须解决资本的生产过程与资本的流通过程的矛盾。在流通过程中分配剩余价值时，本次生产过程已经结束。

本次货币资本循环的生产阶段和售卖阶段是前后两个不同阶段。生产的剩余价值取决于生产过程中耗费的剩余劳动；分配剩余价值不仅涉及本次货币资本循环的售卖阶段，还涉及下次货币资本循环的购买阶段。本次货币资本循环的售卖阶段和下次货币资本循环的购买阶段，也是前后两个不同阶段。价值转形考察的生产资本循环包括三个前后不同阶段：生产阶段、售卖阶段、购买阶段。既然剩余价值的生产和剩余价值的分配不是同一时期的，就应该使用时间序列分析方法。这将使非常复杂的价值转形的分析过程变得更加复杂，不利于分析、研究和解决价值转形中最基本的矛盾——剩

余价值如何实现，不利于找出价值转形的最基本的一般规律。

在简单再生产条件下考察价值转形，每次生产过程中使用的生产资料和劳动力数量不变，也就是每一次完整的资本循环中的不变资本和可变资本都相同。只需要将生产过程和流通过程分开，不必区分不变资本和可变资本是哪一时期的。这样做可以避免使用时间序列分析方法，简化分析过程；有利于分析和解决价值转形中最基本的矛盾，有利于找出最基本的规律。

四、在简单再生产条件下考察价值转形可以实现研究价值转形的目的

研究价值转形的目的，不是说明生产规模如何扩大，不是说明在生产规模扩大的条件下如何满足再生产平衡关系，也不是解决具体的经济核算问题，而是解决能否通过价值确定生产价格，如何通过价值说明生产价格，以及怎样由价值决定生产价格的问题。

对简单再生产条件下的价值转形的考察，可以说明价值如何决定生产价格，能够实现研究价值转形的目的。

五、在简单再生产条件下研究价值转形可以发现资本流动无法解释价值转形

马克思认为，利润平均化是价值转形的结果，不是价值转形的起点。

从再生产过程考察，前一次生产和流通的结果是后一次生产和流通的前提和起点。在简单再生产条件下，每次生产和再生产过程中，不同部类的不变资本和可变资本不变化，资本家都得到平均利润，仍然存在等量劳动创造等量价值与等量资本得到等量利润的矛盾，不可能通过资本流动解释平均利润形成的原因。

在简单再生产条件下研究价值转形，可以找到解释如何分配剩余价值的依据，也就是发现实现价值转形的真正途径。

如果分析扩大再生产情况下的价值转形，那么，就不容易发现资本流动无法解释价值转形，也不容易发现实现价值转形的真正途径。

六、通过简单再生产条件下的价值转形可以证明边际效用价值论不成立

无论在简单再生产条件下，还是在扩大再生产条件下，任何一种价值理论必须能够由产品的价值确定产品的生产价格。

按照劳动价值论，在简单再生产条件下和扩大再生产条件下都能够由产品的价值确定产品的生产价格。

按照边际效用价值论，要确定边际成本、边际收益率和边际产品价格，就要求成本、利润、生产价格发生变化。但是，在简单再生产条件下，生产规模不发生变化。各部类或各部门的不变资本、可变资本、剩余价值都不变，从而产品成本、利润、生产价格也不变，根本不存在边际成本、边际收益率和边际产品价格。因此，边际效用价值论不成立。

第十六节　马克思的“两个等于”的观点是否正确

马克思认为，利润总和等于剩余价值总和，生产价格总和等于价值总和。很多研究价值转形的经济学家都将马克思提出的“两个等于”的观点看作结论，并以“两个等于”是否同时成立作为检验马克思的劳动价值论是否正确的依据。有的经济学家认为利润总和等于剩余价值总和不成立；有的经济学家认为生产价格总和等于价值总和不成立；也有的经济学家认为利润总和等于剩余价值总和与生产价格总和等于价值总和两个“结论”中最多只有一个能够成立。他们都认为“两个等于”不能同时成立。例如，米克认为：

“如果进货价值也像出货价值一样转化为生产价格的话，要使所有进货与出货一齐转化，转化后，总利润等于总剩余价值，同时总生产价格等于总价值；通常这是不可能的。除掉极其例外的情形，我们一般可能保持两个等量中的一个，而不是两个。”[①]

马克思提出：“资本**在交换中得到的**可能超过其**等价物，那时利润就大于资本的剩余价值**。但是这只有在另一个交换者得不到等价物的情况下才可能发生。总剩余价值，以及**总利润**这一不过是**以另一种方法来计算的剩余价值本身**，通过这种活动决不会增加，也决不会减少；**由此发生变化的**并不是剩余价值本身，而只是**剩余价值在各个不同资本之间的分配**。”[②] 显然，马克思提到的利润总和等于剩余价值总和，是指剩余劳动创造的剩余价值总量不变，变化的只是剩余价值在不同资本之间的分配。

问题不在于“两个等于”是否成立，而在于对“两个等于”的理解。否定马克思的“两个等于”观点的经济学家，只看到生产价格形式的利润，没有看到价值形式的利润，没有看到得到社会承认的剩余价值，没有看到资本家最终得到的剩余价值。流通过程中分配剩余价值，不可能改变生产过程中耗费的剩余劳动和总劳动。马克思的“两个等于”的观点不仅是正确的，而且是解决价值转形的关键，是解决长期困扰经济学家的“不变性假设”问题的钥匙。

在一般情况下，在每一次具体的资本循环过程中，不同部类或不同部门的剩余价值率不一定相等，利润率也不一定相等。剩余价值率相等和利润率相等是资本主义生产过程和流通过程中的总趋势。但是，任何一次资本循环过程中“两个等于”必然成立。

因此，“两个等于”不仅是价值转形的基本前提条件，而且是比剩余价值率相等和利润率相等更基本的前提条件。

---

① 米克. 劳动价值学说的研究［M］. 陈彪如，译. 北京：商务印书馆，1979：215.

② 马克思恩格斯全集：第46卷下册［M］. 北京：人民出版社，1980：280-281.

第十七节　价值转形是资本主义生产方式的两大基本矛盾的反映

政治经济学中存在两大理论难题：第一，价值规律与价值增殖的矛盾，也就是资本总公式的矛盾；第二，价值规律与平均利润规律的矛盾，也就是等量劳动创造等量价值同等量资本获得等量利润的矛盾。资本主义社会存在两大基本矛盾：工人和资本家之间的矛盾以及资本家之间的矛盾。政治经济学中的两大理论难题，反映资本主义社会的两大基本矛盾。

价值规律与价值增殖的矛盾反映工人和资本家之间的矛盾。价值规律与价值增殖的矛盾的核心在于剩余价值如何产生以及剩余价值率如何确定。剩余价值率的确定由工人和资本家的矛盾决定。不同部类或部门的剥削率相等或剩余价值率相等由工人自由流动决定。

等量劳动创造等量价值与等量资本获得等量利润的矛盾反映资本家之间的矛盾。不同部类或部门的利润率相等由资本自由竞争与资本自由流动共同决定。

从现象看，价值转形似乎只是资本家在流通过程中分配总剩余价值，不涉及工人和资本家之间的矛盾。从本质看，生产力的水平决定不同部类或部门的资本有机构成，剩余价值率不仅取决于生产力的水平，而且取决于工人和资本家的力量对比，不同部类或部门的资本有机构成和剩余价值率共同决定价值转形。因此，价值转形不仅与资本家之间的矛盾有关，而且与工人与资本家之间的矛盾有关。

工人和资本家之间的矛盾反映在生产过程中。矛盾的焦点是剩余劳动与必要劳动的比例，也就是资本对劳动的剥削程度或剩余价值率。剩余价值率是影响利润率的决定性因素。

资本家之间的矛盾反映在流通过程中。矛盾的焦点是不同部类或部门生产过程中耗费的物化劳动与耗费的活劳动的比例，耗费的物化劳动与耗费的必要劳动的比例，以及耗费的剩余劳动与耗费的必要劳动的比例，它们如何影响剩余价值分配。也就是不同部类或部门的资本有机构成和剩余价值率如何影响剩余价值分配。

剩余价值在生产过程中产生，通过流通过程实现。剩余价值和价值实现的过程，不仅是商品资本转化为货币资本的过程，而且是总剩余价值在不同部类或部门的资本家之间分配的过程。片面地研究价值转形，只需要考察流通过程。全面地研究价值转形，不仅要考察流通过程，而且要考察生产过程。这就是说，不仅要考察资本家之间的矛盾，而且要考察工人与资本家之间的矛盾。

因此，价值转形是资本主义生产方式的两大基本矛盾的反映。

第十八节　平均利润和生产价格的形成是一个自然历史过程

从自然经济、简单商品经济到资本主义经济，是一个历史发展过程。平均利润和生产价格的形成，也是一个历史发展过程。

商品交换在有文字记载的历史之前就已经开始了，价值规律已经在长达五千年至七千年的时期内起支配作用。因此，从产品成为商品的时期起，直到 15 世纪为止的漫长历史时期内，马克思的价值规律在经济上是普遍适用的。

资本主义经济在人类历史上是短暂的。在资本主义以前的经济形态中，以及在现代经济中劳动者之间互相交换产品的过程中，商品就不是资本的产品。

平均利润和生产价格是在资本主义生产的长期发展过程中逐渐形成的，但不是在资本主义经济发展的初期，而是在资本主义竞争充分发展的时期。正如马克思所说，“商品按照它们的价值或接近

于它们的价值进行的交换，比那种按照它们的生产价格进行的交换，所要求的发展阶段要低得多。而按照它们的生产价格进行的交换，则需要资本主义的发展达到一定的高度。”①

静态的、均衡的、简单再生产的、平均利润化的规定是对复杂的具体经济情况的高度抽象和简化，目的在于研究最基本的价值转形关系，即价值能否决定生产价格，价值如何决定生产价格，剩余价值如何分配。经济运行过程是全体社会成员为了不同生产目的所进行的自发的、随机的、动态的活动。用静态的、均衡的、简单再生产的、平均利润化的方法去研究动态的、非均衡的、扩大再生产的、利润不平均的具体经济情况，显然是不适用的。具体的、复杂的、历史的价值转形发展过程，无法用数学方法准确表达。

① 马克思恩格斯全集：第25卷［M］. 北京：人民出版社，1974：197-198.

第四章

生产价格形式的利润率与剩余价值率的关系

在价值转形中，不同部类的生产价格形式的利润率相等，但是，不同部类的价值形式的利润率不相等。价值形式的利润率反映资本的增殖程度。生产价格形式的利润率不仅反映资本的增殖程度，而且反映剩余价值分配关系。剩余价值率反映资本对劳动的剥削程度，即资本家对雇佣劳动者的剥削程度。生产价格形式的利润率与剩余价值率的关系就是资本的增殖程度与资本对劳动的剥削程度的关系。因为生产价格形式的利润率是价值转形的结果，所以，这种关系受价值转形的影响。①

这里考察生产价格形式的利润率与剩余价值率的关系。

① 沈民鸣. 论价值转形中利润率与剩余价值率的关系［J］. 马克思主义研究，2009（1）：56-63.

第一节　有量纲的绝对量与无量纲的相对量

在简单再生产条件下的两部类价值转形中，存在多个变量。这些变量可以分为两类：一类是有量纲的绝对量，另一类是无量纲的相对量。有量纲的绝对量是再生产和价值转形的基础。由有量纲的绝对量可以得到无量纲的相对量。但是，只有无量纲的相对量不能确定有量纲的绝对量，也就是说，不能确定资本和利润水平。由无量纲的相对量与一个有量纲的绝对量就可以确定所有有量纲的绝对量。

有量纲的绝对量包括 c_1、v_1、s_1、c_2、v_2、s_2 这六个表示第一部类和第二部类的不变资本、可变资本、剩余价值的基本变量，这六个变量反映生产过程中耗费的物化劳动、必要劳动、剩余劳动。此外，还有表示流通过程中两部类被社会多承认的剩余价值 s_{a1}、s_{a2}，两部类多得到的剩余价值 s_{t1}、s_{t2}。

无量纲的相对量包括两部类价值形式的资本有机构成 k_1、k_2，价值形式的总资本有机构成 k，两部类生产价格形式的资本有机构成 k_{p1}、k_{p2}，生产价格形式的总资本有机构成 k_p，两部类价值形式的利润率 r_{v1}、r_{v2}，价值形式的平均利润率 r_v，生产价格形式的平均利润率 r，两部类的价值生产价格转化系数 a_1、a_2，以及剩余价值率 e。其中，两部类价值形式的资本有机构成 k_1、k_2，价值形式的总资本有机构成 k，两部类价值形式的利润率 r_{v1}、r_{v2}，价值形式的平均利润率 r_v，以及剩余价值率 e，是价值转形的基础，不依赖价值转形；两部类生产价格形式的资本有机构成 k_{p1}、k_{p2}，生产价格形式的总资本有机构成 k_p，生产价格形式的平均利润率 r，以及两部类的价值生产价格转化系数 a_1、a_2，是价值转形的结果，依赖价值转形。

在我们的考察中，最基本的无量纲的相对量为第一部类价值形式的资本有机构成 k_1、第二部类价值形式的资本有机构成 k_2、剩余

价值率 e。这里，在这些变量的基础上，考察生产价格形式的利润率与剩余价值率的关系。

第二节　生产价格形式的利润率与剩余价值率

一、两部类资本有机构成不同条件下生产价格形式的利润率与剩余价值率的关系

为了考察生产价格形式的利润率与剩余价值率的关系，需要确定假设条件、符号规定、价值转形模型。这里的假设条件、符号规定、价值转形模型，分别与第三章的基本假设条件、符号规定、价值转形模型相同。

由第三章（3—60）式、（3—61）式可以得到生产价格形式的利润率

$$r=\sigma-1$$

$$=\frac{f_2g_1+g_2+2f_1-2f_2-\sqrt{(f_2g_1-g_2)^2+4f_1g_1g_2}}{2(f_2-f_1)} \tag{4—1}$$

其中，参数 f_1、f_2、g_1、g_2 分别由第三章中的（3—36）式、（3—37）式、（3—38）式、（3—39）式决定。这些参数都是 k_1、k_2、e 的函数，因此，生产价格形式的利润率 r 是两部类价值形式的资本有机构成 k_1、k_2 和剩余价值率 e 的复合函数。

由第三章中的（3—20）式、（3—36）式、（3—38）式得

$$g_1=1+f_1+ef_1 \tag{4—2}$$

由第三章中的（3—20）式、（3—37）式、（3—39）式得

$$g_2=1+f_2+ef_2 \tag{4—3}$$

将（4—2）式、（4—3）式代入（4—1）式，则（4—1）式中

$$
\begin{aligned}
&f_2g_1+g_2+2f_1-2f_2\\
&=(f_1+1)f_2e+(f_1f_2+2f_1+1)
\end{aligned}
\tag{4—4}
$$

以及

$$
\begin{aligned}
&(f_2g_1-g_2)^2+4f_1g_1g_2\\
&=[f_2(1+f_1+ef_1)-1-f_2-ef_2]^2\\
&\quad+4f_1(1+f_1+ef_1)(1+f_2+ef_2)\\
&=[(f_1-1)f_2e-(f_1f_2-1)]^2\\
&\quad+4f_1[(1+f_1)+f_1e][(1+f_2)+f_2e]\\
&=[(f_1-1)^2f_2^2e^2+4f_1^2f_2e^2]\\
&\quad+2(f_1-1)(f_1f_2-1)f_2e\\
&\quad+4f_1[(1+f_1)f_2e+(1+f_2)f_1e]\\
&\quad+[(f_1f_2-1)^2+4f_1(1+f_1)(1+f_2)]\\
&=[(f_1-1)^2f_2^2e^2+4f_1^2f_2e^2]\\
&\quad+\{2(f_1-1)(f_1f_2-1)f_2e\\
&\quad+4f_1[(1+f_1)f_2e+(1+f_2)f_1e]\}\\
&\quad+[(f_1f_2-1)^2+4f_1(1+f_1)(1+f_2)]\\
&=[(f_1-1)^2f_2+4f_1^2]f_2e^2\\
&\quad+[2f_2(f_1-1)(f_1f_2-1)+4f_1(f_1+f_2+2f_1f_2)]e\\
&\quad+[(f_1f_2-1)^2+4f_1(1+f_1)(1+f_2)]
\end{aligned}
\tag{4—5}
$$

令

$$a=[(f_1-1)^2f_2+4f_1^2]f_2 \tag{4—6}$$

$$b=2f_2(f_1-1)(f_1f_2-1)+4f_1(f_1+f_2+2f_1f_2) \tag{4—7}$$

$$
\begin{aligned}
c&=(f_1f_2-1)^2+4f_1(1+f_1)(1+f_2)\\
&=f_1^2f_2^2-2f_1f_2+1+4f_1(1+f_1+f_2+f_1f_2)\\
&=f_1^2f_2^2-2f_1f_2+1+4f_1+4f_1^2+4f_1f_2+4f_1^2f_2\\
&=f_1^2f_2^2+4f_1^2+1+2f_1f_2+4f_1^2f_2+4f_1\\
&=(f_1f_2+2f_1+1)^2
\end{aligned}
\tag{4—8}
$$

$$p=(f_1+1)f_2 \tag{4—9}$$

$$q=f_1f_2+2f_1+1 \tag{4—10}$$

将（4—4）式、（4—5）式、（4—6）式、（4—7）式、（4—8）式、（4—9）式、（4—10）式代入（4—1）式可以得到生产价格形式的利润率与剩余价值率的关系

$$r=\frac{pe+q-\sqrt{ae^2+be+c}}{2(f_2-f_1)} \tag{4—11}$$

二、生产价格形式的利润率与剩余价值率的关系曲线过原点

在（4—11）式中，如果剩余价值率 $e=0$，那么，由（4—8）式、（4—10）式、（4—11）式以及 $f_1>0$、$f_2>0$ 可以得到生产价格形式的利润率 $r=0$。如果剩余价值率足够大，那么，由（4—11）式可以得到

$$r\approx\frac{(p-\sqrt{a})e}{2(f_2-f_1)} \tag{4—12}$$

因此，如果两部类资本有机构成不变，那么，生产价格形式的利润率是剩余价值率的单调递增函数，生产价格形式的利润率与剩余价值率的关系的图像为一条过原点的单调递增的准直线方程。如果剩余价值率足够大，那么，该方程接近于直线方程。

三、两部类资本有机构成相同条件下利润率与剩余价值率的关系

在两部类资本有机构成相同的条件下，两部类的价值形式的利润率相等，不存在价值转形，生产价格形式的利润率就是价值形式的平均利润率。该平均利润率可以表示为

$$r = r_v = \frac{s_1 + s_2}{c_1 + c_2 + v_1 + v_2} = \frac{e(v_1 + v_2)}{c_1 + c_2 + v_1 + v_2}$$

$$= \frac{e}{\frac{c_1 + c_2}{v_1 + v_2} + 1} = \frac{e}{k + 1} \tag{4—13}$$

由（4—13）式可以看出，在两部类资本有机构成相同的条件下，生产价格形式的利润率或价值形式的平均利润率为剩余价值率过原点的单调递增的线性函数。

第三节　生产价格形式的利润率与剩余价值率关系的数例

这里，我们在剩余价值率变化、两部类价值形式的资本有机构成确定、第一部类价值形式的资本有机构成取不同常数的条件下考察利润率与剩余价值率的关系。

由第三章中的（3—36）式、（3—37）式得 $f_1 = 1/k_1$，$f_2 = 1/k_2$。

如果 $k_2 = 2$，第一部类价值形式的资本有机构成分别为 $k_1 = 6$，4，2，1，那么，可以得到如下参数：

当 $k_1 = 6$ 时，则 $f_1 = 1/6$，$f_2 = 1/2$，$a = 0.229\,166\,666\,7$，$b = 1.319\,444\,444\,4$，$c = 2.006\,944\,444\,4$，$p = 0.583\,333\,333\,3$，$q = 1.416\,666\,666\,7$。

当 $k_1 = 4$ 时，则 $f_1 = 1/4$，$f_2 = 1/2$，$a = 0.265\,625$，$b = 1.656\,250$，$c = 2.640\,625$，$p = 0.625$，$q = 1.625$。

当 $k_1 = 2$ 时，则 $k = 2$。

当 $k_1 = 1$ 时，则 $f_1 = 1$，$f_2 = 1/2$，$a = 2$，$b = 10$，$c = 12.25$，$p = 1$，$q = 3.5$。

如果两部类的资本有机构成不同，那么，将这些参数代入

(4—11) 式，再令 $e=0$，0.1，0.2，…，2，得到生产价格形式的利润率 r 与剩余价值率 e 的关系。如果两部类的资本有机构成相同，那么，将有关参数代入（4—13）式，再令 $e=0$，0.1，0.2，…，2，得到生产价格形式的利润率 r 与剩余价值率 e 的关系。这种关系可以用表 4-1 表示。

表 4-1　　生产价格形式的利润率 r 与剩余价值率 e 的关系

剩余价值率 e	生产价格形式的利润率 r $k_1=6$ $k_2=2$	生产价格形式的利润率 r $k_1=4$ $k_2=2$	生产价格形式的利润率 r $k_1=2$ $k_2=2$	生产价格形式的利润率 r $k_1=1$ $k_2=2$
0.0	0.000 000 0	0.000 000 0	0.000 000 0	0.000 000 0
0.1	0.017 584 0	0.023 041 6	0.033 333 3	0.042 801 1
0.2	0.035 049 7	0.046 016 8	0.066 666 7	0.085 498 6
0.3	0.052 407 7	0.068 931 2	0.100 000 0	0.128 103 9
0.4	0.069 667 4	0.091 790 1	0.133 333 3	0.170 626 5
0.5	0.086 837 2	0.114 597 8	0.166 666 7	0.213 074 9
0.6	0.103 924 6	0.137 358 4	0.200 000 0	0.255 456 3
0.7	0.120 936 2	0.160 075 7	0.233 333 3	0.297 777 2
0.8	0.137 877 9	0.182 752 8	0.266 666 7	0.340 043 1
0.9	0.154 755 2	0.205 392 7	0.300 000 0	0.382 258 9
1.0	0.171 572 9	0.227 998 1	0.333 333 3	0.424 428 9
1.1	0.188 335 2	0.250 571 5	0.366 666 7	0.466 557 0
1.2	0.205 046 3	0.273 114 9	0.400 000 0	0.508 646 7
1.3	0.221 709 6	0.295 630 5	0.433 333 3	0.550 700 9
1.4	0.238 328 4	0.318 120 0	0.466 666 7	0.592 722 5
1.5	0.254 905 7	0.340 585 2	0.500 000 0	0.634 713 8
1.6	0.271 444 3	0.363 027 5	0.533 333 3	0.676 677 2
1.7	0.287 946 5	0.385 448 4	0.566 666 7	0.718 614 7
1.8	0.304 414 6	0.407 849 2	0.600 000 0	0.760 528 0
1.9	0.320 850 9	0.430 231 0	0.633 333 3	0.802 418 9
2.0	0.337 257 1	0.452 595 0	0.666 666 7	0.844 288 8

表 4－1 的结果可以用图 4－1 表示。

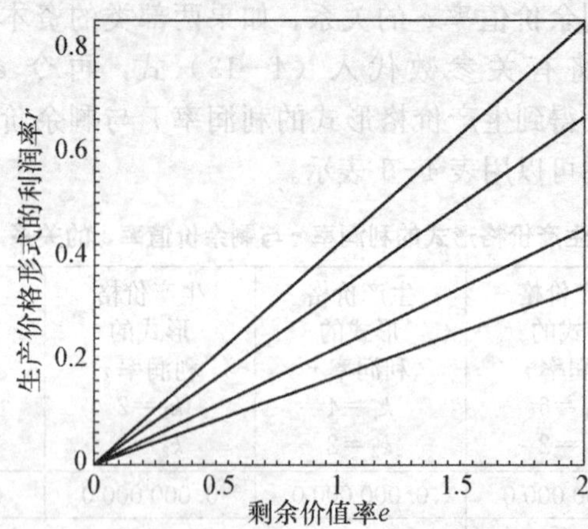

图 4－1　生产价格形式的利润率 r 与剩余价值率 e 的关系

在图 4－1 中，从上至下四条曲线分别对应于 $k_1=1$，2，4，6；$k_2=2$。这是一组单调递增的曲线。

值得注意的是，当 $k_1=2$ 与 $k_2=2$ 时，两部类的价值形式的利润率相等，不需要价值转形，生产价格形式的利润率等于价值形式的平均利润率。如果两部类资本有机构成相同，那么，生产价格形式的利润率 r 不能由（4—11）式得到，而要由（4—13）式得到。

从表 4－1 和图 4－1 中可以看出，如果剩余价值率变化，第二部类资本有机构成确定，第一部类资本有机构成取不同数值，那么，无论第一部类的资本有机构成高于第二部类的资本有机构成，等于第二部类的资本有机构成，还是低于第二部类的资本有机构成，生产价格形式的利润率与剩余价值率的关系都是第一象限内过原点的、单调递增的曲线。

因此，生产价格形式的利润率是剩余价值率的单调递增函数，并且当剩余价值率等于 0 时，生产价格形式的利润率也等于 0。因为剩余价值率必然高于 0，所以，生产价格形式的利润率也必然高于 0。

第四节　生产价格形式的利润率与剩余价值率关系曲线的特点

一、生产价格形式的利润率对剩余价值率的一阶导数

一般情况下，生产价格形式的利润率与剩余价值率的关系，可以用（4—11）式表示。

如果两部类价值形式的资本有机构成 k_1 和 k_2 为确定值，那么，（4—11）式中的 a、b、c、p、q 也为确定值。生产价格形式的利润率 r 对剩余价值率 e 求一阶导数得

$$\frac{\mathrm{d}r}{\mathrm{d}e}=\frac{\mathrm{d}}{\mathrm{d}e}\left[\frac{pe+q-\sqrt{ae^2+be+c}}{2(f_2-f_1)}\right]$$

$$=\frac{1}{2(f_2-f_1)}\left(p-\frac{2ae+b}{2\sqrt{ae^2+be+c}}\right) \tag{4—14}$$

二、生产价格形式的利润率对剩余价值率的二阶导数

由（4—14）式，生产价格形式的利润率 r 对剩余价值率 e 的二阶导数为

$$\frac{\mathrm{d}^2 r}{\mathrm{d}e^2}=\frac{\mathrm{d}}{\mathrm{d}e}\left[\frac{1}{2(f_2-f_1)}\left(p-\frac{2ae+b}{2\sqrt{ae^2+be+c}}\right)\right]$$

$$=\frac{1}{4(f_2-f_1)}\left[\frac{(2ae+b)^2}{2(ae^2+be+c)^{\frac{3}{2}}}-\frac{2a}{\sqrt{ae^2+be+c}}\right]$$

$$=\frac{(2ae+b)^2-4a(ae^2+be+c)}{8(f_2-f_1)(ae^2+be+c)^{\frac{3}{2}}}$$

$$=\frac{b^2-4ac}{8(f_2-f_1)(ae^2+be+c)^{\frac{3}{2}}} \tag{4—15}$$

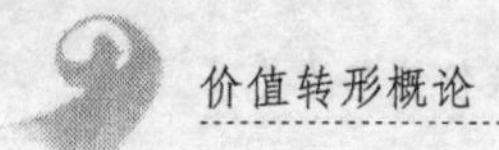

三、两部类资本有机构成相同条件下利润率对剩余价值率的一阶导数与二阶导数

由（4—13）式，在两部类资本有机构成相同的条件下，利润率对剩余价值率的一阶导数为

$$\frac{\mathrm{d}r_v}{\mathrm{d}e}=\frac{\mathrm{d}}{\mathrm{d}e}\left(\frac{e}{k+1}\right)=\frac{1}{k+1} \tag{4—16}$$

由（4—13）式，在两部类资本有机构成相同与两部类资本有机构成确定的条件下，利润率对剩余价值率的一阶导数为常数。显然，在这种条件下，利润率对剩余价值率的二阶导数为0。

四、生产价格形式的利润率对剩余价值率的一阶导数的数例

如果 $k_2=2$，第一部类价值形式的资本有机构成分别为 $k_1=6$，4，2，1，那么，可以得到如下参数：

当 $k_1=6$ 时，则 $f_1=1/6$，$f_2=1/2$，$a=0.229\,166\,666\,7$，$b=1.319\,444\,444\,4$，$c=2.006\,944\,444\,4$，$p=0.583\,333\,333\,3$。

当 $k_1=4$ 时，则 $f_1=1/4$，$f_2=1/2$，$a=0.265\,625$，$b=1.656\,250$，$c=2.640\,625$，$p=0.625$。

当 $k_1=2$ 时，则 $k=2$。

当 $k_1=1$ 时，则 $f_1=1$，$f_2=1/2$，$a=2$，$b=10$，$c=12.25$，$p=1$。

如果两部类的资本有机构成不同，那么，将这些参数代入（4—14）式，再令 $e=0$，0.1，0.2，…，2，得到生产价格形式的利润率 r 对剩余价值率 e 的一阶导数$\frac{\mathrm{d}r}{\mathrm{d}e}$。如果两部类的资本有机构成相同，那么，将有关参数代入（4—16）式，再令 $e=0$，0.1，

0.2，…，2，得到生产价格形式的利润率 r 对剩余价值率 e 的一阶导数$\frac{\mathrm{d}r}{\mathrm{d}e}$。生产价格形式的利润率 r 对剩余价值率 e 的一阶导数$\frac{\mathrm{d}r}{\mathrm{d}e}$与剩余价值率 e 的关系，可以用表 4－2 表示。

表 4－2　$\frac{\mathrm{d}r}{\mathrm{d}e}$与 e 的关系

剩余价值率 e	$\frac{\mathrm{d}r}{\mathrm{d}e}$ $k_1=6$ $k_2=2$	$\frac{\mathrm{d}r}{\mathrm{d}e}$ $k_1=4$ $k_2=2$	$\frac{\mathrm{d}r}{\mathrm{d}e}$ $k_1=2$ $k_2=2$	$\frac{\mathrm{d}r}{\mathrm{d}e}$ $k_1=1$ $k_2=2$
0.0	0.176 471	0.230 769	0.333 333	0.428 571
0.1	0.175 229	0.230 074	0.333 333	0.427 473
0.2	0.174 102	0.229 439	0.333 333	0.426 496
0.3	0.173 074	0.228 858	0.333 333	0.425 624
0.4	0.172 135	0.228 325	0.333 333	0.424 842
0.5	0.171 274	0.227 835	0.333 333	0.424 138
0.6	0.170 484	0.227 384	0.333 333	0.423 502
0.7	0.169 757	0.226 967	0.333 333	0.422 925
0.8	0.169 087	0.226 581	0.333 333	0.422 401
0.9	0.168 467	0.226 223	0.333 333	0.421 922
1.0	0.167 893	0.225 890	0.333 333	0.421 485
1.1	0.167 361	0.225 580	0.333 333	0.421 083
1.2	0.166 866	0.225 292	0.333 333	0.420 715
1.3	0.166 405	0.225 023	0.333 333	0.420 375
1.4	0.165 976	0.224 771	0.333 333	0.420 061
1.5	0.165 575	0.224 535	0.333 333	0.419 770
1.6	0.165 200	0.224 314	0.333 333	0.419 501
1.7	0.164 848	0.224 106	0.333 333	0.419 251
1.8	0.164 519	0.223 911	0.333 333	0.419 018
1.9	0.164 209	0.223 727	0.333 333	0.418 801
2.0	0.163 918	0.223 554	0.333 333	0.418 599

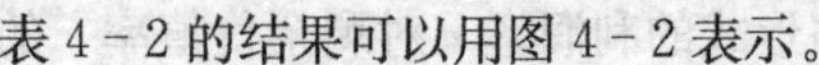

表 4－2 的结果可以用图 4－2 表示。

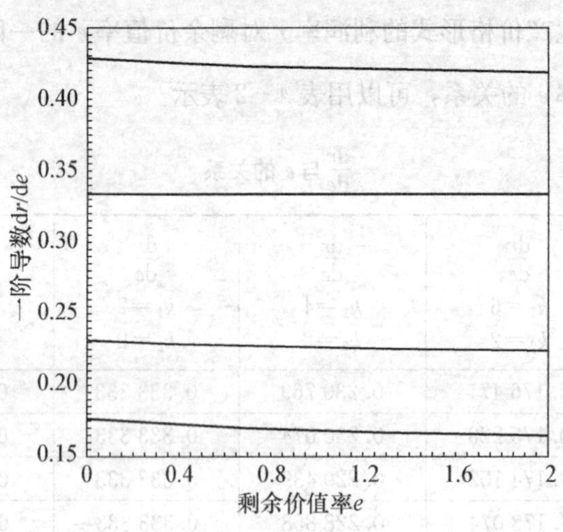

图 4－2　$\frac{dr}{de}$与 e 的关系

在图 4－2 中，从上至下四条曲线分别对应于 $k_1=1$，2，4，6；$k_2=2$。当两部类的资本有机构成不同时，生产价格形式的利润率 r 对剩余价值率 e 的一阶导数$\frac{dr}{de}$与剩余价值率 e 的关系曲线是单调递减的曲线。当两部类的资本有机构成相同时，生产价格形式的利润率 r 对剩余价值率 e 的一阶导数$\frac{dr}{de}$与剩余价值率 e 的关系曲线是水平直线。

由表 4－2 和图 4－2 可以看出，无论第一部类的资本有机构成高于第二部类的资本有机构成，还是低于第二部类的资本有机构成，生产价格形式的利润率对剩余价值率的一阶导数都是剩余价值率的大于零的单调递减函数。这说明，随着剩余价值率提高，生产价格形式的利润率提高，提高的幅度递减。如果第一部类的资本有机构成等于第二部类的资本有机构成，那么，生产价格形式的利润率对剩余价值率的一阶导数为一个大于零的常数。这说明，随着剩

余价值率的提高，生产价格形式的利润率提高，提高的幅度不变。

值得注意的是，如果 $k_1=2$ 且 $k_2=2$，两部类资本有机构成相同，那么，生产价格形式的利润率对剩余价值率的一阶导数不能由（4—14）式得到，而要由（4—16）式得到。

五、生产价格形式的利润率对剩余价值率的二阶导数的数例

如果两部类的资本有机构成不同，那么，将上述参数代入（4—15）式，再令 $e=0$，0.1，0.2，…，2，得到生产价格形式的利润率 r 对剩余价值率 e 的二阶导数 $\frac{d^2r}{de^2}$。生产价格形式的利润率 r 对剩余价值率 e 的二阶导数 $\frac{d^2r}{de^2}$ 与剩余价值率 e 的关系，可以用表 4－3 表示。

表 4－3　$\frac{d^2r}{de^2}$ 与 e 的关系

剩余价值率 e	$\frac{d^2r}{de^2}$ $k_1=6$ $k_2=2$	$\frac{d^2r}{de^2}$ $k_1=4$ $k_2=2$	$\frac{d^2r}{de^2}$ $k_1=1$ $k_2=2$
0.0	−0.013 026 7	−0.007 282 7	−0.011 661 8
0.1	−0.011 821 1	−0.006 638 1	−0.010 343 4
0.2	−0.010 758 1	−0.006 067 1	−0.009 217 2
0.3	−0.009 817 4	−0.005 559 4	−0.008 249 4
0.4	−0.008 982 2	−0.005 106 6	−0.007 412 9
0.5	−0.008 238 3	−0.004 701 5	−0.006 686 1
0.6	−0.007 573 5	−0.004 338 0	−0.006 051 6
0.7	−0.006 977 8	−0.004 010 8	−0.005 495 1
0.8	−0.006 442 4	−0.003 715 7	−0.005 005 0
0.9	−0.005 960 0	−0.003 448 7	−0.004 571 6
1.0	−0.005 524 3	−0.003 206 6	−0.004 187 0

续前表

剩余价值率 e	$\frac{d^2 r}{de^2}$ $k_1=6$ $k_2=2$	$\frac{d^2 r}{de^2}$ $k_1=4$ $k_2=2$	$\frac{d^2 r}{de^2}$ $k_1=1$ $k_2=2$
1.1	−0.005 129 7	−0.002 986 6	−0.003 844 4
1.2	−0.004 771 6	−0.002 786 2	−0.003 538 3
1.3	−0.004 445 8	−0.002 603 3	−0.003 263 9
1.4	−0.004 148 9	−0.002 436 0	−0.003 017 2
1.5	−0.003 877 6	−0.002 282 7	−0.002 794 8
1.6	−0.003 629 4	−0.002 142 0	−0.002 593 8
1.7	−0.003 401 8	−0.002 012 6	−0.002 411 6
1.8	−0.003 192 8	−0.001 893 4	−0.002 246 1
1.9	−0.003 000 4	−0.001 783 4	−0.002 095 5
2.0	−0.002 823 1	−0.001 681 7	−0.001 958 0

表 4－3 的结果可以用图 4－3 表示。

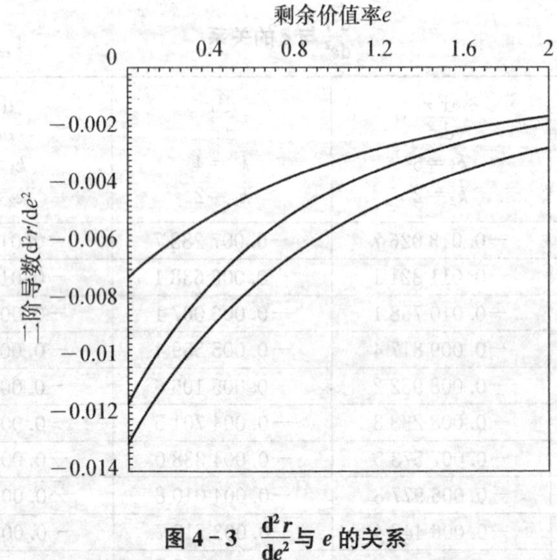

图 4－3　$\frac{d^2 r}{de^2}$与 e 的关系

在图 4－3 中，从上至下三条曲线分别对应于 $k_1=4$，1，6，

$k_2=2$。这是一组单调递增的曲线。

由表4-3、图4-3可以看出，如果两部类的资本有机构成不同，那么，无论第一部类的资本有机构成高于第二部类的资本有机构成，还是低于第二部类的资本有机构成，生产价格形式的利润率对剩余价值率的二阶导数都是剩余价值率的小于零的单调递增函数。这说明，随着剩余价值率的提高，生产价格形式的利润率提高的幅度递减。

值得注意的是，如果 $k_1=2$ 且 $k_2=2$，两部类资本有机构成相同，那么，生产价格形式的利润率对剩余价值率的二阶导数等于0。这说明，随着剩余价值率的提高，生产价格形式的利润率提高，提高的幅度不变。

因此，无论第一部类的资本有机构成高于第二部类的资本有机构成，还是低于第二部类的资本有机构成，生产价格形式的利润率都是剩余价值率的单调递增函数，函数图像的斜率递减。如果第一部类的资本有机构成等于第二部类的资本有机构成，那么，生产价格形式的利润率是剩余价值率的单调递增函数，函数图像的斜率不变。

第五节　本章结论

综上所述，生产价格形式的利润率与剩余价值率的关系，是资本增殖程度与剥削程度的关系。这种关系受价值转形的影响。

在两部类价值形式的资本有机构成确定的条件下，无论第一部类资本有机构成高于第二部类资本有机构成，还是低于第二部类资本有机构成，生产价格形式的利润率与剩余价值率的关系都是单调递增的函数关系，斜率递减。随着剩余价值率的提高，生产价格形式的利润率提高，生产价格形式的利润率上升变缓。也就是说，随着资本对劳动的剥削程度提高，资本的增殖程度提高，但是，资本增殖程度的提高逐步趋缓。

第五章 考虑资本循环影响的两部类价值转形

第一节 考虑资本循环对资本周转影响的两部类价值转形问题

在《资本论》第三卷中，马克思考虑了资本循环与资本周转对利润率的影响。但是，在鲍特凯维兹等经济学家提出的各种价值转形模型中，几乎都没有考虑资本循环与资本周转的影响。

资本周转速度越快，利润率越高。资本周转速度取决于两种不同因素：第一，资本循环速度；第二，固定资本在不变资本中的比例与固定资本折旧率。

资本循环速度取决于资本循环时间。资本循环时间是指资本通过一次生产、售卖、购买的阶段所

经历的时间。资本循环时间越短，资本循环速度越快。资本每循环一次，活劳动中的剩余劳动就生产一定数量的剩余价值。在一定时间内，同样的资本循环次数越多，生产的年剩余价值越多，年利润率越高。

不变资本包括固定资本部分与流动资本部分。不变资本的不同组成部分的周转方式不同。不变资本中的流动资本部分（例如，原料、材料、燃料、电力等）的价值，通过一次生产过程全部转移到产品中。不变资本中的固定资本部分（例如，机器、厂房、仓库、码头等）的价值，通过多次生产过程逐渐转移到产品中。不同的固定资本损耗的程度不相等，固定资本折旧率不相等。固定资本在不变资本中的比例越低，固定资本折旧率越高，资本周转越快。

如果不考虑固定资本的影响，也就是，不变资本的价值通过一次生产过程全部转移到产品中，那么，资本周转速度就是资本循环速度。

为了详细地考察资本周转速度对价值转形的影响，需要分别考察决定资本周转速度的两种不同因素对剩余价值分配的影响，也就是对价值转形的影响。

为了区分两种不同因素对资本周转速度与价值转形的影响，我们将不考虑固定资本对资本周转速度的影响，只考虑资本循环速度对资本周转速度影响的两部类价值转形，称为考虑资本循环影响的两部类价值转形。将不考虑资本循环对资本周转速度的影响，只考虑固定资本对资本周转速度影响的两部类价值转形，称为考虑固定资本影响的两部类价值转形或考虑资本周转影响的两部类价值转形。

如果考虑资本循环的影响，那么，价值形式的简单再生产条件将发生变化，生产价格形式的利润率相等条件变为生产价格形式的年利润率相等条件。资本循环将影响每个部类资本循环一次的利润率、年平均利润，从而影响年产品的生产价格，影响每个部类的资本家最终占有的年剩余价值和年价值。在价值转形模型中，简单再

生产方程组和价值转形方程组都将发生重要的变化。①

这里，在只考虑资本循环速度的影响的条件下，研究考虑资本循环影响的简单再生产条件下的两部类价值转形，建立反映资本循环影响的简单再生产条件下的两部类价值转形模型，分析考虑资本循环影响的简单再生产条件下的两部类价值转形的特点。

第二节 马克思对资本循环时间影响的论述

关于不同部类资本循环时间的差别造成的影响，他认为："我们以前当作同一个资本在时间上相继发生的变化来考察的东西，现在要当作不同生产部门各个并存的投资之间同时存在的差别来考察。"②

关于资本循环时间对剩余价值生产的影响，马克思认为："周转时间的缩短对剩余价值的生产，从而对利润的生产的直接影响，在于使可变资本部分由此提高效率。"③

关于不同部类资本循环时间的差别对价值转形的影响，他认为："除了资本的有机构成不同以外，也就是说，除了等量资本在不同生产部门会推动不等量劳动，从而在其他条件相同时会推动不等量剩余劳动以外，利润率的不等还有另外一个源泉，即不同生产部门资本的周转时间不同。……如果同一个可变资本的周转时间不同，它生产的年剩余价值量就会不等。所以，周转时间的差别，是等量资本在不同生产部门在相等时间内生产出不等量利润的另一个原因，因而也是这些不同生产部门利润率不等的另一个原因。"④

① 沈民鸣. 资本主义生产总过程的数学分析［M］. 北京：经济科学出版社，2009：72-83。沈民鸣. 简单再生产条件下的价值转形问题——基于资本周转速度的影响［J］. 成都. 财经科学，2008（11）：59-66.

② 马克思恩格斯全集：第25卷［M］. 北京：人民出版社，1974：161.

③ 同上书，86页。

④ 同上书，169页。

值得注意的是，马克思的上述论述中提到的“周转时间的缩短”，是资本循环时间缩短引起的资本周转时间缩短，而不是固定资本的变化引起的资本周转时间缩短，例如，降低固定资本在不变资本中的比例或提高固定资本折旧率。只要每年资本循环次数、资本、资本有机构成、剩余价值率确定，无论固定资本在不变资本中的比例与提高固定资本折旧率如何变化，剩余价值都不变。

马克思的论述，是解决不同部类资本循环时间条件下价值转形问题的基础。

第三节　考虑资本循环影响的价值转形中的基本关系

一、基本假设条件

为了分析简单再生产条件下考虑资本循环影响的价值转形中的基本关系，需要规定一些基本假设条件：

(1) 社会生产划分为两部类。第一部类为生产资料生产部类，第二部类为消费资料生产部类。不考虑非物质生产部门。

(2) 生产过程为简单再生产。生产过程需要的生产资料和劳动力可以通过市场得到，生产的商品可以全部售出，没有剩余，即价值实现和实物补偿条件同时满足。

(3) 两部类的剩余价值率相等并且已知，年剩余价值率不相等。

(4) 两部类生产价格形式的年利润率相等，资本循环一次的生产价格形式的利润率不相等。

(5) 两部类的资本有机构成已知。

(6) 不考虑固定资本的影响，假设不变资本的价值在一次循环过程中全部转移到产品中去。不用区分使用的资本和耗费的资本。

(7) 两部类的资本循环时间不同，两部类每年的资本循环次数已知。

二、符号规定

c_1、v_1、s_1有双重涵义。一方面，在生产过程中，c_1、v_1、s_1分别表示第一部类每次循环过程中耗费的物化劳动、耗费的必要劳动、耗费的剩余劳动；另一方面，在流通过程中，c_1、v_1、s_1分别表示第一部类的不变资本、可变资本、工人创造的剩余价值。

同样，c_2、v_2、s_2也有双重涵义。一方面，在生产过程中，c_2、v_2、s_2分别表示第二部类每次循环过程中耗费的物化劳动、耗费的必要劳动、耗费的剩余劳动；另一方面，在流通过程中，c_2、v_2、s_2分别表示第二部类的不变资本、可变资本、工人创造的剩余价值。

n_1和n_2分别表示第一部类和第二部类每年资本循环次数。

a_1和a_2分别表示第一部类和第二部类的价值生产价格转化系数。

s_{a1}和s_{a2}分别表示第一部类和第二部类被社会多承认的年剩余价值。

s_{t1}和s_{t2}分别表示第一部类和第二部类多实现的或多得到的年剩余价值。

k_1和k_2分别表示第一部类和第二部类价值形式的资本有机构成。

r_1和r_2分别表示第一部类和第二部类资本循环一次的生产价格形式的利润率。

r为生产价格形式的年平均利润率。

e为剩余价值率。

三、考虑资本循环影响的价值形式的简单再生产条件

无论是否考虑资本循环的影响，流通过程中的价值转形都不影

响生产过程中已经耗费的各种物化劳动、必要劳动和剩余劳动。

每年第一部类生产过程中耗费的物化劳动、必要劳动和剩余劳动之和为 $n_1(c_1+v_1+s_1)$。每年生产补偿两部类耗费的生产资料所需要的劳动之和为 $n_1c_1+n_2c_2$。每年第一部类生产过程中耗费的物化劳动、必要劳动和剩余劳动之和，等于为了维持再生产的每年生产补偿两部类耗费的生产资料所需要的劳动之和，即

$$n_1(c_1+v_1+s_1)=n_1c_1+n_2c_2 \tag{5—1}$$

（5—1）式也表明，每年第一部类产品价值等于每年补偿两部类生产中耗费的生产资料价值之和。

每年第二部类生产过程中耗费的物化劳动、必要劳动和剩余劳动之和为 $n_2(c_2+v_2+s_2)$。为了维持再生产，每年提供两部类工人的生活资料所需要的劳动与每年提供两部类资本家消费的生活资料所需要的劳动之和为 $n_1(v_1+s_1)+n_2(v_2+s_2)$。每年第二部类生产过程中耗费的物化劳动、必要劳动和剩余劳动之和等于为了维持再生产，每年提供两部类工人的生活资料所需要的劳动与每年提供两部类资本家消费的生活资料所需要的劳动之和，即

$$n_2(c_2+v_2+s_2)=n_1(v_1+s_1)+n_2(v_2+s_2) \tag{5—2}$$

（5—2）式也表明，每年第二部类产品价值等于每年两部类工人和资本家的生活消费所需要的产品价值之和。

（5—1）式、（5—2）式都可以表示为

$$n_1(v_1+s_1)=n_2c_2 \tag{5—3}$$

也就是，每年第一部类生产过程中耗费的必要劳动与剩余劳动之和等于每年生产补偿第二部类耗费的生产资料所需要的劳动。（5—3）式就是两部类考虑资本循环影响的价值形式的简单再生产条件。

四、第二部类的资本有机构成

在每次资本循环过程中，第二部类生产过程中耗费的物化劳动

与耗费的必要劳动之比或者第二部类的不变资本与可变资本之比，就是第二部类的资本有机构成，即

$$\frac{c_2}{v_2}=k_2 \tag{5—4}$$

通常，两部类的资本有机构成不同。如果假设条件改变为 c_2、v_2、s_2、k_1已知，c_1、v_1、s_1未知，那么，只要将（5—4）式中的方程 $c_2/v_2=k_2$改变为 $c_1/v_1=k_1$即可。

这里规定第一部类或第二部类的资本有机构成，仅仅是一种形式，其目的是保持再生产条件的一致性。

五、两部类的剩余价值率相等

不同部类中资本对劳动的剥削程度相同，也就是剩余价值率相等。剩余价值率为每个部类的剩余劳动与必要劳动之比，也就是，每个部类工人创造的剩余价值与可变资本之比，即

$$\frac{s_1}{v_1}=\frac{s_2}{v_2}=e \tag{5—5}$$

剩余价值率相等是价值转形的基本条件之一。

六、被社会多承认的年剩余价值与价值生产价格转化系数

在一年中，每个部类生产的剩余价值或利润与这个部类得到社会承认的剩余价值或利润不相等。虽然“得到社会承认的剩余价值”只是观念上的，而不是实质的，但是它可以满足资本家之间形式上的平等。

剩余价值在不同部类之间的转移不是通过资本在不同部类之间流动实现的，而是通过社会对资本有机构成不同和资本循环时间不同的部类生产的年剩余价值给予的承认程度不同实现的。

年利润率取决于资本有机构成和资本循环时间两个因素。年利润率不完全取决于资本有机构成，也不完全取决于资本循环时间。如果第一部类的年利润率低于第二部类的年利润率，那么，为了满足等量资本获得等量利润的要求，第一部类每年得到社会承认的剩余价值多一部分，第二部类每年得到社会承认的剩余价值少一部分。反之，第一部类每年得到社会承认的剩余价值少一部分，第二部类每年得到社会承认的剩余价值多一部分。

第一部类每年生产的商品价值为 $n_1(c_1+v_1+s_1)$。第一部类每年生产的商品得到社会承认的价值为 $n_1(c_1+v_1+s_1)+s_{a1}$。第一部类的价值生产价格转化系数，为这个部类每年生产的商品在交换中得到社会承认的价值与每年生产的商品价值之比，即

$$a_1=\frac{n_1(c_1+v_1+s_1)+s_{a1}}{n_1(c_1+v_1+s_1)} \tag{5—6}$$

同理，第二部类每年生产的商品价值为 $n_2(c_2+v_2+s_2)$。第二部类每年生产的商品得到社会承认的价值为 $n_2(c_2+v_2+s_2)+s_{a2}$。第二部类的价值生产价格转化系数，为这个部类每年生产的商品在交换中得到社会承认的价值与每年生产的商品价值之比，即

$$a_2=\frac{n_2(c_2+v_2+s_2)+s_{a2}}{n_2(c_2+v_2+s_2)} \tag{5—7}$$

系数 a_1、a_2 都是无量纲的纯系数，与某种具体货币单位无关。也就是说，生产价格的单位与价值的单位相同，仍然是劳动时间。

每个部类的产品价值，由每个部类实际耗费的物化劳动与活劳动之和决定。每个部类的产品生产价格，由资本主义生产方式下每个部类得到社会承认的劳动决定。价值生产价格转化系数本质上是社会对某部类生产的商品价值的承认程度，或是生产价格与价值的比值。价值生产价格转化系数也是某部类产品的生产价格与价值的偏离程度，它反映价值与生产价格之间的联系。

七、分配剩余价值不能改变已经耗费的劳动量

流通过程中无论怎样分配剩余价值，都不能改变每年生产过程中耗费的劳动。因此，无论是否考虑资本循环的影响，每年剩余劳动总量都不变。

在考虑资本循环影响的两部类价值转形中，资本有机构成和资本循环时间两个因素共同影响年利润率。价值形式的年利润率低的部类，每年得到社会承认的剩余价值应该多一部分。价值形式的年利润率高的部类，每年得到社会承认的剩余价值应该少一部分。两部类被社会多承认的年剩余价值互相抵消，即

$$s_{a1}+s_{a2}=0 \tag{5—8}$$

上式表明，在观念上分配剩余价值，年剩余劳动总量不变，从而年剩余价值总量不变。

八、两部类生产价格形式的年利润率相等

在考虑资本循环影响的两部类价值转形中，价值转形同时实现的是考虑资本循环影响的生产价格形式的简单再生产条件和生产价格形式的年利润率相等。

第一部类每年生产的产品得到社会承认的价值为 $n_1(c_1+v_1+s_1)+s_{a1}$。这种得到社会承认的价值，或得到社会承认的价值形式的生产价格，偏离了自身的价值，既可以表示为 $n_1(c_1+v_1+s_1)+s_{a1}$，也可以表示为 $n_1a_1(c_1+v_1+s_1)$。$n_1a_1(c_1+v_1+s_1)$ 是第一部类每年生产的产品的价格形式的生产价格。

第一部类每年需要补偿的生产中耗费的生产资料要从市场上按照生产价格 $n_1a_1c_1$ 从本部类中的其他企业购买。第一部类每年工人需要得到的生活资料要从市场上按照生产价格 $n_1a_2v_1$ 从第二部类购买。

第一部类以生产价格表示的年利润，为第一部类每年生产的产品的生产价格扣除每年应补偿的生产资料的生产价格和每年再生产劳动力所需要的生活资料的生产价格之后的余额，即

$$n_1a_1(c_1+v_1+s_1)-n_1a_1c_1-n_1a_2v_1=n_1(a_1v_1+a_1s_1-a_2v_1)$$

第一部类资本循环一次的生产价格形式的利润为 $a_1(v_1+s_1)-a_2v_1$。第一部类生产价格形式的资本为 $a_1c_1+a_2v_1$。第一部类资本循环一次的生产价格形式的利润率为第一部类资本循环一次的生产价格形式的利润与第一部类生产价格形式的资本之比，即

$$r_1=\frac{a_1v_1+a_1s_1-a_2v_1}{a_1c_1+a_2v_1} \tag{5—9}$$

同理，第二部类每年生产的产品得到社会承认的价值为 $n_2(c_2+v_2+s_2)+s_{a2}$。这种得到社会承认的价值，或得到社会承认的价值形式的生产价格，偏离了自身的价值，既可以表示为 $n_2(c_2+v_2+s_2)+s_{a2}$，也可以表示为 $n_2a_2(c_2+v_2+s_2)$。$n_2a_2(c_2+v_2+s_2)$ 是第二部类每年生产的产品的价格形式的生产价格。

第二部类每年需要补偿的生产中耗费的生产资料要从市场上按照生产价格 $n_2a_1c_2$ 从第一部类购买。第二部类每年工人需要得到的生活资料要从市场上按照生产价格 $n_2a_2v_2$ 从本部类中的其他企业购买。

第二部类以生产价格表示的年利润为第二部类每年生产的产品的生产价格扣除每年应补偿的生产资料的生产价格和每年再生产劳动力所需要的生活资料的生产价格之后的余额，即

$$n_2a_2(c_2+v_2+s_2)-n_2a_1c_2-n_2a_2v_2=n_2(a_2c_2+a_2s_2-a_1c_2)$$

第二部类资本循环一次的生产价格形式的利润为 $a_2(c_2+s_2)-a_1c_2$。第二部类生产价格形式的资本为 $a_1c_2+a_2v_2$。第二部类资本循环一次的生产价格形式的利润率为第二部类资本循环一次的生产价格形式的利润与第二部类生产价格形式的资本之比，即

$$r_2=\frac{a_2c_2+a_2s_2-a_1c_2}{a_1c_2+a_2v_2} \tag{5—10}$$

在流通过程中，考虑资本循环的影响，两部类资本循环一次的生产价格形式的利润率不一定相等，但是，生产价格形式的年利润率相等，都等于生产价格形式的年平均利润率，即

$$n_1 r_1 = n_2 r_2 = r \tag{5—11}$$

九、考虑资本循环影响的价值与生产价格联系方程或价值转形方程

（5—9）式可以表示为

$$r_1 + 1 = \frac{a_1 v_1 + a_1 s_1 - a_2 v_1}{a_1 c_1 + a_2 v_1} + 1 = \frac{a_1 (c_1 + v_1 + s_1)}{a_1 c_1 + a_2 v_1} \tag{5—12}$$

即

$$(a_1 c_1 + a_2 v_1)(1 + r_1) = a_1 (c_1 + v_1 + s_1) \tag{5—13}$$

（5—13）式为考虑资本循环的情况下，第一部类资本循环一次的价值与生产价格联系方程或价值转形方程。

（5—10）式可以表示为

$$r_2 + 1 = \frac{a_2 c_2 + a_2 s_2 - a_1 c_2}{a_1 c_2 + a_2 v_2} + 1 = \frac{a_2 (c_2 + v_2 + s_2)}{a_1 c_2 + a_2 v_2} \tag{5—14}$$

即

$$(a_1 c_2 + a_2 v_2)(1 + r_2) = a_2 (c_2 + v_2 + s_2) \tag{5—15}$$

（5—15）式为考虑资本循环情况下，第二部类资本循环一次的价值与生产价格联系方程或价值转形方程。

问题在于（5—13）式和（5—15）式分别为两部类资本各自循环一次的价值转形方程，是不同时间内的价值转形方程。如果考察两部类资本每年的价值转形方程，那么，第一部类和第二部类以生产价格形式表示的年资本循环额、年利润与年产品生产价格的关系分别为

$$n_1 (a_1 c_1 + a_2 v_1) + n_1 (a_1 c_1 + a_2 v_1) r_1$$

$$=n_1 a_1(c_1+v_1+s_1) \tag{5—16}$$

和

$$n_2(a_1c_2+a_2v_2)+n_2(a_1c_2+a_2v_2)r_2$$
$$=n_2a_2(c_2+v_2+s_2) \tag{5—17}$$

如果用生产价格形式的年平均利润率 r 表示，那么，(5—16) 式和 (5—17) 式可以分别表示为

$$n_1(a_1c_1+a_2v_1)+(a_1c_1+a_2v_1)r$$
$$=n_1a_1(c_1+v_1+s_1) \tag{5—18}$$

和

$$n_2(a_1c_2+a_2v_2)+(a_1c_2+a_2v_2)r$$
$$=n_2a_2(c_2+v_2+s_2) \tag{5—19}$$

(5—18) 式、(5—19) 式就是两部类一年时间内的价值转形方程。

十、资本家最终得到或最终占有的年剩余价值

在考虑资本循环影响的两部类价值转形中，两部类资本家实际得到的年剩余价值分别为 $n_1s_1+s_{t1}$ 和 $n_2s_2+s_{t2}$。在简单再生产条件下，两部类资本家实际得到的年剩余价值只用于购买生活资料。生产这些生活资料必须耗费一定数量的劳动。资本家最终得到或最终占有的年剩余价值反映凝结在这些生活资料中的劳动。

在考虑资本循环影响的条件下，两部类资本家最终得到的年剩余价值与生产价格形式的年利润之间的关系，可以表示为

$$(a_1c_1+a_2v_1)r=a_2(n_1s_1+s_{t1}) \tag{5—20}$$

和

$$(a_1c_2+a_2v_2)r=a_2(n_2s_2+s_{t2}) \tag{5—21}$$

最终得到剩余价值是资本主义生产的唯一目的。

上面各方程，构成了简单再生产条件下考虑资本循环影响的两部类价值转形的基本关系。

第四节　考虑资本循环影响的价值转形模型

一、在第一部类的不变资本、可变资本和剩余价值已知情况下，考虑资本循环影响的价值转形模型

由方程（5—3）式、（5—4）式、（5—5）式、（5—6）式、（5—7）式、（5—8）式、（5—11）式、（5—18）式、（5—19）式、（5—20）式、（5—21）式，在构成第一部类的不变资本、可变资本和剩余价值已知的情况下，可以得到简单再生产条件下的考虑资本循环影响的两部类价值转形模型：

$$n_1(v_1+s_1)=n_2c_2 \tag{5—22}$$

$$\frac{c_2}{v_2}=k_2 \tag{5—23}$$

$$\frac{s_1}{v_1}=\frac{s_2}{v_2}=e \tag{5—24}$$

$$a_1=\frac{n_1(c_1+v_1+s_1)+s_{a1}}{n_1(c_1+v_1+s_1)} \tag{5—25}$$

$$a_2=\frac{n_2(c_2+v_2+s_2)+s_{a2}}{n_2(c_2+v_2+s_2)} \tag{5—26}$$

$$s_{a1}+s_{a2}=0 \tag{5—27}$$

$$n_1r_1=n_2r_2=r \tag{5—28}$$

$$(a_1c_1+a_2v_1)(n_1+r)=n_1a_1(c_1+v_1+s_1) \tag{5—29}$$

$$(a_1c_2+a_2v_2)(n_2+r)=n_2a_2(c_2+v_2+s_2) \tag{5—30}$$

$$(a_1c_1+a_2v_1)r=a_2(n_1s_1+s_{t1}) \tag{5—31}$$

$$(a_1c_2+a_2v_2)r=a_2(n_2s_2+s_{t2}) \tag{5—32}$$

在考虑资本循环影响的两部类价值转形模型中，各关系式的涵义分别如下：

（5—22）式为考虑资本循环影响的简单再生产条件。

（5—23）式为第二部类的资本有机构成。

（5—24）式为两部类剩余价值率相等条件。

（5—25）式、（5—26）式分别为第一部类和第二部类考虑资本循环影响的价值生产价格转化系数定义式。

（5—27）式为两部类被社会多承认的年剩余价值互相抵消条件。

（5—28）式为两部类生产价格形式的年利润率相等条件。

（5—29）式、（5—30）式分别为第一部类和第二部类一年时间内考虑资本循环影响的价值转形方程。

（5—31）式、（5—32）式分别为第一部类和第二部类生产价格形式的年利润与实际得到的价值形式的年利润或最终得到的年剩余价值之间的关系。

在上面的模型中，出现了 c_1、v_1、s_1、s_{a1}、s_{t1}、n_1、c_2、v_2、s_2、s_{a2}、s_{t2}、n_2、a_1、a_2、k_2、r、r_1、r_2、e 共 19 个变量。按照假设条件，c_1、v_1、s_1、n_1、n_2、k_2 这 6 个量是已知量。c_2、v_2、s_2、s_{a1}、s_{t1}、s_{a2}、s_{t2}、a_1、a_2、r、r_1、r_2、e 这 13 个量是未知变量。这个模型中包含 6 个已知量，13 个未知变量。如果不考虑（5—24）式中的剩余价值率 e，并注意到（5—28）式包括两个方程，该模型包括 12 个未知变量和 12 个独立方程，那么，可以求得唯一解。

该模型包括两个子方程组。

前 3 个方程构成考虑资本循环影响的简单再生产条件方程组。

在考虑资本循环影响的两部类价值转形模型中，简单再生产条件方程组反映生产过程中两部类每年耗费的物化劳动、耗费的活劳动中的必要劳动、耗费的活劳动中的剩余劳动、资本循环次数之间的关系，满足价值形式的简单再生产条件以及价值规律。

后 9 个方程构成一年时间内考虑资本循环影响的价值转形方程组。

在考虑资本循环影响的两部类价值转形模型中，价值转形方程组反映价值与生产价格之间的联系，反映流通过程中两部类生产价格形式的资本、生产价格形式的年平均利润率、价值生产价格转化系数、多得到社会承认的年剩余价值与不变资本、可变资本、工人创造的年剩余价值、资本循环时间之间的关系，也反映生产价格形式的年利润与多实现的年剩余价值之间的关系。

该方程组满足生产价格形式的简单再生产条件和平均利润条件。

二、在第二部类的不变资本、可变资本和剩余价值已知情况下，考虑资本循环影响的价值转形模型

如果条件变为第二部类不变资本、可变资本、剩余价值、第一部类资本有机构成已知，那么，可以用同样的方法构造价值转形模型，只要将（5—23）式改变为

$$\frac{c_1}{v_1}=k_1 \tag{5—33}$$

其余方程不变，即可构成第二部类的不变资本、可变资本和剩余价值已知情况下，简单再生产条件下的考虑资本循环影响的两部类价值转形模型。

第五节　考虑资本循环影响的价值转形中的四个系统

一、考虑资本循环影响的价值转形中的四个系统的内涵

在价值转形过程中，一共有四个系统。一般来说，在考虑资本

循环影响的简单再生产条件下的价值转形中，对于任意一组给定的不变资本、可变资本、剩余价值、每年资本循环次数，价值转形中这四个系统可以表示如下，见表 5-1 至表 5-4。

表 5-1　价值转形前工人创造的年剩余价值和年价值

部类	年不变资本循环额	年可变资本循环额	年剩余价值	年价值
1	n_1c_1	n_1v_1	n_1s_1	$n_1(c_1+v_1+s_1)$ $=n_1c_1+n_2c_2$
2	n_2c_2	n_2v_2	n_2s_2	$n_2(c_2+v_2+s_2)$ $=n_1v_1+n_2v_2$ $+n_1s_1+n_2s_2$
总和	$n_1c_1+n_2c_2$	$n_1v_1+n_2v_2$	$n_1s_1+n_2s_2$	$n_1(c_1+v_1+s_1)$ $+n_2(c_2+v_2+s_2)$

表 5-2　价值转形后价值形式的年利润和年生产价格（社会承认的）

部类	年不变资本循环额	年可变资本循环额	年利润（社会承认的年剩余价值）	年生产价格（社会承认的年价值）
1	n_1c_1	n_1v_1	$n_1s_1+s_{a1}$	$n_1(c_1+v_1+s_1)+s_{a1}$
2	n_2c_2	n_2v_2	$n_2s_2+s_{a2}$	$n_2(c_2+v_2+s_2)+s_{a2}$
总和	$n_1c_1+n_2c_2$	$n_1v_1+n_2v_2$	$n_1s_1+n_2s_2$	$n_1(c_1+v_1+s_1)$ $+n_2(c_2+v_2+s_2)$

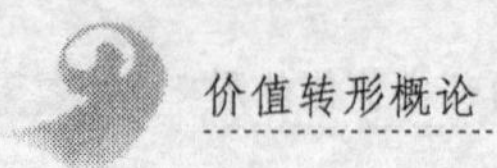

表 5-3　价值转形后生产价格形式的年利润和价格形式的年生产价格

部类	年不变资本循环额	年可变资本循环额	年利润	年生产价格
1	$n_1a_1c_1$	$n_1a_2v_1$	$(a_1c_1+a_2v_1)r$	$n_1a_1(c_1+v_1+s_1)$ $=(a_1c_1+a_2v_1)(n_1+r)$ $=n_1(c_1+v_1+s_1)+s_{a1}$
2	$n_2a_1c_2$	$n_2a_2v_2$	$(a_1c_2+a_2v_2)r$	$n_2a_2(c_2+v_2+s_2)$ $=(a_1c_2+a_2v_2)(n_2+r)$ $=n_2(c_2+v_2+s_2)+s_{a2}$
总和	$a_1(n_1c_1+n_2c_2)$	$a_2(n_1v_1+n_2v_2)$	$(a_1c_1+a_2v_1+a_1c_2+a_2v_2)r$	$n_1(c_1+v_1+s_1)+n_2(c_2+v_2+s_2)$

表 5-4　价值转形后价值形式的年利润和年生产价格（实现的）

部类	年不变资本循环额	年可变资本循环额	年利润（实现的年剩余价值）	年生产价格（实现的年价值）
1	n_1c_1	n_1v_1	$n_1s_1+s_{t1}$ $=(a_1c_1+a_2v_1)r/a_2$	$n_1(c_1+v_1+s_1)$ $+s_{t1}$
2	n_2c_2	n_2v_2	$n_2s_2+s_{t2}$ $=(a_1c_2+a_2v_2)r/a_2$	$n_2(c_2+v_2+s_2)$ $+s_{t2}$
总和	$n_1c_1+n_2c_2$	$n_1v_1+n_2v_2$	$n_1s_1+n_2s_2$	$n_1(c_1+v_1+s_1)$ $+n_2(c_2+v_2+s_2)$

从以上四个不同系统之间的关系可以看出，对于考虑资本循环影响的简单再生产条件下的价值转形问题，在一般情况下，生产价格形式的年利润总和不等于年剩余价值总和，价格形式的年生产价格总和等于年价值总和。在社会承认的价值形式的年利润和年生产

价格表中，以及在实现的价值形式的年利润和年生产价格表中，都满足年利润总和等于年剩余价值总和，年生产价格总和等于年价值总和。

二、四个系统之间的关系

第一，在考虑资本循环影响的两部类价值转形模型中，价值转形前工人创造的年剩余价值和年价值系统反映生产过程中两部类每年耗费的物化劳动、必要劳动、剩余劳动之间的关系。其中，每年耗费的物化劳动和必要劳动，分别采取价值形式的年不变资本循环额和年可变资本循环额的形式。每年耗费的剩余劳动采取年剩余价值的形式。每年各部类耗费的物化劳动与活劳动总和采取年价值的形式，如表 5－1 所示。这个系统与（5—22）式、（5—23）式、（5—24）式表示的价值形式的考虑资本循环影响的简单再生产条件方程组对应。这个系统是价值转形的基础和起点，不受价值转形的影响。

第二，在价值转形后得到社会承认的价值形式的年利润和年生产价格系统中，每年耗费的物化劳动和必要劳动，分别采取价值形式的年不变资本循环额和年可变资本循环额的形式。每年得到社会承认的剩余劳动采取得到社会承认的年利润的形式。每个部类得到社会承认的年剩余价值是在所有资本家看来，某个部类应该得到的年剩余价值。这个系统如表 5－2 所示，与（5—25）式、（5—26）式、（5—27）式相对应。虽然这个系统既不满足平均利润条件，也不满足再生产条件，但是，该系统决定了两部类的价值生产价格转化系数，从而为价值转形后生产价格形式的年利润和价格形式的年生产价格系统同时满足年平均利润和再生产条件奠定了基础。

第三，在价值转形后生产价格形式的年利润和价格形式的年生产价格系统中，年不变资本循环额和年可变资本循环额采取生产价格形式。该系统用表 5－3 表示，与（5—28）式、（5—29）式、（5—30）式相对应。

由（5—25）式、（5—26）式、（5—27）式可以看出，在该系统中，价格形式的年生产价格与表 5 - 2 中由价值决定的年生产价格完全相同。年生产价格与年价值的偏离，既可以用年价值加一个不等于 0 的数值，也就是加上被社会多承认的年剩余价值表示；也可以用年价值乘以一个不等于 1 的系数，也就是乘以价值生产价格转化系数表示，由此实现生产成本由价值形式向生产价格形式转化。

由于每个部类资本循环一次的时间不相等，不同部类生产价格形式的年利润率相等。这个系统同时满足生产价格形式的年平均利润和再生产条件，是马克思将成本价格由价值形式修改为生产价格形式后希望得到的系统。

（5—29）式、（5—30）式只表示一年时间内考虑资本循环影响的价值转形方程，满足生产价格形式的年平均利润条件，不表示这两个方程满足生产价格形式的简单再生产条件。必须满足考虑资本循环影响的价值形式的简单再生产条件（5—22）式，（5—29）式、（5—30）式才满足生产价格形式的简单再生产条件。

第四，在价值转形后实现的价值形式的年利润和年生产价格系统中，每年耗费的物化劳动和必要劳动，分别采取价值形式的年不变资本循环额和年可变资本循环额的形式。每年得到的剩余劳动，采取得到的年利润的形式。因为在简单再生产条件下考虑资本循环影响的两部类价值转形模型中，每个部类资本家实际得到的价值形式的年利润全部用于购买生活资料，所以在这个系统中，实现的价值形式的年利润等于表 5 - 3 中的生产价格形式的年利润除以第二部类的价值生产价格转化系数。实现的价值形式的年利润反映每年生产这些生活资料所耗费的劳动。

该系统既不满足价值形式的年平均利润条件，也不满足价值形式的再生产条件。从价值的角度看，该系统并没有实现年平均利润和再生产条件，但是从生产价格的角度看，该系统实现了年平均利润和再生产条件。该系统用表 5 - 4 表示，与（5—31）式、（5—32）式相对应。

第五，由这四个系统的关系可以看出，价值转形前雇佣劳动者创造的年剩余价值和年价值，决定价值转形后得到社会承认的价值形式的年利润和得到社会承认的价值形式的年生产价格。价值转形后得到社会承认的价值形式的年利润和得到社会承认的价值形式的年生产价格，决定价值转形后生产价格形式的年利润和价格形式的年生产价格。价值转形后生产价格形式的年利润和价格形式的年生产价格，决定资本家得到的年剩余价值和实现的年价值。

虽然价值转形后实现的价值形式的年利润和年生产价格系统不满足年平均利润和再生产条件，但这个系统中的年利润是资本家每年实际占有的剩余劳动，也是资本家从事生产的唯一目的。

第六节　考虑资本循环影响的价值转形中的“两个等于”问题

一、在考虑资本循环影响的价值转形中，价值转形后得到社会承认的价值形式的年利润和年生产价格系统中的“两个等于”问题

由（5—27）式可以直接得到

$$(n_1 s_1 + s_{a1}) + (n_2 s_2 + s_{a2}) = n_1 s_1 + n_2 s_2 \tag{5—34}$$

和

$$\begin{aligned}&[n_1(c_1 + v_1 + s_1) + s_{a1}] + [n_2(c_2 + v_2 + s_2) + s_{a2}]\\&= n_1(c_1 + v_1 + s_1) + n_2(c_2 + v_2 + s_2)\end{aligned} \tag{5—35}$$

即得到社会承认的价值形式的年利润总和等于年剩余价值总和；得到社会承认的价值形式的年生产价格总和等于年价值总和。这是由

（5—27）式决定的，因此不需要证明。

二、在考虑资本循环影响的价值转形中，价值转形后生产价格形式的年利润和价格形式的年生产价格系统中的“两个等于”问题

在价值转形后生产价格形式的年利润和价格形式的年生产价格系统中，由（5—25）式、（5—26）式、（5—27）式可以得到，价格形式的年生产价格总和或得到社会承认的价值形式的年生产价格总和为

$$\begin{aligned} & n_1 a_1 (c_1 + v_1 + s_1) + n_2 a_2 (c_2 + v_2 + s_2) \\ & = n_1 (c_1 + v_1 + s_1) + n_2 (c_2 + v_2 + s_2) \end{aligned} \tag{5—36}$$

即价格形式的年生产价格总和等于年价值总和。但是，生产价格形式的年利润总和，一般不等于年剩余价值总和。

三、在考虑资本循环影响的价值转形中，价值转形后资本家得到的年剩余价值和年价值系统中的“两个等于”问题

在价值转形后资本家实际得到的或实现的价值形式的年利润和年生产价格系统中，由（5—22）式、（5—29）式、（5—30）式、（5—31）式、（5—32）式可以得到第一部类和第二部类资本家实际多得到的年剩余价值分别为

$$s_{t1} = n_1 \left(\frac{a_1}{a_2} - 1\right)(v_1 + s_1) = n_2 c_2 \left(\frac{a_1}{a_2} - 1\right) \tag{5—37}$$

和

$$s_{t2} = n_2 c_2 \left(1 - \frac{a_1}{a_2}\right) \tag{5—38}$$

由（5—37）式、（5—38）式得

$$s_{t1}+s_{t2}=0 \tag{5—39}$$

即两部类的资本家多得到的年剩余价值之和为0。那么

$$(n_1s_1+s_{t1})+(n_2s_2+s_{t2})=n_1s_1+n_2s_2 \tag{5—40}$$

即两部类的资本家实际得到的价值形式的年利润之和等于两部类的工人创造的年剩余价值之和，并且

$$\begin{aligned}&[n_1(c_1+v_1+s_1)+s_{t1}]+[n_2(c_2+v_2+s_2)+s_{t2}]\\&=n_1(c_1+v_1+s_1)+n_2(c_2+v_2+s_2)\end{aligned} \tag{5—41}$$

即两部类资本家实际得到的价值形式的年生产价格之和等于两部类工人创造的年价值之和。马克思的“两个等于”的观点，在这种情况下成立。

总之，马克思“两个等于”的观点，在价值转形后得到社会承认的价值形式的年利润和年生产价格系统与价值转形前工人创造的年剩余价值和年价值系统之间成立，在价值转形后资本家实际得到的价值形式的年利润和年生产价格系统与价值转形前工人创造的年剩余价值和年价值系统之间也成立。

在价值转形前工人创造的年剩余价值和年价值系统与价值转形后生产价格形式的年利润和价格形式的年生产价格系统之间，价格形式的年生产价格之和等于年价值之和，但是，生产价格形式的年利润之和不等于年剩余价值之和。这并不能说明马克思的“两个等于”的观点不正确。因为马克思虽然考虑到应该把资本生产价格化，但是他没有来得及完成这项工作。他的“两个等于”的观点是指生产中耗费的劳动不会因为价值转形而改变。因此，马克思的“两个等于”的观点是正确的。

四、在考虑资本循环影响的价值转形中，马克思的“两个等于”是生产决定流通的必然结果

值得注意的是，在考虑资本循环影响的价值转形中，“两个等

于”不是通过（5—40）式、（5—41）式证明的。（5—40）式、（5—41）式只是以数学形式重申剩余价值的生产决定剩余价值的分配。“两个等于”不是价值转形的假设条件，而是必然成立的前提条件。“两个等于”是由生产决定流通的逻辑关系决定的。

第七节　考虑资本循环影响的价值转形模型的解

求简单再生产条件下的考虑资本循环影响的两部类价值转形模型的解，按照如下顺序：

（1）求未知的不变资本、可变资本、剩余价值。

（2）求生产价格形式的年利润率。

（3）求价值生产价格转化系数。

（4）求被社会多承认的年剩余价值。

（5）求实际多得到的（即多实现的）年剩余价值。

一、求未知的不变资本、可变资本、剩余价值

由（5—22）式得

$$c_2=\frac{n_1(v_1+s_1)}{n_2} \tag{5—42}$$

将（5—42）式代入（5—23）式得

$$v_2=\frac{c_2}{k_2}=\frac{n_1(v_1+s_1)}{k_2n_2} \tag{5—43}$$

将（5—43）式代入（5—24）式得

$$s_2=\frac{s_1v_2}{v_1}=\frac{n_1s_1(v_1+s_1)}{k_2n_2v_1} \tag{5—44}$$

二、求生产价格形式的年利润率

在简单再生产条件下考虑资本循环影响的两部类价值转形模型中，如果假定

$$f_1=\frac{v_1}{c_1} \tag{5—45}$$

$$f_2=\frac{v_2}{c_2} \tag{5—46}$$

$$g_1=\frac{n_1(c_1+v_1+s_1)}{c_1} \tag{5—47}$$

$$g_2=\frac{n_2(c_2+v_2+s_2)}{c_2} \tag{5—48}$$

那么，(5—29) 式、(5—30) 式可以分别表示为

$$n_1(a_1+a_2f_1)+(a_1+a_2f_1)r=a_1g_1 \tag{5—49}$$

和

$$n_2(a_1+a_2f_2)+(a_1+a_2f_2)r=a_2g_2 \tag{5—50}$$

(5—49) 式、(5—50) 式可以分别简化为

$$(r+n_1-g_1)a_1+(r+n_1)f_1a_2=0 \tag{5—51}$$

和

$$(r+n_2)a_1+(f_2r+n_2f_2-g_2)a_2=0 \tag{5—52}$$

在由 (5—51) 式、(5—52) 式构成的 a_1 和 a_2 的齐次方程组中，a_1 和 a_2 有非零解的必要条件，为 a_1 和 a_2 的系数行列式等于 0，即

$$\begin{vmatrix} r+n_1-g_1 & (r+n_1)f_1 \\ r+n_2 & f_2r+n_2f_2-g_2 \end{vmatrix}=0 \tag{5—53}$$

因为 $a_1>0$，$a_2>0$，所以，a_1 和 a_2 的非零解一定存在。因此

$$(r+n_1-g_1)(f_2r+n_2f_2-g_2)$$

$$-(r+n_1)(r+n_2)f_1=0 \tag{5—54}$$

或

$$(f_2-f_1)r^2+[(n_2+n_1)(f_2-f_1)-f_2g_1-g_2]r$$
$$+[n_1n_2(f_2-f_1)-n_1g_2-n_2f_2g_1+g_1g_2]=0 \tag{5—55}$$

令 $$a=f_2-f_1 \tag{5—56}$$

$$b=(n_1+n_2)(f_2-f_1)-f_2g_1-g_2 \tag{5—57}$$

$$c=n_1n_2(f_2-f_1)-n_1g_2-n_2f_2g_1+g_1g_2 \tag{5—58}$$

解方程得

$$r=\frac{-b\pm\sqrt{b^2-4ac}}{2a} \tag{5—59}$$

与第三章中的（3—48）式的平方根前只能取负号类似，（5—59）式的平方根前只能取负号，即生产价格形式的年平均利润率可以表示为

$$r=\frac{-b-\sqrt{b^2-4ac}}{2a} \tag{5—60}$$

三、生产价格形式的利润率 r 的实系数一元二次方程中实数根的存在性

由（5—56）式、（5—57）式、（5—58）式得

$$\begin{aligned}b^2-4ac&=[(n_1+n_2)(f_2-f_1)-(f_2g_1+g_2)]^2\\&\quad-4(f_2-f_1)[n_1n_2(f_2-f_1)\\&\quad-n_1g_2-n_2f_2g_1+g_1g_2]\\&=(n_1+n_2)^2(f_2-f_1)^2+(f_2g_1+g_2)^2\\&\quad-2(n_1+n_2)(f_2-f_1)(f_2g_1+g_2)\\&\quad-4(f_2-f_1)[n_1n_2(f_2-f_1)\\&\quad-n_1g_2-n_2f_2g_1+g_1g_2]\\&=[(n_1-n_2)(f_2-f_1)+(g_2-f_2g_1)]^2+4f_1g_1g_2\\&>0\end{aligned} \tag{5—61}$$

因此，(5—60) 式中的生产价格形式的利润率 r，一定是 (5—55) 式的实数根。

四、求价值生产价格转化系数

由 (5—25) 式、(5—26) 式、(5—27) 式、(5—47) 式、(5—48) 式得

$$a_1c_1g_1+a_2c_2g_2=c_1g_1+c_2g_2 \tag{5—62}$$

由 (5—62) 式得

$$a_2=\frac{c_1g_1+c_2g_2-a_1c_1g_1}{c_2g_2} \tag{5—63}$$

由 (5—51) 式、(5—63) 式得

$$a_1=\frac{f_1(c_1g_1+c_2g_2)(r+n_1)}{c_1f_1g_1(r+n_1)-c_2g_2(r+n_1-g_1)} \tag{5—64}$$

将 (5—64) 式的结果代入 (5—63) 式，可以得到

$$a_2=\frac{(c_1g_1+c_2g_2)(r+n_1-g_1)}{c_2g_2(r+n_1-g_1)-c_1f_1g_1(r+n_1)} \tag{5—65}$$

利用克莱姆准则，同样可以求价值生产价格转化系数。由 (5—51) 式、(5—62) 式构成的方程组，根据克莱姆准则，可以得到价值生产价格转化系数：

$$a_1=\frac{\begin{vmatrix} 0 & (r+n_1)f_1 \\ c_1g_1+c_2g_2 & c_2g_2 \end{vmatrix}}{\begin{vmatrix} r+n_1-g_1 & (r+n_1)f_1 \\ c_1g_1 & c_2g_2 \end{vmatrix}}$$

$$=\frac{-f_1(c_1g_1+c_2g_2)(r+n_1)}{c_2g_2(r+n_1-g_1)-c_1f_1g_1(r+n_1)} \tag{5—66}$$

和

$$a_2=\frac{\begin{vmatrix} r+n_1-g_1 & 0 \\ c_1g_1 & c_1g_1+c_2g_2 \end{vmatrix}}{\begin{vmatrix} r+n_1-g_1 & (r+n_1)f_1 \\ c_1g_1 & c_2g_2 \end{vmatrix}}$$

$$=\frac{(c_1g_1+c_2g_2)(r+n_1-g_1)}{c_2g_2(r+n_1-g_1)-c_1f_1g_1(r+n_1)} \tag{5—67}$$

显然，（5—66）式和（5—64）式得到的第一部类价值生产价格转化系数相同。（5—67）式和（5—65）式得到的第二部类价值生产价格转化系数也相同。

五、求两部类被社会多承认的年剩余价值

将（5—47）式、（5—66）式的结果代入（5—25）式，可以得到第一部类被社会多承认的年剩余价值：

$$s_{a1}=(a_1-1)c_1g_1 \tag{5—68}$$

将（5—48）式、（5—67）式的结果代入（5—26）式，可以得到第二部类被社会多承认的年剩余价值：

$$s_{a2}=(a_2-1)c_2g_2 \tag{5—69}$$

六、求两部类实际多得到的年剩余价值

将（5—60）式、（5—66）式、（5—67）式的结果代入（5—31）式或者将（5—66）式、（5—67）式的结果代入（5—37）式，可以得到第一部类实际多得到的年剩余价值。

将（5—60）式、（5—66）式、（5—67）式的结果代入（5—32）式或者将（5—66）式、（5—67）式的结果代入（5—38）式，可以得到第二部类实际多得到的年剩余价值。

第八节　考虑资本循环影响的价值转形的数例

这里通过一个数例，说明如何实现考虑资本循环影响的简单再生产条件下的价值转形以及马克思的“两个等于”的观点在什么范围成立。

假设已知：$c_1=4\,000$，$v_1=1\,000$，$s_1=1\,000$，$n_1=2$，$n_2=4$，$k_2=2$。利用考虑资本循环影响的简单再生产条件下的价值转形模型，解得：$c_2=1\,000$，$v_2=500$，$s_2=500$，$r=0.508\,066\,615$，$r_1=0.254\,033\,308$，$r_2=0.127\,016\,654$，$a_1=1.094\,301\,707$，$a_2=0.858\,547\,440$，$s_{a1}=1\,131.620\,483$，$s_{a2}=-1\,131.620\,483$，$s_{t1}=1\,098.386\,677$，$s_{t2}=-1\,098.386\,677$。价值形式的总资本为 6 500，生产价格形式的总资本为 6 759.329 694。这些结果可以表示如下，见表 5 - 5 至表 5 - 8。

表 5 - 5　　价值转形前工人创造的年剩余价值和年价值

部类	年不变资本周转额	年可变资本周转额	年剩余价值	年价值
1	8 000	2 000	2 000	12 000
2	4 000	2 000	2 000	8 000
总和	12 000	4 000	4 000	20 000

表 5 - 6　价值转形后价值形式的年利润和年生产价格（社会承认的）

部类	年不变资本周转额	年可变资本周转额	年利润（社会承认的年剩余价值）	年生产价格（社会承认的年价值）
1	8 000	2 000	3 131.620 48	13 131.620 48
2	4 000	2 000	868.379 52	6 868.379 52
总和	12 000	4 000	4 000	20 000

表 5-7 价值转形后生产价格形式的年利润和价格形式的年生产价格

部类	年不变资本周转额	年可变资本周转额	年利润（生产价格形式）	年生产价格（价格形式）
1	8 754.413 66	1 717.094 88	2 660.111 95	13 131.620 48
2	4 377.206 83	1 717.094 88	774.077 81	6 868.379 52
总和	13 131.620 48	3 434.189 76	3 434.189 76	20 000

表 5-8 价值转形后价值形式的年利润和年生产价格（实现的）

部类	年不变资本周转额	年可变资本周转额	年利润（实现的年剩余价值）	年生产价格（实现的年价值）
1	8 000	2 000	3 098.386 68	13 098.386 68
2	4 000	2 000	901.613 32	6 901.613 32
总和	12 000	4 000	4 000	20 000

以上四个不同系统之间的关系表示，在本数例中，从价值转形后生产价格形式的年利润和价格形式的年生产价格表可以看出，生产价格形式的年利润总和不等于年剩余价值总和，价格形式的年生产价格总和等于年价值总和。在社会承认的价值形式的年利润和年生产价格表中以及实现的价值形式的年利润和年生产价格表中，都满足年利润总和等于年剩余价值总和，年生产价格总和等于年价值总和。

第九节 资本循环时间影响生产价格，影响价值转形

由于两部类资本循环时间不同，考虑资本循环影响的价值转形

实现的不是两部类资本循环一次的生产价格形式的利润率相等，而是两部类生产价格形式的年利润率相等。

资本循环时间的缩短对剩余价值生产的影响在于使可变资本提高效率。资本循环时间的缩短对年利润率提高的影响，不仅来自可变资本提高效率，而且来自不变资本提高利用效率。

值得注意的是，两部类资本循环时间不仅影响每个部类生产的年剩余价值和年产品价值，而且影响生产价格形式的年平均利润率，从而影响每个部类的年平均利润、产品的年生产价格、价值生产价格转化系数、被社会多承认的年剩余价值、多实现或多得到的年剩余价值。总之，资本循环时间影响年剩余价值在资本家之间的分配。因此，资本循环时间影响价值转形。

第十节　多得到的年剩余价值与被社会多承认的年剩余价值的关系

一、考虑资本循环影响的两部类价值转形中，多得到的年剩余价值与被社会多承认的年剩余价值的变化方向相同

令

$$w_1=n_1(c_1+v_1+s_1) \tag{5—70}$$

$$w_2=n_2(c_2+v_2+s_2) \tag{5—71}$$

由（5—25）式、（5—26）式、（5—70）式、（5—71）式可以得到

$$a_1=\frac{n_1(c_1+v_1+s_1)+s_{a1}}{n_1(c_1+v_1+s_1)}=\frac{w_1+s_{a1}}{w_1} \tag{5—72}$$

和

$$a_2=\frac{n_2(c_2+v_2+s_2)+s_{a2}}{n_2(c_2+v_2+s_2)}=\frac{w_2+s_{a2}}{w_2} \tag{5—73}$$

由（5—27）式、（5—37）式、（5—38）式、（5—72）式、（5—73）式可以得到

$$\begin{aligned}
s_{t1}&=n_2c_2\left(\frac{a_1}{a_2}-1\right)=n_2c_2\left[\frac{\dfrac{w_1+s_{a1}}{w_1}}{\dfrac{w_2+s_{a2}}{w_2}}-1\right]\\
&=n_2c_2\left[\left(\frac{w_2}{w_1}\right)\left(\frac{w_1+s_{a1}}{w_2+s_{a2}}\right)-1\right]\\
&=n_2c_2\left[\left(\frac{w_2}{w_1}\right)\left(\frac{w_1+s_{a1}}{w_2-s_{a1}}\right)-1\right]\\
&=n_2c_2\left[\left(\frac{w_2}{w_1}\right)\left(\frac{w_1+w_2-w_2+s_{a1}}{w_2-s_{a1}}\right)-1\right]\\
&=n_2c_2\left[\left(\frac{w_2}{w_1}\right)\left(\frac{w_1+w_2}{w_2-s_{a1}}-1\right)-1\right]
\end{aligned} \tag{5—74}$$

和

$$\begin{aligned}
s_{t2}&=n_2c_2\left(1-\frac{a_1}{a_2}\right)=n_2c_2\left[1-\frac{\dfrac{w_1+s_{a1}}{w_1}}{\dfrac{w_2+s_{a2}}{w_2}}\right]\\
&=n_2c_2\left[1-\left(\frac{w_2}{w_1}\right)\left(\frac{w_1+s_{a1}}{w_2+s_{a2}}\right)\right]\\
&=n_2c_2\left[1-\left(\frac{w_2}{w_1}\right)\left(\frac{w_1-s_{a2}}{w_2+s_{a2}}\right)\right]\\
&=n_2c_2\left[1-\left(\frac{w_2}{w_1}\right)\left(\frac{w_1+w_2-w_2-s_{a2}}{w_2+s_{a2}}\right)\right]\\
&=n_2c_2\left[1-\left(\frac{w_2}{w_1}\right)\left(\frac{w_1+w_2}{w_2+s_{a2}}-1\right)\right]
\end{aligned} \tag{5—75}$$

由（5—22）式、（5—23）式、（5—24）式、（5—33）式、（5—70）式、（5—71）式可以得到

$$\frac{w_2}{w_1}=\frac{n_2(c_2+v_2+s_2)}{n_1(c_1+v_1+s_1)}=\frac{n_2(k_2+1+e)v_2}{n_1(k_1+1+e)v_1}$$

$$=\frac{\frac{n_2(k_2+1+e)c_2}{k_2}}{n_1(k_1+1+e)v_1}=\frac{n_1(v_1+s_1)(k_2+1+e)}{n_1k_2(k_1+1+e)v_1}$$

$$=\frac{(1+e)(k_2+1+e)v_1}{k_2(k_1+1+e)v_1}=\frac{(1+e)(k_2+1+e)}{k_2(k_1+1+e)} \qquad (5—76)$$

和

$$\frac{w_1+w_2}{w_2-s_{a1}}=\frac{w_1+w_2}{w_2+s_{a2}}$$

$$=\frac{n_1(c_1+v_1+s_1)+n_2(c_2+v_2+s_2)}{n_2(c_2+v_2+s_2)+s_{a2}}$$

$$=\frac{n_1c_1+n_2(2c_2+v_2+s_2)}{n_2(c_2+v_2+s_2)+s_{a2}} \qquad (5—77)$$

由（5—74）式、（5—75）式、（5—76）式、（5—77）式可以看出：s_{t1}和s_{a1}互为双曲函数，并且二者变化方向相同，即当s_{a1}变大或变小时，s_{t1}也变大或变小；s_{t2}和s_{a2}互为双曲函数，并且二者变化方向相同，即当s_{a2}变大或变小时，s_{t2}也变大或变小。

二、考虑资本循环影响的两部类价值转形中，被社会多承认的年剩余价值与多得到的年剩余价值的符号相同

由（5—74）式、（5—75）式可以看出：如果$s_{a1}>0$，那么，$s_{t1}>0$；如果$s_{a1}=0$，那么，$s_{t1}=0$；如果$s_{a1}<0$，那么，$s_{t1}<0$；如果$s_{a2}>0$，那么，$s_{t2}>0$；如果$s_{a2}=0$，那么，$s_{t2}=0$；如果$s_{a2}<0$，那么，$s_{t2}<0$。

因此，在考虑资本循环影响的两部类价值转形模型中，无论哪个部类，被社会多承认的年剩余价值与多得到的年剩余价值的符号都相同。

这里得到的被社会多承认的年剩余价值与多得到的年剩余价值

的符号相同的规律，在按照其他部类划分的价值转形模型中是否适用，要进行具体分析。

第十一节　考虑资本循环影响的两部类价值转形的特点

对比考虑资本循环影响的两部类价值转形与不考虑资本循环影响的两部类价值转形可以看出，在考虑资本循环影响的两部类价值转形中，两部类的资本循环速度或每年的资本循环次数不再相等。两部类的剩余价值率相等，但是，年剩余价值率不相等。生产价格形式的利润率相等条件转变为生产价格形式的年利润率相等条件。也就是说，考虑资本循环影响的两部类价值转形实现的不是两部类循环一次生产价格形式的利润率相等，而是生产价格形式的年利润率相等。与此相适应，价值转形模型中的简单再生产条件方程组和价值转形方程组都发生了变化。

简单再生产条件表现为：每年第一部类生产过程中耗费的物化劳动、必要劳动和剩余劳动之和，等于为了维持简单再生产，每年生产补偿两部类耗费的生产资料所需要的劳动之和。每年第二部类生产过程中耗费的物化劳动、必要劳动和剩余劳动之和，等于为了维持简单再生产，每年提供两部类工人的生活资料所需要的劳动与每年提供两部类资本家消费的生活资料所需要的劳动之和。

价值生产价格转化系数转变为这个部类每年生产的商品在交换中得到社会承认的价值与每年生产的商品价值之比。

两部类被社会多承认的年剩余价值互相抵消。

生产价格形式的年平均利润率不再仅仅取决于资本有机构成一个因素。现在，年利润率取决于资本有机构成和资本循环时间两个因素。年利润率不完全取决于资本有机构成，也不完全取决于资本循环时间。

资本循环影响平均利润率、年平均利润，从而影响年产品的生产价格，影响资本家最终占有的年剩余价值和价值，价值转形方程组中的价值转形方程相应变化，资本家最终得到的年剩余价值与生产价格形式的年利润之间的关系也相应变化。

总之，资本循环时间影响年剩余价值在资本家之间的分配。

在考虑资本循环影响的两部类价值转形模型中，被社会多承认的年剩余价值与多得到的年剩余价值的符号相同。

值得注意的是，如果某个部类雇佣劳动者的人数不变，资本循环速度变化，那么，不仅生产价格形式的年利润率变化，而且这个部类的资本有机构成也将变化。当然，必须满足再生产比例关系。

第六章 考虑资本周转影响的两部类价值转形

第一节 考虑固定资本对资本周转影响的两部类价值转形问题

资本循环速度与固定资本两个因素都影响资本周转速度。不同部类的资本周转速度不同影响剩余价值分配，即影响价值转形。在这里，我们只考虑固定资本对资本周转速度的影响，不考虑资本循环对资本周转速度的影响。下面的考察中提到的资本周转速度的变化都是指固定资本在不变资本中的比例的变化或固定资本折旧率的变化引起的资本周转速度的变化，而不是指资本循环速度的变化引起的资本周转速度的变化。这里提到的考虑资本周转影响的两部类价值转形是考虑固定资本影响的两部类价值转形，不是考虑资本循环影响的两部类价值

转形。

在《资本论》第三卷中，马克思在论述平均利润和生产价格理论时，考虑了固定资本对价值转形的影响。但是，在鲍特凯维兹等研究价值转形的经济学家提出的各种价值转形模型中都没有考虑固定资本的影响。

如果考虑固定资本对价值转形的影响，那么，在一般情况下，生产中没有消耗的固定资本虽然既不影响产品价值也不影响剩余价值，但是影响生产价格形式的平均利润与平均利润率，从而影响产品的生产价格，即影响价值转形，价值转形模型中的简单再生产方程组和价值转形方程组都将发生重要的变化。①

如果不考虑资本循环速度的影响，也就是假设每年每个部类的资本都循环一次，那么，只有固定资本在不变资本中的比例与固定资本折旧率影响资本周转速度，从而影响价值转形。

这里，在不考虑资本循环速度影响的条件下，考察考虑固定资本影响的简单再生产条件下的两部类价值转形，也就是研究考虑资本周转影响的简单再生产条件下的两部类价值转形，建立考虑资本周转影响的价值转形模型，分析考虑资本周转影响的简单再生产条件下的两部类价值转形的特点。

第二节　马克思对固定资本影响的论述

马克思在《资本论》第三卷中讨论平均利润和生产价格的形成过程时提到："在谈到不同资本每 100 所生产的商品的价值时，必须考虑到，商品价值会由于 c 的固定组成部分和流动组成部分之间的比率不同而不同，并且不同资本的固定组成部分又会快慢不等地

---

① 沈民鸣．资本主义生产总过程的数学分析［M］．北京：经济科学出版社，2009：61-71．沈民鸣．论考虑固定资本影响的简单再生产条件下的价值转形问题［J］．教学与研究，2006（4）：80-84．

损耗，从而在相同的时间内把不等的价值量加入产品。”[①]

他认为，对资本家来说，生产中没有耗费的固定资本“不是表现为他的商品资本的价值要素，而是表现为他的生产资本的价值要素”[②]。他还认为：“所使用的固定资本只有一部分加入商品的成本价格，因为它只有一部分在商品的生产上消耗掉。所使用的流动资本则全部加入商品的成本价格，因为它在商品的生产上全部消耗掉了。而这无非是证明：所耗费的固定资本部分和所耗费的流动资本部分，会按照它们各自价值量的比例，同样加入商品的成本价格，商品价值的这个部分只是来源于商品的生产上所耗费的资本。”[③]

他在《资本论》第三卷所举的价值转形的数例中，考虑了固定资本对利润率的影响。[④]

值得注意的是，马克思曾经提出：“由固定资本和流动资本组成的资本构成的比率，就它本身来说，是根本不会影响利润率的。它只有在两种场合才会影响利润率：或者是这种不同的构成与可变部分和不变部分的不同比率相符合，因而利润率的差别是由可变资本和不变资本的比率的差别引起的，而不是由固定资本和流动资本的比率的差别引起的；或者是固定组成部分和流动组成部分的不同比率引起了实现一定量利润所需的周转时间的差别。”[⑤] 他还提出：“在不同产业部门中由固定资本和流动资本组成的不变资本的不同构成本身，对利润率来说，并没有什么意义，因为起决定作用的，是可变资本和不变资本之比，并且不变资本的价值，因而不变资本同可变资本相比的相对量，同不变资本的各个组成部分的固定性质或流动性质是完全无关的。”[⑥]

在这些论述中，马克思提到的利润率是价值形式的利润率，不是生产价格形式的利润率。固定资本和流动资本组成的资本构成的

① 马克思恩格斯全集：第25卷［M］. 北京：人民出版社，1974：175.

②③ 同上书，40页。

④ 同上书，175-176页。

⑤ 同上书，169-170页。

⑥ 同上书，171页。

比率、固定资本折旧率，不影响剩余价值生产，但是影响剩余价值分配，从而影响生产价格形式的利润、生产价格形式的利润率、生产价格。

在每年资本循环次数、资本、资本有机构成、剩余价值率确定的条件下，虽然固定资本的变化不影响剩余价值、剩余价值率，但是固定资本的变化，具体地说，固定资本在不变资本中的比例的变化或固定资本折旧率的变化，影响生产价格形式的平均利润率，影响剩余价值分配，从而影响价值转形。

如前所述，马克思没有来得及将价值形式的资本或成本转变为生产价格形式的资本或成本，他提出的平均利润率是价值形式的平均利润率，不是生产价格形式的平均利润率。只有将价值形式的资本转变为生产价格形式的资本，同时将价值形式的利润转变为生产价格形式的利润，才能得到生产价格形式的平均利润率。

马克思的这些论述，对建立考虑资本周转影响的价值转形模型有重要作用。

第三节　考虑资本周转影响的价值转形中的基本关系

一、基本假设条件

为了分析简单再生产条件下的考虑资本周转影响的价值转形中的基本关系，需要规定一些基本假设条件：

(1) 社会生产划分为两部类。第一部类为生产资料生产部类，第二部类为消费资料生产部类。不考虑非物质生产部门。

(2) 生产过程为简单再生产。生产过程需要的生产资料和劳动力可以通过市场得到，生产的商品可以全部售出，没有剩余，即价值实现和实物补偿条件同时满足。

(3) 两部类的剩余价值率相等并且已知。

(4) 两部类生产价格形式的利润率相等。

(5) 两部类的资本有机构成已知，但是不相同。

(6) 资本循环一次的时间为一年，即不考虑资本循环速度的影响。不必区分剩余价值率和年剩余价值率，也不必区分利润率和年利润率。

(7) 不变资本划分为固定资本和流动资本。两部类的不变资本中的固定资本和流动资本的比例已知。

(8) 两部类的固定资本折旧率已知。

二、符号规定

c_{f1}、c_{a1}、v_1、s_1有双重涵义。一方面，在生产过程中，c_{f1}、c_{a1}、v_1、s_1分别表示第一部类生产中使用并且通过多次生产过程其价值逐渐转移到产品中去的物化劳动、通过一次生产过程其价值就转移到产品中去的耗费的物化劳动、耗费的必要劳动、耗费的剩余劳动；另一方面，在流通过程中，c_{f1}、c_{a1}、v_1、s_1分别表示第一部类的不变资本中的固定资本、不变资本中的流动资本、使用的或耗费的可变资本、工人创造的剩余价值。

同样，c_{f2}、c_{a2}、v_2、s_2也有双重涵义。一方面，在生产过程中，c_{f2}、c_{a2}、v_2、s_2分别表示第二部类生产中使用并且通过多次生产过程其价值逐渐转移到产品中去的物化劳动、通过一次生产过程其价值就转移到产品中去的耗费的物化劳动、耗费的必要劳动、耗费的剩余劳动；另一方面，在流通过程中，c_{f2}、c_{a2}、v_2、s_2分别表示第二部类的不变资本中的固定资本、不变资本中的流动资本、使用的或耗费的可变资本、工人创造的剩余价值。

d_1和d_2分别表示第一部类和第二部类的固定资本折旧率。

b_1和b_2分别表示第一部类和第二部类的不变资本中的固定资本与流动资本的比例。

a_1和a_2分别表示第一部类和第二部类的价值生产价格转化

系数。

s_{a1}和 s_{a2}分别表示第一部类和第二部类的被社会多承认的剩余价值。

s_{t1}和 s_{t2}分别表示第一部类和第二部类的多实现的剩余价值。

k_1和 k_2分别表示第一部类和第二部类的价值形式的资本有机构成。

r_1和 r_2分别表示第一部类和第二部类的生产价格形式的利润率。

r 为生产价格形式的平均利润率。

e 为剩余价值率。

三、考虑固定资本影响的价值形式的简单再生产条件

无论是否考虑固定资本的影响，流通过程中的价值转形都不影响生产过程中已经耗费的各种物化劳动、必要劳动和剩余劳动。

第一部类生产过程中耗费的物化劳动、必要劳动和剩余劳动之和为 $d_1c_{f1}+c_{a1}+v_1+s_1$。生产补偿两部类耗费的生产资料所需要的劳动之和为 $d_1c_{f1}+c_{a1}+d_2c_{f2}+c_{a2}$。第一部类生产过程中耗费的物化劳动、必要劳动和剩余劳动之和，等于为了维持再生产，生产补偿两部类耗费的生产资料所需要的劳动之和，即

$$d_1c_{f1}+c_{a1}+v_1+s_1=d_1c_{f1}+c_{a1}+d_2c_{f2}+c_{a2} \tag{6—1}$$

（6—1）式表明，第一部类产品的价值等于补偿两部类生产中耗费的生产资料价值之和。该式可以化简为

$$v_1+s_1=d_2c_{f2}+c_{a2} \tag{6—2}$$

第二部类生产过程中耗费的物化劳动、必要劳动和剩余劳动之和为 $d_2c_{f2}+c_{a2}+v_2+s_2$。为了维持再生产，提供两部类工人的生活资料所需要的劳动与提供两部类资本家消费的生活资料所需要的劳动之和为 $v_1+s_1+v_2+s_2$。第二部类生产过程中耗费的物化劳动、必要劳动和剩余劳动之和等于为了维持再生产，提供两部类工人的

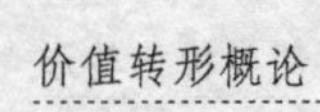

生活资料所需要的劳动与提供两部类资本家消费的生活资料所需要的劳动之和，即

$$d_2c_{f2}+c_{a2}+v_2+s_2=v_1+s_1+v_2+s_2 \tag{6—3}$$

（6—3）式表明，第二部类产品的价值等于两部类工人和资本家的生活消费所需要的产品价值之和。该式也可以化简为

$$v_1+s_1=d_2c_{f2}+c_{a2} \tag{6—4}$$

也就是，第一部类生产过程中耗费的必要劳动与剩余劳动之和等于生产补偿第二部类耗费的生产资料所需要的劳动。（6—2）式就是两部类考虑固定资本影响的价值形式的简单再生产条件。

四、第二部类的资本有机构成

第二部类生产过程中使用的物化劳动与耗费的必要劳动之比或者第二部类的不变资本与可变资本之比，就是第二部类的资本有机构成，即

$$\frac{c_{f2}+c_{a2}}{v_2}=k_2 \tag{6—5}$$

通常，两部类的资本有机构成不同。如果假设条件改变为 c_{f2}、c_{a2}、v_2、s_2、k_1已知，c_{f1}、c_{a1}、v_1、s_1未知，那么，只要将（6—5）式中的方程（$c_{f2}+c_{a2}$）/$v_2=k_2$改变为（$c_{f1}+c_{a1}$）/$v_1=k_1$即可。

这里规定第一部类或第二部类的资本有机构成仅仅是一种形式，其目的是保持再生产条件的一致性。

五、第二部类不变资本中的固定资本与流动资本的比例

由于两部类的不变资本中的固定资本与流动资本的比例已知，所以第二部类不变资本中的固定资本与流动资本的比例为

$$\frac{c_{f2}}{c_{a2}}=b_2 \tag{6—6}$$

六、两部类的剩余价值率相等

不同部类中资本对劳动的剥削程度相同，也就是剩余价值率相等。剩余价值率为每个部类的剩余劳动与必要劳动之比，也就是，每个部类工人创造的剩余价值与可变资本之比，即

$$\frac{s_1}{v_1}=\frac{s_2}{v_2}=e \tag{6—7}$$

剩余价值率相等，是价值转形的基本条件之一。

七、被社会多承认的剩余价值与价值生产价格转化系数

每个部类或部门生产的剩余价值或利润与这个部类或部门得到社会承认的剩余价值或利润不相等。

每个部类得到社会承认的剩余价值或利润是所有资本家认为这个部类或部门的资本家应该得到的剩余价值或利润。也就是说，这种得到社会承认的剩余价值或利润只是观念或形式上的，而不是实质的。但是，这已经满足了资本家之间形式上的平等。

剩余价值在不同部类之间的转移是通过社会对资本有机构成不同的部类或部门生产的剩余价值给予的承认程度不同实现的。

第一部类生产的商品价值为 $d_1c_{f1}+c_{a1}+v_1+s_1$。第一部类生产的商品得到社会承认的价值为 $d_1c_{f1}+c_{a1}+v_1+s_1+s_{a1}$。第一部类的价值生产价格转化系数，为这个部类生产的商品在交换中得到社会承认的价值与生产的商品价值之比，即

$$a_1=\frac{d_1c_{f1}+c_{a1}+v_1+s_1+s_{a1}}{d_1c_{f1}+c_{a1}+v_1+s_1} \tag{6—8}$$

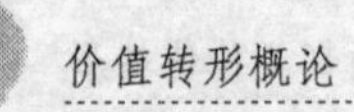

这个系数是一个无量纲的纯系数，和某种具体的货币单位无关。它既表示社会对第一部类产品价值的承认程度，也表示第一部类产品的生产价格与价值的偏离程度。

同理，第二部类生产的商品价值为 $d_2c_{f2}+c_{a2}+v_2+s_2$。第二部类生产的商品得到社会承认的价值为 $d_2c_{f2}+c_{a2}+v_2+s_2+s_{a2}$。第二部类的价值生产价格转化系数，为这个部类生产的商品在交换中得到社会承认的价值与生产的商品价值之比，即

$$a_2=\frac{d_2c_{f2}+c_{a2}+v_2+s_2+s_{a2}}{d_2c_{f2}+c_{a2}+v_2+s_2} \tag{6—9}$$

这个系数也是一个无量纲的纯系数。它既表示社会对第二部类产品价值的承认程度，也表示第二部类产品的生产价格与价值的偏离程度。

价值生产价格转化系数本质上是社会对某部类生产的商品价值的承认程度，反映了价值与生产价格之间的联系。

八、分配剩余价值不能改变已经耗费的劳动量

当资本家在流通过程中分配剩余价值时，生产过程已经结束，无论怎样分配剩余价值，都不能改变生产过程中已经耗费的劳动。剩余劳动总量既不会增加，也不会减少。在考虑固定资本影响的条件下，这个关系仍然成立。

资本有机构成高，从而价值形式的利润率低的部类，应该多得到一部分社会承认的剩余价值。资本有机构成低，从而价值形式的利润率高的部类，应该少得到一部分社会承认的剩余价值。两部类被社会多承认的剩余价值互相抵消，即

$$s_{a1}+s_{a2}=0 \tag{6—10}$$

上式表明，在观念上分配剩余价值，剩余劳动总量不发生变化。

九、两部类生产价格形式的利润率相等

价值转形中只能同时实现生产价格形式的再生产条件和平均利润，不能同时实现价值形式的再生产条件和平均利润。

第一部类生产的产品得到社会承认的价值为 $d_1c_{f1}+c_{a1}+v_1+s_1+s_{a1}$。这种得到社会承认的价值或得到社会承认的价值形式的生产价格偏离了自身的价值，既可以表示为 $d_1c_{f1}+c_{a1}+v_1+s_1+s_{a1}$，也可以表示为 $a_1(d_1c_{f1}+c_{a1}+v_1+s_1)$。$a_1(d_1c_{f1}+c_{a1}+v_1+s_1)$ 是第一部类产品的价格形式的生产价格。

第一部类需要补偿的生产中耗费的生产资料，要在市场上按照生产价格 $a_1(d_1c_{f1}+c_{a1})$ 从本部类的其他企业购买。第一部类工人需要得到的生活资料，要在市场上按照生产价格 a_2v_1 从第二部类购买。

第一部类以生产价格表示的利润为第一部类产品的生产价格扣除应补偿的生产资料的生产价格和再生产劳动力所需要的生活资料的生产价格之后的余额，即

$$\begin{aligned}&a_1(d_1c_{f1}+c_{a1}+v_1+s_1)-a_1(d_1c_{f1}+c_{a1})-a_2v_1\\&=a_1v_1+a_1s_1-a_2v_1\end{aligned}\tag{6—11}$$

第一部类生产价格形式的资本可以表示为 $a_1(c_{f1}+c_{a1})+a_2v_1$。第一部类生产价格形式的利润率为第一部类生产价格形式的利润与第一部类生产价格形式的资本之比，即

$$r_1=\frac{a_1v_1+a_1s_1-a_2v_1}{a_1(c_{f1}+c_{a1})+a_2v_1}\tag{6—12}$$

同理，第二部类生产的产品得到社会承认的价值为 $d_2c_{f2}+c_{a2}+v_2+s_2+s_{a2}$。这种得到社会承认的价值或得到社会承认的价值形式的生产价格偏离了自身的价值，既可以表示为 $d_2c_{f2}+c_{a2}+v_2+s_2+s_{a2}$，也可以表示为 $a_2(d_2c_{f2}+c_{a2}+v_2+s_2)$。$a_2(d_2c_{f2}+c_{a2}+v_2+s_2)$ 是第二部类产品的价格形式的生产价格。

第二部类需要补偿的生产中耗费的生产资料，要在市场上按照生产价格 $a_1(d_2c_{f2}+c_{a2})$ 从第一部类购买。第二部类工人需要得到的生活资料要在市场上按照生产价格 a_2v_2 从本部类的其他企业购买。

第二部类以生产价格表示的利润为第二部类产品的生产价格扣除应补偿的生产资料的生产价格和再生产劳动力所需要的生活资料的生产价格之后的余额，即

$$\begin{aligned}&a_2(d_2c_{f2}+c_{a2}+v_2+s_2)-a_1(d_2c_{f2}+c_{a2})-a_2v_2\\&=a_2(d_2c_{f2}+c_{a2}+s_2)-a_1(d_2c_{f2}+c_{a2})\end{aligned}\tag{6—13}$$

第二部类生产价格形式的资本可以表示为 $a_1(c_{f2}+c_{a2})+a_2v_2$。第二部类生产价格形式的利润率为第二部类生产价格形式的利润与第二部类生产价格形式的资本之比，即

$$r_2=\frac{a_2(d_2c_{f2}+c_{a2}+s_2)-a_1(d_2c_{f2}+c_{a2})}{a_1(c_{f2}+c_{a2})+a_2v_2}\tag{6—14}$$

在流通过程中，两部类生产价格形式的利润率相等，都等于生产价格形式的平均利润率，即

$$r_1=r_2=r\tag{6—15}$$

或

$$\begin{aligned}r&=\frac{a_1v_1+a_1s_1-a_2v_1}{a_1(c_{f1}+c_{a1})+a_2v_1}\\&=\frac{a_2(d_2c_{f2}+c_{a2}+s_2)-a_1(d_2c_{f2}+c_{a2})}{a_1(c_{f2}+c_{a2})+a_2v_2}\end{aligned}\tag{6—16}$$

十、价值与生产价格联系方程或价值转形方程

生产价格形式的利润率相等条件（6—16）式可以分别表示为

$$\begin{aligned}&(a_1d_1c_{f1}+a_1c_{a1}+a_2v_1)+(a_1c_{f1}+a_1c_{a1}+a_2v_1)r\\&=a_1(d_1c_{f1}+c_{a1}+v_1+s_1)\end{aligned}\tag{6—17}$$

和

$$(a_1 d_2 c_{f2} + a_1 c_{a2} + a_2 v_2) + (a_1 c_{f2} + a_1 c_{a2} + a_2 v_2) r$$
$$= a_2 (d_2 c_{f2} + c_{a2} + v_2 + s_2) \quad (6—18)$$

这两个方程就是两部类考虑资本周转影响的价值与生产价格联系方程或价值转形方程。

在这两个价值转形方程中，剩余价值的真正来源看不到了，利润表现为预付资本自行增殖的结果。从表面上看，剩余价值或利润好像既不是可变资本的产物，也不是生产中已经消耗掉的那部分资本的产物，而是在生产中使用的全部资本的产物。

马克思认为，对资本家来说，或者在马尔萨斯等资产阶级经济学家看来，“剩余价值既由预付资本中那个加入商品成本价格的部分产生，也由预付资本中那个不加入商品成本价格的部分产生；总之，同样由所使用的资本的固定组成部分和流动组成部分产生。总资本在物质上是产品的形成要素，不管它作为劳动资料，还是作为生产材料和劳动，都是如此。总资本虽然只有一部分进入价值增殖过程，但在物质上总是全部进入现实的劳动过程。或许正是由于这个原因，它虽然只是部分地参加成本价格的形成，但会全部参加剩余价值的形成。不管怎样，结论总是：剩余价值是同时由所使用的资本的一切部分产生的。”① 当剩余价值不是看作可变资本的产物，而是看作全部资本的这样一种观念上的产物时，剩余价值便取得了利润这个转化形式。

只有在价值形式的再生产条件中才可以清楚地看出，剩余价值是可变资本的产物。

十一、资本家最终得到或最终占有的剩余价值

在考虑固定资本影响的简单再生产条件下，两部类资本家得到

① 马克思恩格斯全集：第 25 卷［M］. 北京：人民出版社，1974：43-44.

的生产价格形式的利润只用于购买生活资料。生产这些生活资料必须耗费一定数量的劳动。资本家最终得到或最终占有的年剩余价值反映凝结在这些生活资料中的劳动。资本家最终得到或最终占有的社会劳动，或者是最终得到或最终占有的价值，反映补偿每个部类生产中耗费的生产资料所需要的劳动、补偿工人需要的生活资料所需要的劳动以及生产资本家得到的生活资料所需要的劳动之和。

在考虑固定资本影响的条件下，两部类资本家最终得到的剩余价值与生产价格形式的利润之间的关系可以表示为

$$(a_1c_{f1}+a_1c_{a1}+a_2v_1)r=a_2(s_1+s_{t1}) \tag{6—19}$$

和

$$(a_1c_{f2}+a_1c_{a2}+a_2v_2)r=a_2(s_2+s_{t2}) \tag{6—20}$$

最终得到剩余价值是资本主义生产的唯一目的。

上面各方程，构成了简单再生产条件下考虑资本周转影响的两部类价值转形的基本关系。

第四节　考虑资本周转影响的价值转形模型

一、在第一部类的不变资本、可变资本和剩余价值已知情况下，考虑资本周转影响的价值转形模型

由方程（6—2）式、（6—5）式、（6—6）式、（6—7）式、（6—8）式、（6—9）式、（6—10）式、（6—17）式、（6—18）式、（6—19）式、（6—20）式，在构成第一部类的不变资本、可变资本和剩余价值已知的情况下，可以得到简单再生产条件下的考虑资本周转影响的两部类价值转形模型：

$$v_1+s_1=d_2c_{f2}+c_{a2} \tag{6—21}$$

$$\frac{c_{f2}+c_{a2}}{v_2}=k_2 \tag{6—22}$$

$$\frac{c_{f2}}{c_{a2}}=b_2 \tag{6—23}$$

$$\frac{s_1}{v_1}=\frac{s_2}{v_2}=e \tag{6—24}$$

$$a_1=\frac{d_1c_{f1}+c_{a1}+v_1+s_1+s_{a1}}{d_1c_{f1}+c_{a1}+v_1+s_1} \tag{6—25}$$

$$a_2=\frac{d_2c_{f2}+c_{a2}+v_2+s_2+s_{a2}}{d_2c_{f2}+c_{a2}+v_2+s_2} \tag{6—26}$$

$$s_{a1}+s_{a2}=0 \tag{6—27}$$

$$(a_1d_1c_{f1}+a_1c_{a1}+a_2v_1)+(a_1c_{f1}+a_1c_{a1}+a_2v_1)r$$

$$=a_1(d_1c_{f1}+c_{a1}+v_1+s_1) \tag{6—28}$$

$$(a_1d_2c_{f2}+a_1c_{a2}+a_2v_2)+(a_1c_{f2}+a_1c_{a2}+a_2v_2)r$$

$$=a_2(d_2c_{f2}+c_{a2}+v_2+s_2) \tag{6—29}$$

$$(a_1c_{f1}+a_1c_{a1}+a_2v_1)r=a_2(s_1+s_{t1}) \tag{6—30}$$

$$(a_1c_{f2}+a_1c_{a2}+a_2v_2)r=a_2(s_2+s_{t2}) \tag{6—31}$$

在简单再生产条件下的考虑资本周转影响的两部类价值转形模型中，各关系式的涵义分别如下：

（6—21）式为考虑固定资本影响的简单再生产条件。

（6—22）式为第二部类的资本有机构成。

（6—23）式为第二部类不变资本中的固定资本与流动资本的比例。

（6—24）式为两部类剩余价值率相等条件。

（6—25）式、（6—26）式分别为第一部类和第二部类的价值生产价格转化系数定义式。

（6—27）式为两部类被社会多承认的剩余价值互相抵消条件。

（6—28）式、（6—29）式分别为第一部类和第二部类的考虑资本周转影响的价值转形方程。

（6—30）式、（6—31）式分别为第一部类和第二部类生产价格形式的利润与实际得到的价值形式的利润之间的关系。

在上面的模型中，如果不考虑（6—24）式中的剩余价值率 e，那么，出现了 c_{f1}、c_{a1}、v_1、s_1、s_{a1}、s_{t1}、c_{f2}、c_{a2}、v_2、s_2、s_{a2}、s_{t2}、a_1、a_2、d_1、d_2、b_2、k_2、r 共 19 个变量。按照假设条件，c_{f1}、c_{a1}、v_1、s_1、d_1、d_2、b_2、k_2这 8 个量是已知量。c_{f2}、c_{a2}、v_2、s_2、s_{a1}、s_{t1}、s_{a2}、s_{t2}、a_1、a_2、r 这 11 个量是未知变量。这个模型中包含 8 个已知量，11 个未知变量和 11 个独立方程，可以求得唯一解。

该模型包括两个子方程组。

前 4 个方程构成考虑固定资本影响的简单再生产条件方程组。

在简单再生产条件下的考虑资本周转影响的两部类价值转形模型中，简单再生产条件方程组反映生产过程中两部类耗费的物化劳动、耗费的活劳动中的必要劳动、耗费的活劳动中的剩余劳动之间的关系，满足价值形式的简单再生产条件，满足价值规律。

后 7 个方程构成考虑资本周转影响的价值转形方程组。

在简单再生产条件下的考虑资本周转影响的两部类价值转形模型中，价值转形方程组反映价值与生产价格之间的联系，也反映流通过程中两部类生产价格形式的资本、生产价格形式的平均利润率、价值生产价格转化系数、被社会多承认的剩余价值与不变资本中的固定资本、不变资本中的流动资本、可变资本、工人创造的剩余价值之间的关系，也反映生产价格形式的利润与多实现的剩余价值之间的关系。

该方程组满足生产价格形式的再生产条件和平均利润条件。

二、在第二部类的不变资本、可变资本和剩余价值已知情况下，考虑资本周转影响的价值转形模型

如果条件变为第二部类不变资本中的固定资本、流动资本、可变资本、剩余价值、第一部类不变资本中的固定资本和流动资本的比例、资本有机构成已知，那么，可以用同样方法构造价值转形模型，只要将（6—22）式改变为

$$\frac{c_{f1}+c_{a1}}{v_1}=k_1 \quad (6—32)$$

将（6—23）式改变为

$$\frac{c_{f1}}{c_{a1}}=b_1 \quad (6—33)$$

其余方程不变，即可构成第二部类的不变资本、可变资本和剩余价值已知的情况下，简单再生产条件下的考虑资本周转影响的两部类价值转形模型。

第五节　考虑资本周转影响的价值转形中的四个系统

一、考虑资本周转影响的价值转形中的四个系统的内涵

在价值转形过程中，一共有四个系统。一般来说，在考虑资本周转影响的简单再生产条件下的价值转形问题中，对于任意一组给定的不变资本中的固定资本、固定资本折旧率、不变资本中的流动资本、可变资本、剩余价值，价值转形中这四个系统可以表示如下，见表 6－1 至表 6－4。

表 6－1　　价值转形前工人创造的剩余价值和价值

部类	消耗的不变资本	可变资本	剩余价值	价值
1	$d_1c_{f1}+c_{a1}$	v_1	s_1	$d_1c_{f1}+c_{a1}+v_1+s_1$ $=d_1c_{f1}+c_{a1}+d_2c_{f2}+c_{a2}$
2	$d_2c_{f2}+c_{a2}$	v_2	s_2	$d_2c_{f2}+c_{a2}+v_2+s_2$ $=v_1+v_2+s_1+s_2$
总和	$d_1c_{f1}+c_{a1}$ $+d_2c_{f2}+c_{a2}$	v_1+v_2	s_1+s_2	$d_1c_{f1}+c_{a1}+v_1+s_1$ $+d_2c_{f2}+c_{a2}+v_2+s_2$

表 6-2　价值转形后价值形式的利润和生产价格（社会承认的）

部类	消耗的不变资本	可变资本	利润（社会承认的剩余价值）	生产价格（社会承认的价值）
1	$d_1c_{f1}+c_{a1}$	v_1	s_1+s_{a1}	$d_1c_{f1}+c_{a1}+v_1+s_1+s_{a1}$
2	$d_2c_{f2}+c_{a2}$	v_2	s_2+s_{a2}	$d_2c_{f2}+c_{a2}+v_2+s_2+s_{a2}$
总和	$d_1c_{f1}+c_{a1}$ $+d_2c_{f2}+c_{a2}$	v_1+v_2	s_1+s_2	$d_1c_{f1}+c_{a1}+v_1+s_1$ $+d_2c_{f2}+c_{a2}+v_2+s_2$

表 6-3　价值转形后生产价格形式的利润和价格形式的生产价格

部类	消耗的不变资本	可变资本	利润（生产价格形式）	生产价格（价格形式）
1	$a_1(d_1c_{f1}+c_{a1})$	a_2v_1	$(a_1c_{f1}+a_1c_{a1}$ $+a_2v_1)\ r$	$a_1(d_1c_{f1}+c_{a1}+v_1+s_1)$ $=d_1c_{f1}+c_{a1}+v_1+s_1+s_{a1}$
2	$a_1(d_2c_{f2}+c_{a2})$	a_2v_2	$(a_1c_{f2}+a_1c_{a2}$ $+a_2v_2)\ r$	$a_2(d_2c_{f2}+c_{a2}+v_2+s_2)$ $=d_2c_{f2}+c_{a2}+v_2+s_2+s_{a2}$
总和	$a_1(d_1c_{f1}+c_{a1}$ $+d_2c_{f2}+c_{a2})$	$a_2(v_1+v_2)$	$a_2(s_1+s_2)$	$d_1c_{f1}+c_{a1}+v_1+s_1$ $+d_2c_{f2}+c_{a2}+v_2+s_2$

表 6-4　价值转形后价值形式的利润和生产价格（实现的）

部类	消耗的不变资本	可变资本	利润（实现的剩余价值）	生产价格（实现的价值）
1	$d_1c_{f1}+c_{a1}$	v_1	s_1+s_{t1} $=(a_1c_{f1}+a_1c_{a1}$ $+a_2v_1)r/a_2$	$d_1c_{f1}+c_{a1}$ $+v_1+s_1+s_{t1}$
2	$d_2c_{f2}+c_{a2}$	v_2	s_2+s_{t1} $=(a_1c_{f2}+a_1c_{a2}$ $+a_2v_2)r/a_2$	$d_2c_{f2}+c_{a2}$ $+v_2+s_2+s_{t2}$
总和	$d_1c_{f1}+c_{a1}$ $+d_2c_{f2}+c_{a2}$	v_1+v_2	s_1+s_2	$d_1c_{f1}+c_{a1}+v_1$ $+s_1+d_2c_{f2}+c_{a2}$ $+v_2+s_2$

从以上四个不同系统之间的关系可以看出，对于考虑资本周转影响的简单再生产条件下的价值转形问题，在一般情况下，生产价格形式的利润总和不等于剩余价值总和，价格形式的生产价格总和等于价值总和。在社会承认的价值形式的利润和生产价格表中，以及实现的价值形式的利润和生产价格表中，都满足利润总和等于剩余价值总和，生产价格总和等于价值总和。

二、四个系统之间的关系

第一，在简单再生产条件下的考虑资本周转影响的两部类价值转形中，价值转形前工人创造的剩余价值和价值系统反映生产过程中两部类耗费的物化劳动、必要劳动、剩余劳动之间的关系，如表6－1所示。这个系统与（6—21）式、（6—22）式、（6—23）式、（6—24）式表示的价值形式的考虑固定资本影响的简单再生产条件方程组对应。这个系统是价值转形的基础和起点，不受价值转形的影响。

第二，价值转形后得到社会承认的价值形式的利润和生产价格系统如表6－2所示，与（6—25）式、（6—26）式、（6—27）式相对应。

第三，价值转形后生产价格形式的利润和价格形式的生产价格系统如表6－3所示，与（6—28）式、（6—29）式相对应。

（6—28）式、（6—29）式只表示考虑资本周转影响的价值转形方程满足生产价格形式的平均利润条件，不表示这两个方程满足生产价格形式的简单再生产条件。必须满足考虑固定资本影响的价值形式的简单再生产条件（6—21）式，（6—28）式、（6—29）式才满足生产价格形式的简单再生产条件。

第四，价值转形后实现的价值形式的利润和生产价格系统如表6－4所示，与（6—30）式、（6—31）式相对应。

第五，由这四个系统的关系可以看出，价值转形前雇佣劳动者创造的剩余价值和价值，决定价值转形后得到社会承认的价值形式的利润和得到社会承认的价值形式的生产价格。价值转形后得到社会承认的价值形式的利润和得到社会承认的价值形式的生产价格，决定价值转形后生产价格形式的利润和价格形式的生产价格。价值转形后生产价格形式的利润和价格形式的生产价格，决定资本家得到的剩余价值和实现的价值。

第六节 考虑资本周转影响的价值转形中的“两个等于”问题

一、在考虑资本周转影响的价值转形中，价值转形后得到社会承认的价值形式的利润和生产价格系统中的“两个等于”问题

由（6—27）式可以直接得到

$$(s_1+s_{a1})+(s_2+s_{a2})=s_1+s_2 \tag{6—34}$$

和

$$(d_1c_{f1}+c_{a1}+v_1+s_1+s_{a1})+(d_2c_{f2}+c_{a2}+v_2+s_2+s_{a2})$$
$$=(d_1c_{f1}+c_{a1}+v_1+s_1)+(d_2c_{f2}+c_{a2}+v_2+s_2) \tag{6—35}$$

即得到社会承认的价值形式的利润总和等于剩余价值总和；得到社会承认的价值形式的生产价格总和等于价值总和。这是由（6—27）式决定的，因此不需要证明。

二、在考虑资本周转影响的价值转形中，价值转形后生产价格形式的利润和价格形式的生产价格系统中的“两个等于”问题

在价值转形后生产价格形式的利润和价格形式的生产价格系

统中，由（6—25）式、（6—26）式、（6—27）式可以得到，价格形式的生产价格总和或得到社会承认的价值形式的生产价格总和为

$$a_1(d_1c_{f1}+c_{a1}+v_1+s_1)+a_2(d_2c_{f2}+c_{a2}+v_2+s_2)$$
$$=(d_1c_{f1}+c_{a1}+v_1+s_1)+(d_2c_{f2}+c_{a2}+v_2+s_2) \qquad (6—36)$$

即价格形式的生产价格总和等于价值总和。但是，生产价格形式的利润总和，一般不等于剩余价值总和。

三、在考虑资本周转影响的价值转形中，价值转形后资本家得到的剩余价值和价值系统中的“两个等于”问题

在价值转形后资本家实际得到的或实现的价值形式的利润和生产价格系统中，由（6—21）式、（6—28）式、（6—29）式、（6—30）式、（6—31）式可以得到第一部类和第二部类资本家实际多得到的剩余价值分别为

$$s_{t1}=\left(\frac{a_1}{a_2}-1\right)(v_1+s_1) \qquad (6—37)$$

和

$$s_{t2}=\left(1-\frac{a_1}{a_2}\right)(v_1+s_1) \qquad (6—38)$$

由（6—37）式、（6—38）式得

$$s_{t1}+s_{t2}=0 \qquad (6—39)$$

即两部类的资本家多得到的剩余价值之和为 0。那么

$$(s_1+s_{t1})+(s_2+s_{t2})=s_1+s_2 \qquad (6—40)$$

即两部类的资本家实际得到的价值形式的利润之和等于两部类的工人创造的剩余价值之和，并且

$$(d_1c_{f1}+c_{a1}+v_1+s_1+s_{t1})+(d_2c_{f2}+c_{a2}+v_2+s_2+s_{t2})$$

$$=(d_1c_{f1}+c_{a1}+v_1+s_1)+(d_2c_{f2}+c_{a2}+v_2+s_2) \qquad (6-41)$$

即两部类资本家实际得到的价值形式的生产价格之和等于两部类生产的产品价值之和。马克思的“两个等于”的观点在这种情况下成立。

总之，马克思“两个等于”的观点，在价值转形后得到社会承认的价值形式的利润和生产价格系统与价值转形前工人创造的剩余价值和价值系统之间成立，在价值转形后资本家实际得到的价值形式的利润和生产价格系统与价值转形前工人创造的剩余价值和价值系统之间也成立。

在价值转形前工人创造的剩余价值和价值系统与价值转形后生产价格形式的利润和价格形式的生产价格系统之间，生产价格形式的利润之和不等于剩余价值之和，但是，价格形式的生产价格之和等于价值之和。

四、在考虑资本周转影响的价值转形中，马克思的“两个等于”是生产决定流通的必然结果

值得注意的是，在考虑资本周转影响的价值转形中，“两个等于”不是通过（6—40）式、（6—41）式证明的。（6—40）式、（6—41）式只是以数学形式表示，在价值转形后资本家实际得到的价值形式的利润和生产价格系统与价值转形前工人创造的剩余价值和价值系统之间，“两个等于”关系成立。“两个等于”不是价值转形的结论或结果，而是价值转形的条件。“两个等于”不是价值转形的假设条件，而是必然成立的前提条件，是客观存在。因此，不能通过价值转形模型证明这一关系。

生产过程中耗费的剩余劳动总量决定流通过程中用于分配的剩余价值总量。流通过程中分配剩余价值和价值的方式不能改变生产过程中已经耗费的剩余劳动。“两个等于”正是由这个逻辑关系决定的，也就是说，“两个等于”是由因果关系决定的。

第七节　考虑资本周转影响的价值转形模型的解

求简单再生产条件下考虑资本周转影响的两部类价值转形模型的解，按照如下顺序：

(1) 求未知的不变资本中的固定资本、不变资本中的流动资本、可变资本、剩余价值。

(2) 求参数 σ 和生产价格形式的利润率。

(3) 求价值生产价格转化系数。

(4) 求被社会多承认的剩余价值。

(5) 求实际多得到的（即多实现的）剩余价值。

一、求未知的不变资本中的固定资本、流动资本、可变资本、剩余价值

由 (6—23) 式得

$$c_{f2}=b_2c_{a2} \tag{6—42}$$

将 (6—42) 式代入 (6—21) 式得

$$c_{a2}=\frac{v_1+s_1}{d_2b_2+1} \tag{6—43}$$

将 (6—42) 式、(6—43) 式代入 (6—22) 式得

$$v_2=\frac{c_{f2}+c_{a2}}{k_2}=\frac{b_2c_{a2}+c_{a2}}{k_2}=\frac{(b_2+1)(v_1+s_1)}{k_2(d_2b_2+1)} \tag{6—44}$$

将 (6—44) 式代入 (6—24) 式得

$$s_2=\frac{s_1v_2}{v_1}=\frac{s_1(b_2+1)(v_1+s_1)}{v_1k_2(d_2b_2+1)} \tag{6—45}$$

将（6—43）式代入（6—42）式可以得到第二部类不变资本中的固定资本 c_{f2}。

二、求参数 σ 和生产价格形式的利润率

在简单再生产条件下考虑资本周转影响的两部类价值转形模型中，（6—28）式、（6—29）式可以分别表示为

$$(a_1c_{f1}+a_1c_{a1}+a_2v_1)(1+r)=a_1(c_{f1}+c_{a1}+v_1+s_1) \quad (6—46)$$

和

$$\begin{aligned}&(a_1c_{f2}+a_1c_{a2}+a_2v_2)(1+r)\\&=a_2(d_2c_{f2}+c_{a2}+v_2+s_2)+a_1c_{f2}(1-d_2)\end{aligned} \quad (6—47)$$

假定

$$f_1=\frac{v_1}{c_{f1}+c_{a1}} \quad (6—48)$$

$$f_2=\frac{v_2}{c_{f2}+c_{a2}} \quad (6—49)$$

$$l_1=d_1c_{f1}+c_{a1}+v_1+s_1 \quad (6—50)$$

$$l_2=d_2c_{f2}+c_{a2}+v_2+s_2 \quad (6—51)$$

$$g_1=\frac{c_{f1}+c_{a1}+v_1+s_1}{c_{f1}+c_{a1}} \quad (6—52)$$

$$g_2=\frac{d_2c_{f2}+c_{a2}+v_2+s_2}{c_{f2}+c_{a2}}=\frac{l_2}{c_{f2}+c_{a2}} \quad (6—53)$$

$$h_2=\frac{c_{f2}(1-d_2)}{c_{f2}+c_{a2}} \quad (6—54)$$

$$\sigma=1+r \quad (6—55)$$

由（6—48）式、（6—49）式、（6—52）式、（6—53）式、（6—54）式、（6—55）式，（6—46）式、（6—47）式可以表示为

$$(a_1+a_2f_1)\sigma=a_1g_1 \quad (6—56)$$

$$(a_1+a_2f_2)\sigma=a_2g_2+a_1h_2 \tag{6—57}$$

（6—56）式、（6—57）式可以表示为

$$a_1(\sigma-g_1)+a_2f_1\sigma=0 \tag{6—58}$$

$$a_1(\sigma-h_2)+a_2(f_2\sigma-g_2)=0 \tag{6—59}$$

在（6—58）式、（6—59）式构成的齐次方程组中，a_1和a_2有非零解的必要条件，为a_1和a_2的系数行列式

$$\begin{vmatrix} \sigma-g_1 & f_1\sigma \\ \sigma-h_2 & f_2\sigma-g_2 \end{vmatrix}=0 \tag{6—60}$$

即

$$(\sigma-g_1)(f_2\sigma-g_2)-(\sigma-h_2)f_1\sigma=0 \tag{6—61}$$

或

$$(f_2-f_1)\sigma^2-(f_2g_1+g_2-f_1h_2)\sigma+g_1g_2=0 \tag{6—62}$$

解方程得

$$\sigma=\frac{f_2g_1+g_2-f_1h_2\pm\sqrt{(f_2g_1+g_2-f_1h_2)^2-4(f_2-f_1)g_1g_2}}{2(f_2-f_1)} \tag{6—63}$$

（6—63）式可以表示为

$$\sigma=\frac{g_2-f_1h_2+f_2g_1\pm\sqrt{(g_2-f_1h_2-f_2g_1)^2+4f_1g_1(g_2-f_2h_2)}}{2(f_2-f_1)} \tag{6—64}$$

如果$d_1=d_2=1$，那么，$d_1c_{f1}+c_{a1}=c_{f1}+c_{a1}=c_1$，$d_2c_{f2}+c_{a2}=c_{f2}+c_{a2}=c_2$，$h_2=0$，并且$f_1$、$f_2$、$g_1$、$g_2$、$\sigma$分别与第三章中的$f_1$、$f_2$、$g_1$、$g_2$、$\sigma$相等，（6—21）式、（6—22）式、（6—25）式、（6—26）式、（6—28）式、（6—29）式、（6—30）式、（6—31）式

分别与第三章中的（3—18）式、（3—19）式、（3—21）式、（3—22）式、（3—24）式、（3—25）式、（3—26）式、（3—27）式相等，（6—62）式与第三章中的（3—46）式相等，（6—64）式与第三章中的（3—48）式相等。利用第三章中的（3—60）式的结果，（6—64）式平方根前只能取负号，即

$$\sigma=\frac{g_2-f_1h_2+f_2g_1-\sqrt{(g_2-f_1h_2-f_2g_1)^2+4f_1g_1(g_2-f_2h_2)}}{2(f_2-f_1)} \tag{6—65}$$

由（6—55）式可以得到生产价格形式的利润率

$$r=\sigma-1 \tag{6—66}$$

三、参数 σ 的实系数一元二次方程中实数根的存在性

在（6—63）式中

$$\begin{aligned}&(f_2g_1+g_2-f_1h_2)^2-4(f_2-f_1)g_1g_2\\=&f_2^2g_1^2+g_2^2+f_1^2h_2^2+2f_2g_1g_2-2f_1f_2g_1h_2\\&-2f_1g_2h_2-4f_2g_1g_2+4f_1g_1g_2\\=&(f_2g_1-g_2)^2+f_1^2h_2^2-2f_1f_2g_1h_2-2f_1g_2h_2+4f_1g_1g_2\\=&(f_2g_1-g_2)^2+f_1^2h_2^2+2f_1g_1(g_2-f_2h_2)+2f_1g_2(g_1-h_2)\end{aligned} \tag{6—67}$$

由（6—49）式、（6—53）式、（6—54）式，（6—67）式中

$$\begin{aligned}g_2-f_2h_2&=\frac{d_2c_{f2}+c_{a2}+v_2+s_2}{c_{f2}+c_{a2}}-\frac{c_{f2}v_2(1-d_2)}{(c_{f2}+c_{a2})^2}\\&=\frac{(d_2c_{f2}+c_{a2}+v_2+s_2)(c_{f2}+c_{a2})-c_{f2}v_2(1-d_2)}{(c_{f2}+c_{a2})^2}\\&=\frac{(d_2c_{f2}+c_{a2}+v_2+s_2)c_{a2}}{(c_{f2}+c_{a2})^2}\end{aligned}$$

$$+\frac{(d_2c_{f2}+c_{a2}+d_2v_2+s_2)c_{f2}}{(c_{f2}+c_{a2})^2}>0 \qquad (6\text{—}68)$$

由（6—52）式、（6—54）式，（6—67）式中

$$g_1-h_2=\frac{c_{f1}+c_{a1}+v_1+s_1}{c_{f1}+c_{a1}}-\frac{c_{f2}(1-d_2)}{c_{f2}+c_{a2}} \qquad (6\text{—}69)$$

（6—69）式中

$$\frac{c_{f1}+c_{a1}+v_1+s_1}{c_{f1}+c_{a1}}>1 \qquad (6\text{—}70)$$

$$c_{f2}+c_{a2}>c_{f2}>c_{f2}(1-d_2) \qquad (6\text{—}71)$$

所以

$$\frac{c_{f2}(1-d_2)}{c_{f2}+c_{a2}}<1 \qquad (6\text{—}72)$$

由（6—70）式、（6—72）式，（6—69）式中

$$g_1-h_2>0 \qquad (6\text{—}73)$$

由（6—68）式、（6—73）式，（6—67）式中

$$(f_2g_1+g_2-f_1h_2)^2-4(f_2-f_1)g_1g_2>0 \qquad (6\text{—}74)$$

由（6—68）式，（6—65）式中

$$(g_2-f_1h_2-f_2g_1)^2+4f_1g_1(g_2-f_2h_2)>0 \qquad (6\text{—}75)$$

所以，（6—63）式中的 σ，或（6—65）式中的 σ，一定是方程（6—62）式的实数根。

四、求价值生产价格转化系数

由（6—25）式、（6—26）式、（6—27）式、（6—50）式、（6—51）式得

$$a_1 l_1 + a_2 l_2 = l_1 + l_2 \tag{6—76}$$

由（6—76）式得

$$a_2 = \frac{l_1 + l_2 - a_1 l_1}{l_2} \tag{6—77}$$

由（6—58）式、（6—77）式得

$$a_1 = \frac{f_1 \sigma (l_1 + l_2)}{g_1 l_2 + f_1 \sigma l_1 - \sigma l_2} \tag{6—78}$$

将（6—78）式的结果代入（6—77）式，可以得到 a_2。

利用克莱姆准则，同样可以求价值生产价格转化系数。由（6—58）式、（6—76）式构成的方程组，根据克莱姆准则，可以得到价值生产价格转化系数

$$a_1 = \frac{\begin{vmatrix} 0 & f_1\sigma \\ l_1 + l_2 & l_2 \end{vmatrix}}{\begin{vmatrix} \sigma - g_1 & f_1\sigma \\ l_1 & l_2 \end{vmatrix}} = \frac{-f_1\sigma(l_1 + l_2)}{l_2(\sigma - g_1) - l_1 f_1 \sigma} \tag{6—79}$$

$$a_2 = \frac{\begin{vmatrix} \sigma - g_1 & 0 \\ l_1 & l_1 + l_2 \end{vmatrix}}{\begin{vmatrix} \sigma - g_1 & f_1\sigma \\ l_1 & l_2 \end{vmatrix}} = \frac{(l_1 + l_2)(\sigma - g_1)}{l_2(\sigma - g_1) - l_1 f_1 \sigma} \tag{6—80}$$

五、求两部类被社会多承认的剩余价值

将（6—50）式、（6—79）式的结果代入（6—25）式，可以得到第一部类被社会多承认的剩余价值

$$s_{a1} = (a_1 - 1) l_1 \tag{6—81}$$

将（6—51）式、（6—80）式的结果代入（6—26）式，可以得到第二部类被社会多承认的剩余价值

$$s_{a2}=(a_2-1)l_2 \quad (6-82)$$

六、求两部类实际多得到的剩余价值

将（6—79）式、（6—80）式的结果代入（6—37）式，可以得到第一部类实际多得到的剩余价值 s_{t1}。将（6—79）式、（6—80）式的结果代入（6—38）式，可以得到第二部类实际多得到的剩余价值 s_{t2}。

第八节　考虑资本周转影响的价值转形的数例

这里通过一个数例，说明如何实现考虑资本周转影响的简单再生产条件下的价值转形以及马克思的“两个等于”的观点在什么范围成立。

假设：$c_{f1}=10\ 000$，$c_{a1}=3\ 000$，$v_1=1\ 000$，$s_1=1\ 000$，$d_1=0.1$，$d_2=0.2$，$b_2=5/3$，$k_2=4$。利用考虑资本周转影响的简单再生产条件下的价值转形模型解得：$c_{f2}=2\ 500$，$c_{a2}=1\ 500$，$v_2=1\ 000$，$s_2=1\ 000$，$r=0.086\ 540\ 496$，$a_1=1.084\ 465\ 136$，$a_2=0.873\ 302\ 296$，$s_{a1}=506.790\ 814\ 7$，$s_{a2}=-506.790\ 814\ 7$，$s_{t1}=483.596\ 207\ 9$，$s_{t2}=-483.596\ 207\ 9$。这些结果可以表示如下，见表 6－5 至表 6－8。

表 6－5　　价值转形前工人创造的剩余价值和价值

部类	消耗的不变资本	可变资本	剩余价值	产品价值
1	4 000	1 000	1 000	6 000
2	2 000	1 000	1 000	4 000
总和	6 000	2 000	2 000	10 000

表 6-6　价值转形后价值形式的利润和生产价格（社会承认的）

部类	消耗的不变资本	可变资本	利润（社会承认的剩余价值）	生产价格（社会承认的价值）
1	4 000	1 000	1 506.790 81	6 506.790 81
2	2 000	1 000	493.209 19	3 493.209 19
总和	6 000	2 000	2 000	10 000

表 6-7　价值转形后生产价格形式的利润和价格形式的生产价格

部类	消耗的不变资本	可变资本	利润（生产价格形式）	生产价格（价格形式）
1	4 337.860 54	873.302 30	1 295.627 98	6 506.790 81
2	2 168.930 27	873.302 30	450.976 62	3 493.209 19
总和	6 506.790 81	1 746.604 59	1 746.604 59	10 000

表 6-8　　价值转形后价值形式的利润和生产价格（实现的）

部类	消耗的不变资本	可变资本	利润（实现的剩余价值）	生产价格（实现的价值）
1	4 000	1 000	1 483.596 21	6 483.596 21
2	2 000	1 000	516.403 79	3 516.403 79
总和	6 000	2 000	2 000	10 000

以上四个不同系统之间的关系表示，在本数例中，从价值转形后生产价格形式的利润和价格形式的生产价格表可以看出，生产价格形式的利润总和不等于剩余价值总和，价格形式的生产价格总和等于价值总和。在社会承认的价值形式的利润和生产价格表中以及实现的价值形式的利润和生产价格表中，都满足利润总和等于剩余价值总和，生产价格总和等于价值总和。

第九节　被社会多承认的剩余价值与多得到的剩余价值的关系

一、多得到的剩余价值与被社会多承认的剩余价值的变化方向相同

令

$$w_1 = d_1 c_{f1} + c_{a1} + v_1 + s_1 \tag{6—83}$$

$$w_2 = d_2 c_{f2} + c_{a2} + v_2 + s_2 \tag{6—84}$$

由（6—25）式、（6—26）式、（6—83）式、（6—84）式可以得到

$$a_1 = \frac{d_1 c_{f1} + c_{a1} + v_1 + s_1 + s_{a1}}{d_1 c_{f1} + c_{a1} + v_1 + s_1} = \frac{w_1 + s_{a1}}{w_1} \tag{6—85}$$

和

$$a_2 = \frac{d_2 c_{f2} + c_{a2} + v_2 + s_2 + s_{a2}}{d_2 c_{f2} + c_{a2} + v_2 + s_2} = \frac{w_2 + s_{a2}}{w_2} \tag{6—86}$$

由（6—22）式、（6—23）式、（6—24）式、（6—32）式、（6—33）式可以得到

$$c_{f1} = b_1 c_{a1} \tag{6—87}$$

$$\frac{c_{f1} + c_{a1}}{v_1} = \frac{b_1 c_{a1} + c_{a1}}{v_1} = \frac{(b_1 + 1) c_{a1}}{v_1} = k_1 \tag{6—88}$$

$$c_{a1} = \frac{k_1 v_1}{b_1 + 1} \tag{6—89}$$

$$c_{f2} = b_2 c_{a2} \tag{6—90}$$

$$\frac{c_{f2} + c_{a2}}{v_2} = \frac{b_2 c_{a2} + c_{a2}}{v_2} = \frac{(b_2 + 1) c_{a2}}{v_2} = k_2 \tag{6—91}$$

$$c_{a2}=\frac{k_2 v_2}{b_2+1} \tag{6—92}$$

由（6—83）式、（6—84）式、（6—87）式、（6—88）式、（6—89）式、（6—90）式、（6—91）式、（6—92）式可以得到

$$\begin{aligned} w_1 &= d_1 c_{f1}+c_{a1}+v_1+s_1=d_1 b_1 c_{a1}+c_{a1}+v_1+s_1 \\ &=\frac{(d_1 b_1+1)k_1 v_1}{b_1+1}+v_1+ev_1 \\ &=\left[\frac{(d_1 b_1+1)k_1}{b_1+1}+1+e\right]v_1 \end{aligned} \tag{6—93}$$

和

$$\begin{aligned} w_2 &= d_2 c_{f2}+c_{a2}+v_2+s_2=d_2 b_2 c_{a2}+c_{a2}+v_2+s_2 \\ &=\frac{(d_2 b_2+1)k_2 v_2}{b_2+1}+v_2+ev_2 \\ &=\left[\frac{(d_2 b_2+1)k_2}{b_2+1}+1+e\right]v_2 \end{aligned} \tag{6—94}$$

由（6—21）式、（6—23）式、（6—92）式可以得到

$$\begin{aligned} v_1+s_1 &= d_2 c_{f2}+c_{a2}=d_2 b_2 c_{a2}+c_{a2}=(d_2 b_2+1)c_{a2} \\ &=\frac{(d_2 b_2+1)k_2 v_2}{b_2+1} \end{aligned} \tag{6—95}$$

即

$$(1+e)v_1=\frac{(d_2 b_2+1)k_2 v_2}{b_2+1} \tag{6—96}$$

由（6—96）式可以得到

$$v_2=\frac{(b_2+1)(1+e)v_1}{(d_2 b_2+1)k_2} \tag{6—97}$$

由（6—21）式、（6—97）式可以得到

$$\begin{aligned} w_2 &= d_2 c_{f2}+c_{a2}+v_2+s_2=v_1+s_1+v_2+s_2 \\ &=(1+e)v_1+(1+e)v_2=(1+e)(v_1+v_2) \end{aligned}$$

$$=(1+e)\left[v_1+\frac{(b_2+1)(1+e)v_1}{(d_2b_2+1)k_2}\right]$$

$$=(1+e)\left[1+\frac{(b_2+1)(1+e)}{(d_2b_2+1)k_2}\right]v_1 \qquad (6—98)$$

由（6—24）式、（6—27）式、（6—39）式、（6—85）式、（6—86）式可以得到

$$s_{t1}=\left(\frac{a_1}{a_2}-1\right)(v_1+s_1)=\left(\frac{\dfrac{w_1+s_{a1}}{w_1}}{\dfrac{w_2+s_{a2}}{w_2}}-1\right)(1+e)v_1$$

$$=\left[\left(\frac{w_2}{w_1}\right)\left(\frac{w_1+s_{a1}}{w_2+s_{a2}}\right)-1\right](1+e)v_1$$

$$=\left[\left(\frac{w_2}{w_1}\right)\left(\frac{w_1+s_{a1}}{w_2-s_{a1}}\right)-1\right](1+e)v_1$$

$$=\left[\left(\frac{w_2}{w_1}\right)\left(\frac{s_{a1}-w_2+w_1+w_2}{w_2-s_{a1}}\right)-1\right](1+e)v_1$$

$$=\left[\left(\frac{w_2}{w_1}\right)\left(\frac{w_1+w_2}{w_2-s_{a1}}-1\right)-1\right](1+e)v_1 \qquad (6—99)$$

和

$$s_{t2}=\left(1-\frac{a_1}{a_2}\right)(v_1+s_1)=\left(1-\frac{\dfrac{w_1+s_{a1}}{w_1}}{\dfrac{w_2+s_{a2}}{w_2}}\right)(1+e)v_1$$

$$=\left[1-\left(\frac{w_2}{w_1}\right)\left(\frac{w_1+s_{a1}}{w_2+s_{a2}}\right)\right](1+e)v_1$$

$$=\left[1-\left(\frac{w_2}{w_1}\right)\left(\frac{w_1-s_{a2}}{w_2+s_{a2}}\right)\right](1+e)v_1$$

$$=\left[1-\left(\frac{w_2}{w_1}\right)\left(\frac{w_1+w_2-w_2-s_{a2}}{w_2+s_{a2}}\right)\right](1+e)v_1$$

$$=\left[1-\left(\frac{w_2}{w_1}\right)\left(\frac{w_1+w_2}{w_2+s_{a2}}-1\right)\right](1+e)v_1 \qquad (6—100)$$

由（6—27）式、（6—93）式、（6—98）式可以得到

$$\frac{w_2}{w_1}=\frac{(1+e)\left[1+\frac{(b_2+1)(1+e)}{(d_2b_2+1)k_2}\right]v_1}{\left[\frac{(d_1b_1+1)k_1}{b_1+1}+1+e\right]v_1}$$

$$=\frac{(1+e)\left[1+\frac{(b_2+1)(1+e)}{(d_2b_2+1)k_2}\right]}{\frac{(d_1b_1+1)k_1}{b_1+1}+1+e} \tag{6—101}$$

和

$$\frac{w_1+w_2}{w_2-s_{a1}}=\frac{w_1+w_2}{w_2+s_{a2}}$$

$$=\frac{\left[\frac{(d_1b_1+1)k_1}{b_1+1}+1+e\right]v_1+(1+e)\left[1+\frac{(b_2+1)(1+e)}{(d_2b_2+1)k_2}\right]v_1}{(1+e)\left[1+\frac{(b_2+1)(1+e)}{(d_2b_2+1)k_2}\right]v_1-s_{a1}} \tag{6—102}$$

由（6—99）式、（6—100）式、（6—101）式、（6—102）式可以看出：s_{t1}和s_{a1}互为双曲函数，并且二者变化方向相同，即当s_{a1}变大或变小时，s_{t1}也变大或变小；s_{t2}和s_{a2}互为双曲函数，并且二者变化方向相同，即当s_{a2}变大或变小时，s_{t2}也变大或变小。

二、在考虑资本周转影响的两部类价值转形模型中，被社会多承认的剩余价值与多得到的剩余价值的符号相同

由（6—99）式、（6—100）式可以看出：如果$s_{a1}>0$，那么，$s_{t1}>0$；如果$s_{a1}=0$，那么，$s_{t1}=0$；如果$s_{a1}<0$，那么，$s_{t1}<0$；如果$s_{a2}>0$，那么，$s_{t2}>0$；如果$s_{a2}=0$，那么，$s_{t2}=0$；如果$s_{a2}<0$，那么，$s_{t2}<0$。

因此，在考虑资本周转影响的两部类价值转形模型中，无论哪个部类，被社会多承认的剩余价值与多得到的剩余价值的符号都相同。但是，在按照其他部类划分的价值转形模型中这种规律不一定成立，例如，在按照列宁的部类划分的价值转形中，被社会多承认

的剩余价值与多得到的剩余价值的符号不完全相同。

第十节　固定资本在不变资本中的比例与固定资本折旧率是否影响生产价格形式的利润率与价值转形

一、马克思认为固定资本与流动资本的比率不影响利润率

马克思认为："代表生产上**消费掉的**不变资本的那部分价值 c，是和生产上**使用的**不变资本的价值不一致的。诚然，生产材料会全部消费掉，从而它的价值全部转移到产品中去。但是所使用的**固定**资本只有一部分会完全消费掉，因而只有这部分价值转移到产品中去。固定资本即机器、建筑物等等的其余部分继续存在，并且和以前一样，继续执行职能，虽然它的价值由于逐年损耗而减少。在我们考察产品价值时，继续执行职能的这部分固定资本，对于我们来说是不存在的。它是在这个新生产的商品价值之外而和这个商品价值并存的一部分资本价值。"①

因为马克思提出的平均利润率是价值形式的平均利润率，所以，他的固定资本与流动资本的比率不影响价值形式的平均利润率的观点无疑是正确的。

二、只改变第一部类固定资本在不变资本中的比例与固定资本折旧率不影响生产价格形式的利润率，不影响价值转形

因为两部类的不变资本、可变资本、剩余价值都不变，所以，

① 马克思恩格斯全集：第 24 卷［M］. 北京：人民出版社，1972：439-440.

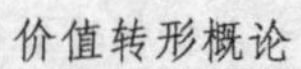

价值形式的平均利润率 r_v 不变。

(6—28)式表示的第一部类的价值转形方程可以简化为

$$(a_1c_{f1}+a_1c_{a1}+a_2v_1)r=a_1(v_1+s_1)-a_2v_1 \tag{6—103}$$

因为(6—103)式中没有第一部类不变资本中固定资本与流动资本的比例 b_1 与固定资本折旧率 d_1,所以,第一部类固定资本在不变资本中的比例与固定资本折旧率不影响生产价格形式的利润率与生产价格,从而不影响价值转形。

三、只改变第二部类固定资本在不变资本中的比例与固定资本折旧率不影响生产价格形式的利润率,不影响价值转形

假设第一部类的不变资本 $c_{f1}+c_{a1}$、可变资本 v_1、剩余价值 s_1 不变,第一部类不变资本中固定资本与流动资本的比例 b_1 不变,固定资本折旧率 d_1 不变,第二部类的不变资本 $c_{f2}+c_{a2}$、可变资本 v_2、剩余价值 s_2 不变,第二部类不变资本中固定资本与流动资本的比例 b_2 与固定资本折旧率 d_2 变化。

考虑第一部类与第二部类的不变资本、可变资本、剩余价值、资本有机构成、剩余价值率不变,同时考虑简单再生产条件,由(6—44)式得到

$$b_2=\frac{v_1+s_1-k_2v_2}{d_2k_2v_2-v_1-s_1} \tag{6—104}$$

因为两部类的不变资本、可变资本、剩余价值都不变,所以,价值形式的平均利润率 r_v 不变,并且(6—104)式成立。那么,生产价格形式的利润率 r 是否变化?

由(6—48)式、(6—49)式、(6—50)式、(6—52)式可以看出,参数 f_1、f_2、g_1、l_1 不变。由(6—21)式、(6—51)式、(6—53)式可以看出,参数 l_2、g_2 不变。由(6—21)式、(6—54)式可以得到

$$h_2=\frac{c_{f2}-c_{f2}d_2}{c_{f2}+c_{a2}}=\frac{c_{f2}-(v_1+s_1-c_{a2})}{c_{f2}+c_{a2}}$$

$$=\frac{c_{f2}+c_{a2}-v_1-s_1}{c_{f2}+c_{a2}} \tag{6—105}$$

由（6—105）式可以看出，参数 h_2 不变。

由（6—65）式、（6—66）式可以看出，因为参数 f_1、f_2、g_1、g_2、h_2 不变，所以，生产价格形式的利润率 r 不变。

四、在价值形式的平均利润率不变的条件下，同时改变第二部类固定资本在不变资本中的比例或固定资本折旧率影响生产价格形式的利润率，影响价值转形

假设两部类不变资本中的流动资本、可变资本、剩余价值不变，第一部类固定资本折旧率不变，第二部类固定资本折旧率提高，第二部类固定资本减少，第一部类固定资本增加，两部类固定资本之和不变。显然，价值形式的平均利润率不变。那么，生产价格形式的利润率是否变化？

这里通过一个数例来说明。

按照上面的假设条件，第二部类固定资本 c_{f2} 由（6—21）式决定。第一部类固定资本 c_{f1} 由两部类固定资本之和不变决定。第一部类不变资本中固定资本与流动资本的比例 b_1 由（6—33）式决定。第二部类不变资本中固定资本与流动资本的比例 b_2 由（6—23）式决定。

如果 $c_{a1}=3\,000$，$v_1=1\,000$，$s_1=1\,000$，$d_1=0.1$，$c_{a2}=1\,500$，$v_2=1\,000$，$s_2=1\,000$，$d_2=0.1$，0.11，0.12，…，0.3，那么，第二部类固定资本 c_{f2}、第一部类固定资本 c_{f1}、第一部类不变资本中固定资本与流动资本的比例 b_1、第二部类不变资本中固定资本与流动资本的比例 b_2、生产价格形式的利润率 r 与第二部类固定资本折旧率 d_2 的关系可以用表 6－9 表示。

表 6－9　c_{f2}、c_{f1}、b_1、b_2、r 与 d_2 的关系

d_2	c_{f2}	c_{f1}	b_1	b_2	r
0.10	5 000.00	7 500.00	2.500 00	3.333 33	0.096 118 0
0.11	4 545.45	7 954.55	2.651 52	3.030 30	0.094 236 3
0.12	4 166.67	8 333.33	2.777 78	2.777 78	0.092 718 7
0.13	3 846.15	8 653.85	2.884 62	2.564 10	0.091 468 8
0.14	3 571.43	8 928.57	2.976 19	2.380 95	0.090 421 8
0.15	3 333.33	9 166.67	3.055 56	2.222 22	0.089 532 0
0.16	3 125.00	9 375.00	3.125 00	2.083 33	0.088 766 5
0.17	2 941.18	9 558.82	3.186 27	1.960 78	0.088 100 9
0.18	2 777.78	9 722.22	3.240 74	1.851 85	0.087 517 0
0.19	2 631.58	9 868.42	3.289 47	1.754 39	0.087 000 5
0.20	2 500.00	10 000.00	3.333 33	1.666 67	0.086 540 5
0.21	2 380.95	10 119.05	3.373 02	1.587 30	0.086 128 1
0.22	2 272.73	10 227.27	3.409 09	1.515 15	0.085 756 4
0.23	2 173.91	10 326.09	3.442 03	1.449 28	0.085 419 5
0.24	2 083.33	10 416.67	3.472 22	1.388 89	0.085 112 9
0.25	2 000.00	10 500.00	3.500 00	1.333 33	0.084 832 6
0.26	1 923.08	10 576.92	3.525 64	1.282 05	0.084 575 4
0.27	1 851.85	10 648.15	3.549 38	1.234 57	0.084 338 5
0.28	1 785.71	10 714.29	3.571 43	1.190 48	0.084 119 6
0.29	1 724.14	10 775.86	3.591 95	1.149 43	0.083 916 8
0.30	1 666.67	10 833.33	3.611 11	1.111 11	0.083 728 3

表 6－9 表示的生产价格形式的利润率 r 与第二部类固定资本折旧率 d_2 的关系，可以用图 6－1 表示。

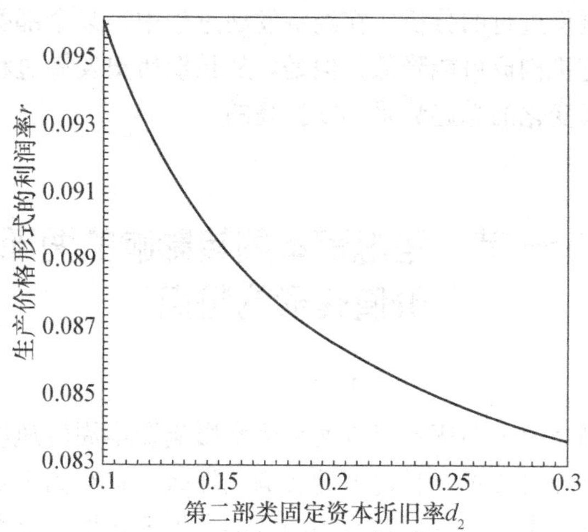

图 6-1　r 与 d_2 的关系

由图 6-1 可以看出，生产价格形式的利润率 r 是第二部类固定资本折旧率 d_2 的单调递减函数。

由表 6-9 和图 6-1 可以看出，随着第二部类固定资本折旧率 d_2 的提高，第二部类固定资本 c_{f2} 减少，第一部类固定资本 c_{f1} 增加，第一部类不变资本中固定资本与流动资本的比例 b_1 提高，第二部类不变资本中固定资本与流动资本的比例 b_2 降低，生产价格形式的利润率 r 降低。

随着第二部类固定资本折旧率 d_2 的提高，第一部类价值形式的资本有机构成 k_1 提高，第二部类价值形式的资本有机构成 k_2 降低，价值形式的总资本有机构成 k 不变且 $k=8.5$，价值形式的平均利润率 r_v 不变且 $r_v=0.105\ 263\ 158$。

因此，如果第二部类固定资本折旧率变化，或者两部类不变资本中固定资本与流动资本的比例变化，那么，可以在价值形式的总资本有机构成与价值形式的平均利润率不变的条件下，改变生产价格形式的利润率，从而影响价值转形。

值得注意的是，这里的考察是按照逻辑进行的分析，不是按照

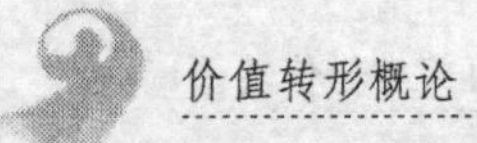

历史发展过程进行的分析。在经济发展过程中，某个部类或某个部门的资本有机构成可能降低，但是，从长期历史发展过程来看，资本有机构成变化的总趋势是不断提高的。

第十一节　考虑资本周转影响的两部类价值转形的特点

资本循环速度与固定资本两个因素影响资本周转速度。如果不考虑资本循环对资本周转速度的影响，那么，只有固定资本影响资本周转速度。考虑资本周转影响的两部类价值转形就是考虑固定资本影响的两部类价值转形。

考虑固定资本影响的两部类价值转形与不考虑固定资本影响的两部类价值转形相比，最显著的区别是固定资本的变化影响价值转形。

不是在任何条件下不变资本中固定资本与流动资本的比例变化都影响价值转形，也不是在任何条件下固定资本折旧率的变化都影响价值转形。

如果只改变第一部类固定资本在不变资本中的比例与固定资本折旧率，或者只改变第二部类固定资本在不变资本中的比例与固定资本折旧率，那么，不影响生产价格形式的利润率，不影响价值转形。

如果改变第二部类固定资本折旧率，改变两部类不变资本中固定资本与流动资本的比例，那么，价值形式的总资本有机构成与价值形式的平均利润率可以不变，但是，生产价格形式的利润率变化。只要生产价格形式的利润率变化，两部类的价值生产价格转化系数、两部类被社会多承认的剩余价值、两部类多得到的剩余价值都发生变化。这样，就必然影响剩余价值在资本家之间的分配，即影响价值转形。

在考虑资本周转影响的两部类价值转形模型中，被社会多承认的剩余价值与多得到的剩余价值的符号相同。

第七章

按照列宁的三部类划分的价值转形

第一节　列宁的部类划分方式

列宁在《论所谓市场问题》一文中，提出了著名的生产资料生产优先增长的理论。他的“制造生产资料的生产资料生产”和“制造消费资料的生产资料生产”是把马克思的第一部类划分为两个分部类；他的“消费资料生产”是马克思的第二部类。为了简化价值转形分析和价值转形模型，如果将每个分部类看作一个部类，那么，列宁的部类和分部类可以看作三个部类。因为列宁最早提出“制造生产资料的生产资料生产”和“制造消费资料的生产资料生产”，所以我将这种部类划分方式称为列宁的三部类划分。

这里在简单再生产条件下，考察按照列宁的三部类划分的价值转形问题。

这里将证明，中等有机构成的部类中生产价格可以不等于价值，生产价格等于价值的部类可以不是中等有机构成的部类；资本有机构成低的部类中生产价格可能高于价值；资本有机构成高的部类中生产价格可能低于价值；生产价格形式的中等资本有机构成与多得到的剩余价值为零等价；被社会多承认的剩余价值和多得到的剩余价值的符号可能相反；生产价格高于价值的部类，得到社会承认的剩余价值多于该部类的工人创造的剩余价值，但是，最终得到的剩余价值可能少于该部类的工人创造的剩余价值；生产价格低于价值的部类，得到社会承认的剩余价值少于该部类的工人创造的剩余价值，但是，最终得到的剩余价值或实际占有的剩余价值可能多于该部类的工人创造的剩余价值。这些结论前人没有证明过。几乎所有学者对这些问题都持有相反看法。其中一些问题，甚至根本没有被意识到。

因为这里考察价值转形问题，所以各部类资本有机构成不完全相同。

第二节　列宁的社会资本再生产理论

马克思的简单再生产条件和扩大再生产条件都是在资本有机构成不变的条件下得到的。

列宁按照马克思资本有机构成不断提高的论断分析了社会资本再生产过程。他认为，技术进步表现为可变资本与不变资本的比值逐渐缩小，最终必然导致第一部类生产比第二部类生产增长更快。他通过一个假设的数值例子证明自己的论断。在这个例子中，各部类追加的不变资本与追加的可变资本的比例高于各部类原有的不变资本与可变资本的比例，使资本有机构成不断提高。他把这个数值

例子的结果，归纳成一个动态的扩大再生产条件下的反映各部类产品价值增长速度的比较表（见表 7-1）。

表 7-1　　价值表

	制造生产资料的生产资料		制造消费资料的生产资料		消费资料		社会总产品	
	价值	百分比	价值	百分比	价值	百分比	价值	百分比
第一年	4 000	100	2 000	100	3 000	100	9 000	100
第二年	4 450	111.25	2 100	105	3 070	102	9 620	107
第三年	4 950	123.75	2 150	107.5	3 134	104	10 234	114
第四年	5 467.5	136.7	2 190	109.5	3 172	106	10 828.5	120

列宁由此得到一个非常重要的结论："增长最快的是制造生产资料的生产资料生产，其次是制造消费资料的生产资料生产，最慢的是消费资料生产。"① 这是列宁对马克思扩大再生产理论的发展，也是马克思扩大再生产理论的合乎逻辑的推论。列宁指出："即使没有马克思在《资本论》第 2 卷中所作的研究，根据不变资本有比可变资本增长得快的趋势的规律也能得出上面的结论，因为生产资料增长最快这个论点，不过是把这个规律运用于社会总生产时的另一种说法而已。"② 这是从资本有机构成提高，从而劳动生产率提高，对各部类产品价值变化的影响的角度，探讨扩大再生产问题得到的同一个结论。

列宁提出的生产资料生产优先增长理论要求各部类资本有机构成不完全相同，因此，必须进行价值转形。列宁讨论的是扩大再生产问题，这里只阐述简单再生产问题。按照列宁的部类划分方式可以构造三部类价值转形模型。

---

① 列宁全集：第 1 卷［M］. 北京：人民出版社，1984：66.

② 同上书，67 页。

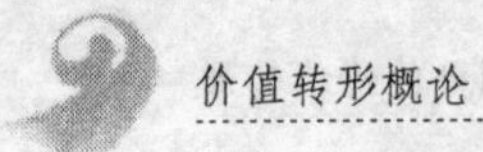

第三节　按照列宁的三部类划分的价值转形的基本关系

一、基本假设条件

为了考察按照列宁的三部类划分的价值转形，需要规定基本假设条件。假设：

(1) 社会生产划分为三部类：第一部类为制造生产资料的生产资料生产，第二部类为制造消费资料的生产资料生产，第三部类为消费资料生产。不考虑非物质生产部门。

(2) 生产过程为简单再生产。

(3) 三部类的剩余价值率相等并且已知。

(4) 三部类的生产价格形式的利润率相等。

(5) 三部类的资本有机构成已知，但是不完全相同。假设第一部类的不变资本、可变资本、剩余价值已知。

(6) 不变资本的价值通过一次生产过程全部转移到产品中去，即不考虑固定资本对资本周转速度的影响。

(7) 资本循环一次的时间为一年，即不考虑资本循环速度的影响。

二、符号规定

c_i、v_i、s_i有双重涵义。一方面，在生产过程中，c_i、v_i、s_i分别表示第 i 部类使用的物化劳动、耗费的必要劳动、耗费的剩余劳动，$i=1, 2, 3$；另一方面，在流通过程中，c_i、v_i、s_i分别表示第 i 部类使用的不变资本、使用的或耗费的可变资本、工人创造的剩余价值。

a_i表示第 i 部类的价值生产价格转化系数。

s_{ai}表示第 i 部类被社会多承认的剩余价值。

s_{ti}表示第 i 部类多得到的或多实现的剩余价值。

k_i表示第 i 部类的价值形式的资本有机构成。

r_i表示第 i 部类的生产价格形式的利润率。

r 为生产价格形式的平均利润率。

e 为剩余价值率。

三、价值形式的简单再生产条件

第一部类的产品在简单再生产过程中补偿第一部类和第二部类耗费的生产资料。因此，第一部类生产过程中耗费的物化劳动、必要劳动和剩余劳动之和等于为了维持再生产、生产补偿第一部类和第二部类耗费的生产资料所需要的劳动之和，即

$$c_1+v_1+s_1=c_1+c_2 \tag{7—1}$$

第二部类的产品在简单再生产过程中补偿第三部类耗费的生产资料。因此，第二部类生产过程中耗费的物化劳动、必要劳动和剩余劳动之和等于为了维持再生产、生产补偿第三部类耗费的生产资料所需要的劳动，即

$$c_2+v_2+s_2=c_3 \tag{7—2}$$

第三部类的产品在简单再生产过程中提供各部类工人和资本家生活需要的生活资料。因此，第三部类生产过程中耗费的物化劳动、必要劳动和剩余劳动之和等于为了维持再生产、提供各部类工人的生活资料所需要的劳动与提供各部类资本家消费的生活资料所需要的劳动之和，即

$$c_3+v_3+s_3=v_1+v_2+v_3+s_1+s_2+s_3 \tag{7—3}$$

在这三个方程中，由任意两个方程可以推导出另一个方程。因此，只有两个独立方程。如果没有特殊约定，那么，由于第一个方

程和第二个方程更简单，可以选择前两个方程。

价值形式的再生产条件是价值转形中最重要的和最基本的条件。

四、资本有机构成

第 i 部类生产过程中使用的物化劳动与耗费的必要劳动之比，或者第 i 部类的不变资本与可变资本之比，就是第 i 部类的资本有机构成，即

$$\frac{c_i}{v_i}=k_i \tag{7—4}$$

各部类的资本有机构成都是已知常数。通常，各部类的资本有机构成不完全相同。如果各部类的资本有机构成完全相同，剩余价值率也相同，那么，价值形式的利润率一定相同，就不需要价值转形了。

五、剩余价值率相等

在资本主义生产条件下，劳动力可以自由流动。如果各部类资本对劳动的剥削程度不同，那么，劳动力会流动到剥削程度低的部类。因此，不同部类的资本对劳动的剥削程度相同或剩余价值率相等。剩余价值率为剩余劳动与必要劳动之比，即

$$\frac{s_1}{v_1}=\frac{s_2}{v_2}=\frac{s_3}{v_3}=e \tag{7—5}$$

剩余价值率相等是价值转形的基本条件之一。

六、被社会多承认的剩余价值与价值生产价格转化系数

第 i 部类的商品本身的价值为 $c_i+v_i+s_i$，被社会多承认的剩余

价值为 s_{ai}，得到社会承认的剩余价值为 s_i+s_{ai}，得到社会承认的价值为 $c_i+v_i+s_i+s_{ai}$。第 i 部类的价值生产价格转化系数为得到社会承认的价值与商品本身的价值之比，即

$$a_i=\frac{c_i+v_i+s_i+s_{ai}}{c_i+v_i+s_i} \tag{7—6}$$

第 i 部类的价值生产价格转化系数 a_i 是无量纲的纯系数，表示社会对第 i 部类产品价值的承认程度或第 i 部类产品的生产价格与价值的偏离程度。

七、分配剩余价值不改变生产过程中已经耗费的劳动

当资本家在流通过程中重新分配剩余价值时，生产过程已经结束，不能改变生产过程中已经耗费的劳动。因此，无论按照什么形式分配剩余价值，剩余劳动总量都不变。因此，三部类被社会多承认的剩余价值互相抵消，即

$$s_{a1}+s_{a2}+s_{a3}=0 \tag{7—7}$$

上式表明，一个部类多得到社会承认的剩余价值正是其他部类少得到社会承认的剩余价值。

八、三部类生产价格形式的利润率相等

在流通过程中，产品按照生产价格量相等进行交换，满足生产价格形式的再生产条件。第一部类产品的生产价格为 $a_1(c_1+v_1+s_1)$。该部类使用的生产资料的生产价格为 a_1c_1，工人需要得到的生活资料的生产价格为 a_3v_1。第一部类以生产价格表示的利润为第一部类产品的生产价格扣除应补偿的生产资料的生产价格和再生产劳动力所需要的生活资料的生产价格之后的余额，即

$$a_1(c_1+v_1+s_1)-a_1c_1-a_3v_1=a_1v_1+a_1s_1-a_3v_1$$

第一部类生产价格形式的资本为 $a_1c_1+a_3v_1$。第一部类生产价格形式的利润率为第一部类生产价格形式的利润 $a_1v_1+a_1s_1-a_3v_1$ 与第一部类生产价格形式的资本 $a_1c_1+a_3v_1$ 之比，即

$$r_1=\frac{a_1v_1+a_1s_1-a_3v_1}{a_1c_1+a_3v_1} \tag{7—8}$$

第二部类产品的生产价格为 $a_2(c_2+v_2+s_2)$。第二部类使用的生产资料的生产价格为 a_1c_2。工人需要得到的生活资料的生产价格为 a_3v_2。第二部类以生产价格表示的利润为第二部类产品的生产价格扣除应补偿的生产资料的生产价格和再生产劳动力所需要的生活资料的生产价格之后的余额，即

$$a_2(c_2+v_2+s_2)-a_1c_2-a_3v_2$$

第二部类生产价格形式的资本为 $a_1c_2+a_3v_2$。第二部类生产价格形式的利润率为第二部类生产价格形式的利润 $a_2(c_2+v_2+s_2)-a_1c_2-a_3v_2$ 与第二部类生产价格形式的资本 $a_1c_2+a_3v_2$ 之比，即

$$r_2=\frac{a_2(c_2+v_2+s_2)-a_1c_2-a_3v_2}{a_1c_2+a_3v_2} \tag{7—9}$$

第三部类产品的生产价格为 $a_3(c_3+v_3+s_3)$。第三部类使用的生产资料的生产价格为 a_2c_3，工人需要得到的生活资料的生产价格为 a_3v_3。第三部类以生产价格表示的利润为第三部类产品的生产价格扣除应补偿的生产资料的生产价格和再生产劳动力所需要的生活资料的生产价格之后的余额，即

$$a_3(c_3+v_3+s_3)-a_2c_3-a_3v_3=a_3(c_3+s_3)-a_2c_3$$

第三部类生产价格形式的资本为 $a_2c_3+a_3v_3$。第三部类生产价格形式的利润率为第三部类生产价格形式的利润 $a_3(c_3+s_3)-a_2c_3$ 与第三部类生产价格形式的资本 $a_2c_3+a_3v_3$ 之比，即

$$r_3=\frac{a_3(c_3+s_3)-a_2c_3}{a_2c_3+a_3v_3} \tag{7—10}$$

在流通过程中，三部类生产价格形式的利润率相等，都等于生产价格形式的平均利润率，即

$$r_1=r_2=r_3=r \tag{7—11}$$

或

$$\begin{aligned} r &= \frac{a_1 v_1 + a_1 s_1 - a_3 v_1}{a_1 c_1 + a_3 v_1} \\ &= \frac{a_2(c_2+v_2+s_2)-a_1 c_2 - a_3 v_2}{a_1 c_2 + a_3 v_2} \\ &= \frac{a_3(c_3+s_3)-a_2 c_3}{a_2 c_3 + a_3 v_3} \end{aligned} \tag{7—12}$$

九、价值转形方程

由生产价格形式的利润率相等条件（7—12）式可以得到

$$(a_1 c_1 + a_3 v_1)(1+r)=a_1(c_1+v_1+s_1) \tag{7—13}$$

$$(a_1 c_2 + a_3 v_2)(1+r)=a_2(c_2+v_2+s_2) \tag{7—14}$$

$$(a_2 c_3 + a_3 v_3)(1+r)=a_3(c_3+v_3+s_3) \tag{7—15}$$

这三个方程就是按照列宁的部类划分的价值转形方程。这些方程表示价值与生产价格之间的联系。从形式上看，在这些方程中，剩余价值或利润表现为预付资本自行增殖的结果，剩余价值的真正来源被掩盖起来。

十、资本家最终得到或最终占有的剩余价值

资本家最终得到的剩余价值，既不是每个部类得到社会承认的剩余价值，也不是工人创造的剩余价值。在简单再生产条件下，每个部类的资本家得到的生产价格形式的利润都用于购买生活资料。生产这些生活资料所耗费的劳动的凝结是资本家最终得到的剩余价值。

三个部类资本家实际得到的剩余价值分别为（s_1+s_{t2}）、（s_2+s_{t2}）、（s_3+s_{t3}）。因为这些剩余价值都用于购买生活资料，即交换第三部类的产品，所以资本家最终得到的剩余价值要乘以第三部类的价值生产价格转化系数，才等于生产价格形式的利润。三个部类资本家最终得到的剩余价值与生产价格形式的利润的关系可以分别表示为

$$(a_1c_1+a_3v_1)r=a_3(s_1+s_{t1}) \qquad (7—16)$$

$$(a_1c_2+a_3v_2)r=a_3(s_2+s_{t2}) \qquad (7—17)$$

$$(a_2c_3+a_3v_3)r=a_3(s_3+s_{t3}) \qquad (7—18)$$

上面各方程，构成简单再生产条件下按照列宁的三部类划分的价值转形的基本关系。

第四节 按照列宁的三部类划分的价值转形模型

按照列宁的部类划分方式，简单再生产条件下的价值转形模型表示为

$$v_1+s_1=c_2 \qquad (7—19)$$

$$c_2+v_2+s_2=c_3 \qquad (7—20)$$

$$\frac{c_2}{v_2}=k_2 \qquad (7—21)$$

$$\frac{c_3}{v_3}=k_3 \qquad (7—22)$$

$$\frac{s_1}{v_1}=\frac{s_2}{v_2} \qquad (7—23)$$

$$\frac{s_1}{v_1}=\frac{s_3}{v_3} \qquad (7—24)$$

$$a_1=\frac{c_1+v_1+s_1+s_{a1}}{c_1+v_1+s_1} \qquad (7—25)$$

$$a_2=\frac{c_2+v_2+s_2+s_{a2}}{c_2+v_2+s_2} \tag{7—26}$$

$$a_3=\frac{c_3+v_3+s_3+s_{a3}}{c_3+v_3+s_3} \tag{7—27}$$

$$s_{a1}+s_{a2}+s_{a3}=0 \tag{7—28}$$

$$(a_1c_1+a_3v_1)(1+r)=a_1(c_1+v_1+s_1) \tag{7—29}$$

$$(a_1c_2+a_3v_2)(1+r)=a_2(c_2+v_2+s_2) \tag{7—30}$$

$$(a_2c_3+a_3v_3)(1+r)=a_3(c_3+v_3+s_3) \tag{7—31}$$

$$(a_1c_1+a_3v_1)r=a_3(s_1+s_{t1}) \tag{7—32}$$

$$(a_1c_2+a_3v_2)r=a_3(s_2+s_{t2}) \tag{7—33}$$

$$(a_2c_3+a_3v_3)r=a_3(s_3+s_{t3}) \tag{7—34}$$

按照列宁的三部类划分方式，在简单再生产条件下的价值转形模型中，各关系式分别表示：

(7—19) 式、(7—20) 式为简单再生产条件。

(7—21) 式、(7—22) 式为第二部类和第三部类的资本有机构成。

(7—23) 式、(7—24) 式为剩余价值率相等条件。

(7—25) 式、(7—26) 式、(7—27) 式为价值生产价格转化系数定义。

(7—28) 式表示各部类被社会多承认的剩余价值互相抵消。

(7—29) 式、(7—30) 式、(7—31) 式为价值转形方程。

(7—32) 式、(7—33) 式、(7—34) 式为生产价格形式的利润与实际得到的价值形式的利润之间的关系。

该模型包括两个子方程组，共 16 个方程。

前 6 个方程构成简单再生产条件方程组。

按照列宁的三部类划分方式，在简单再生产条件下的价值转形模型中，简单再生产条件方程组反映生产过程中各部类耗费的物化劳动、耗费的活劳动中的必要劳动、耗费的活劳动中的剩余劳动之间的关系，满足价值形式的简单再生产条件，满足价值规律。

后 10 个方程构成价值转形方程组。

按照列宁的三部类划分方式，在简单再生产条件下的价值转形模型中，价值转形方程组反映价值与生产价格之间的联系，反映流通过程中各部类生产价格形式的资本、生产价格形式的平均利润率、价值生产价格转化系数、被社会多承认的剩余价值与不变资本、可变资本、剩余价值之间的关系，也反映各部类生产价格形式的利润与资本家实际得到的剩余价值之间的关系。该方程组满足生产价格形式的再生产条件和平均利润条件。

该模型包括16个方程。其中，c_1、v_1、s_1、k_2、k_3这5个变量为已知量。c_2、c_3、v_2、v_3、s_2、s_3、s_{a1}、s_{a2}、s_{a3}、s_{t1}、s_{t2}、s_{t3}、a_1、a_2、a_3、r这16个变量为未知变量。由16个独立方程可以求得唯一解。

上述价值转形模型是第一部类的不变资本、可变资本、剩余价值已知情况下，简单再生产条件下按照列宁的部类划分的三部类价值转形模型。

如果假设条件改变为c_2、v_2、s_2、k_1已知，那么，只要将（7—21）式中的方程$c_2/v_2=k_2$改变为$c_1/v_1=k_1$，即可构成第二部类的不变资本、可变资本、剩余价值已知情况下，简单再生产条件下按照列宁的部类划分的三部类价值转形模型。

如果假设条件改变为c_3、v_3、s_3、k_1已知，那么，只要将（7—22）式中的方程$c_3/v_3=k_3$改变为$c_1/v_1=k_1$，即可构成第三部类的不变资本、可变资本、剩余价值已知情况下，简单再生产条件下按照列宁的部类划分的三部类价值转形模型。

第五节　按照列宁的三部类划分的价值转形的四个系统

一、列宁的三部类价值转形模型的四个系统

在价值转形过程中，一共有四个系统：价值转形前工人创造的

剩余价值和价值系统；价值转形后得到社会承认的剩余价值和价值，即社会承认的价值形式的利润和生产价格系统；价值转形后生产价格形式的利润和价格形式的生产价格系统；价值转形后资本家实际得到的剩余价值和价值，即实现的价值形式的利润和生产价格系统。

价值转形中这四个系统可以用表 7－2 至表 7－5 表示。

表 7－2　价值转形前工人创造的剩余价值和价值

部类	不变资本	可变资本	剩余价值	产品价值
1	c_1	v_1	s_1	$c_1+v_1+s_1=c_1+c_2$
2	c_2	v_2	s_2	$c_2+v_2+s_2=c_3$
3	c_3	v_3	s_3	$c_3+v_3+s_3$ $=v_1+v_2+v_3+s_1+s_2$ $+s_3$
总和	$c_1+c_2+c_3$	$v_1+v_2+v_3$	$s_1+s_2+s_3$	$c_1+v_1+s_1+c_2$ $+v_2+s_2+c_3+v_3+s_3$

表 7－3　价值转形后价值形式的利润和生产价格（社会承认的）

部类	不变资本	可变资本	利润（社会承认的剩余价值）	生产价格（社会承认的价值）
1	c_1	v_1	s_1+s_{a1}	$c_1+v_1+s_1+s_{a1}$
2	c_2	v_2	s_2+s_{a2}	$c_2+v_2+s_2+s_{a2}$
3	c_3	v_3	s_3+s_{a3}	$c_3+v_3+s_3+s_{a3}$
总和	$c_1+c_2+c_3$	$v_1+v_2+v_3$	$s_1+s_2+s_3$	$c_1+v_1+s_1+c_2+v_2$ $+s_2+c_3+v_3+s_3$

表 7-4　价值转形后生产价格形式的利润和价格形式的生产价格

部类	不变资本	可变资本	利润（生产价格形式）	生产价格（价格形式）
1	a_1c_1	a_3v_1	$(a_1c_1+a_3v_1)r$	$a_1(c_1+v_1+s_1)$ $=(a_1c_1+a_3v_1)(1+r)$ $=c_1+v_1+s_1+s_{a1}$
2	a_1c_2	a_3v_2	$(a_1c_2+a_3v_2)r$	$a_2(c_2+v_2+s_2)$ $=(a_1c_2+a_3v_2)(1+r)$ $=c_2+v_2+s_2+s_{a2}$
3	a_2c_3	a_3v_3	$(a_2c_3+a_3v_3)r$	$a_3(c_3+v_3+s_3)$ $=(a_2c_3+a_3v_3)(1+r)$ $=c_3+v_3+s_3+s_{a3}$
总和	a_1c_1 $+a_1c_2$ $+a_2c_3$	$a_3(v_1$ $+v_2+v_3)$	$(a_1c_1+a_3v_1$ $+a_1c_2+a_3v_2$ $+a_2c_3+a_3v_3)r$	$c_1+v_1+s_1+c_2$ $+v_2+s_2+c_3+v_3+s_3$

表 7-5　　价值转形后价值形式的利润和生产价格（实现的）

部类	不变资本	可变资本	利润（实现的剩余价值）	生产价格（实现的价值）
1	c_1	v_1	s_1+s_{t1} $=(a_1c_1+a_3v_1)r/a_3$	$c_1+v_1+s_1+s_{t1}$
2	c_2	v_2	s_2+s_{t2} $=(a_1c_2+a_3v_2)r/a_3$	$c_2+v_2+s_2+s_{t2}$
3	c_3	v_3	s_3+s_{t3} $=(a_2c_3+a_3v_3)r/a_3$	$c_3+v_3+s_3+s_{t3}$
总和	$c_1+c_2+c_3$	$v_1+v_2+v_3$	$s_1+s_2+s_3$	$c_1+v_1+s_1$ $+c_2+v_2+s_2$ $+c_3+v_3+s_3$

二、列宁的三部类划分价值转形模型的四个系统之间的关系

第一，按照列宁的三部类划分方式，在简单再生产条件下的价值转形模型中，价值转形前工人创造的剩余价值和价值系统，反映生产过程中各部类耗费的物化劳动、必要劳动、剩余劳动之间的关系，如表7-2所示，与（7—19）式、（7—20）式、（7—21）式、（7—22）式、（7—23）式、（7—24）式对应。

第二，价值转形后得到社会承认的价值形式的利润和生产价格系统，如表7-3所示，与（7—25）式、（7—26）式、（7—27）式、（7—28）式对应。

第三，价值转形后生产价格形式的利润和价格形式的生产价格系统，如表7-4所示，与（7—29）式、（7—30）式、（7—31）式对应。这个系统同时满足生产价格形式的平均利润和再生产条件。

值得注意的是，（7—29）式、（7—30）式、（7—31）式只表示按照列宁的部类划分的三部类价值转形方程满足生产价格形式的平均利润条件，不表示这三个方程满足生产价格形式的简单再生产条件。必须满足（7—19）式、（7—20）式表示的按照列宁的部类划分的三部类价值形式的简单再生产条件，（7—29）式、（7—30）式、（7—31）式才满足生产价格形式的简单再生产条件。

第四，价值转形后资本家实际得到的剩余价值和价值系统，如表7-5所示，与（7—32）式、（7—33）式、（7—34）式对应。

价值转形前工人创造的剩余价值和价值，决定按照列宁的部类划分的价值转形后得到社会承认的价值形式的利润和生产价格；价值转形后得到社会承认的价值形式的利润和生产价格，决定价值转形后生产价格形式的利润和价格形式的生产价格；价值转形后生产价格形式的利润和价格形式的生产价格，决定资本家最终得到的剩余价值和价值，也就是实现的价值形式的利润和生产价格。

第六节　按照列宁的三部类划分的价值转形的“两个等于”问题

一、在按照列宁的三部类划分的价值转形中，价值转形后得到社会承认的价值形式的利润和生产价格系统中的“两个等于”问题

在列宁的三部类价值转形模型中，由（7—28）式可以直接得到

$$(s_1+s_{a1})+(s_2+s_{a2})+(s_3+s_{a3})=s_1+s_2+s_3 \tag{7—35}$$

和

$$\begin{aligned}&(c_1+v_1+s_1+s_{a1})+(c_2+v_2+s_2+s_{a2})+(c_3+v_3+s_3+s_{a3})\\&=(c_1+v_1+s_1)+(c_2+v_2+s_2)+(c_3+v_3+s_3)\end{aligned} \tag{7—36}$$

即得到社会承认的价值形式的利润总和等于剩余价值总和；得到社会承认的价值形式的生产价格总和等于价值总和。这是由（7—28）式决定的，不需要证明。

二、在按照列宁的三部类划分的价值转形中，价值转形后生产价格形式的利润和价格形式的生产价格系统中的“两个等于”问题

在价值转形后生产价格形式的利润和价格形式的生产价格系统中，由（7—25）式、（7—26）式、（7—27）式、（7—28）式可以得到，价格形式的生产价格总和或得到社会承认的价值形式的生产价格总和为

$$
\begin{aligned}
&a_1(c_1+v_1+s_1)+a_2(c_2+v_2+s_2)+a_3(c_3+v_3+s_3)\\
=&(c_1+v_1+s_1+s_{a1})+(c_2+v_2+s_2+s_{a2})+(c_3+v_3+s_3+s_{a3})\\
=&(c_1+v_1+s_1)+(c_2+v_2+s_2)+(c_3+v_3+s_3) \qquad (7—37)
\end{aligned}
$$

即价格形式的生产价格总和等于价值总和。但是，生产价格形式的利润总和一般不等于剩余价值总和。

三、在按照列宁的三部类划分的价值转形中，价值转形后资本家得到的剩余价值和价值系统中的“两个等于”问题

在价值转形后资本家实际得到的或实现的价值形式的利润和生产价格系统中，由（7—19）式、（7—20）式、（7—29）式、（7—30）式、（7—31）式、（7—32）式、（7—33）式、（7—34）式可以得到三个部类资本家实际多得到的剩余价值分别为

$$s_{t1}=\left(\frac{a_1}{a_3}-1\right)c_2 \qquad (7—38)$$

$$s_{t2}=\left(\frac{a_2}{a_3}-1\right)c_3-\left(\frac{a_1}{a_3}-1\right)c_2 \qquad (7—39)$$

$$s_{t3}=\left(1-\frac{a_2}{a_3}\right)c_3 \qquad (7—40)$$

由（7—38）式、（7—39）式、（7—40）式可以得到

$$s_{t1}+s_{t2}+s_{t3}=0 \qquad (7—41)$$

因此，三部类资本家实际多得到的剩余价值互相抵消。

三部类资本家实际得到的剩余价值总和

$$(s_1+s_{t1})+(s_2+s_{t2})+(s_3+s_{t3})=s_1+s_2+s_3 \qquad (7—42)$$

三部类资本家实际得到的价值形式的生产价格总和

$$
\begin{aligned}
&(c_1+v_1+s_1+s_{t1})+(c_2+v_2+s_2+s_{t2})+(c_3+v_3+s_3+s_{t3})\\
=&(c_1+v_1+s_1)+(c_2+v_2+s_2)+(c_3+v_3+s_3) \qquad (7—43)
\end{aligned}
$$

因此，资本家实际得到的价值形式的生产价格总和等于价值总和。

可见，马克思“两个等于”的论断，在价值转形后得到社会承认的价值形式的利润和生产价格系统与价值转形前工人创造的剩余价值和价值系统之间成立，在价值转形后资本家实际得到的价值形式的利润和生产价格系统与价值转形前工人创造的剩余价值和价值系统之间也成立。在价值转形后生产价格形式的利润和价格形式的生产价格系统与价值转形前工人创造的剩余价值和价值系统之间，生产价格形式的利润总和不等于剩余价值总和，但是价格形式的生产价格总和等于价值总和。

这就是在列宁的三部类价值转形模型中，“两个等于”成立的范围。

四、在按照列宁的三部类划分的价值转形中，马克思的“两个等于”是生产决定流通的必然结果

值得注意的是，在按照列宁的三部类划分的价值转形中，“两个等于”不是通过（7—42）式、（7—43）式证明的。（7—42）式、（7—43）式只是以数学形式重申剩余价值的生产决定剩余价值的分配。“两个等于”不是价值转形的假设条件，而是必然成立的前提条件。“两个等于”是由生产决定流通的逻辑关系决定的。

第七节 按照列宁的三部类划分的价值转形模型的解

求列宁的三部类价值转形模型的解，通常按照以下顺序：

（1）求参数 σ 和生产价格形式的平均利润率 r。

（2）求价值生产价格转化系数 a_1、a_2、a_3。

（3）求各部类被社会多承认的剩余价值 s_{a1}、s_{a2}、s_{a3}。

（4）求各部类多得到的剩余价值 s_{t1}、s_{t2}、s_{t3}。

一、求参数 σ 和生产价格形式的平均利润率 r

在 s_{a1}、s_{a2}、s_{a3}、a_1、a_2、a_3、r 这七个变量中，可以先求得任何一个变量，再求其他变量。但是，通常先求参数 σ 和生产价格形式的平均利润率 r。

令

$$f_1=\frac{v_1}{c_1} \tag{7—44}$$

$$f_2=\frac{v_2}{c_2} \tag{7—45}$$

$$f_3=\frac{v_3}{c_3} \tag{7—46}$$

$$g_1=\frac{c_1+v_1+s_1}{c_1} \tag{7—47}$$

$$g_2=\frac{c_2+v_2+s_2}{c_2} \tag{7—48}$$

$$g_3=\frac{c_3+v_3+s_3}{c_3} \tag{7—49}$$

$$\sigma=1+r \tag{7—50}$$

将（7—44）式、（7—45）式、（7—46）式、（7—47）式、（7—48）式、（7—49）式、（7—50）式代入（7—25）式、（7—26）式、（7—27）式、（7—28）式、（7—29）式、（7—30）式、（7—31）式可以得到

$$(a_1+a_3f_1)\sigma=a_1g_1 \tag{7—51}$$

$$(a_1+a_3f_2)\sigma=a_2g_2 \tag{7—52}$$

$$(a_2+a_3f_3)\sigma=a_3g_3 \tag{7—53}$$

$$a_1c_1g_1+a_2c_2g_2+a_3c_3g_3=c_1g_1+c_2g_2+c_3g_3 \tag{7—54}$$

由（7—51）式可得

$$a_1=\frac{\sigma f_1 a_3}{g_1-\sigma} \tag{7—55}$$

将（7—55）式代入（7—52）式得

$$a_2=\frac{\sigma a_3}{g_2}\left(\frac{\sigma f_1}{g_1-\sigma}+f_2\right) \tag{7—56}$$

将（7—56）式代入（7—53）式得

$$\sigma\left[\frac{\sigma}{g_2}\left(\frac{\sigma f_1}{g_1-s}+f_2\right)+f_3\right]=g_3 \tag{7—57}$$

（7—57）式可以简化为

$$\sigma^3+\frac{f_2g_1-f_3g_2}{f_1-f_2}\sigma^2+\frac{(f_3g_1+g_3)g_2}{f_1-f_2}\sigma-\frac{g_1g_2g_3}{f_1-f_2}=0 \tag{7—58}$$

（7—58）式是实系数一元三次方程。引入参数

$$a=\frac{f_2g_1-f_3g_2}{f_1-f_2} \tag{7—59}$$

$$b=\frac{(f_3g_1+g_3)g_2}{f_1-f_2} \tag{7—60}$$

$$c=-\frac{g_1g_2g_3}{f_1-f_2} \tag{7—61}$$

将（7—59）式、（7—60）式、（7—61）式代入（7—58）式得

$$\sigma^3+a\sigma^2+b\sigma+c=0 \tag{7—62}$$

令

$$\sigma=x-\frac{a}{3} \tag{7—63}$$

将（7—63）式代入（7—62）式得

$$x^3+\left(b-\frac{a^2}{3}\right)x+\left(\frac{2a^3}{27}-\frac{ab}{3}+c\right)=0 \tag{7—64}$$

令

$$p=b-\frac{a^2}{3} \tag{7—65}$$

$$q=\frac{2a^3}{27}-\frac{ab}{3}+c \tag{7—66}$$

将（7—65）式、（7—66）式代入（7—64）式得

$$x^3+px+q=0 \tag{7—67}$$

该一元三次方程有三个根

$$x_1=\sqrt[3]{-\frac{q}{2}+\sqrt{\frac{q^2}{4}+\frac{p^3}{27}}}+\sqrt[3]{-\frac{q}{2}-\sqrt{\frac{q^2}{4}+\frac{p^3}{27}}} \tag{7—68}$$

$$x_2=\omega_1\sqrt[3]{-\frac{q}{2}+\sqrt{\frac{q^2}{4}+\frac{p^3}{27}}}+\omega_2\sqrt[3]{-\frac{q}{2}-\sqrt{\frac{q^2}{4}+\frac{p^3}{27}}} \tag{7—69}$$

$$x_3=\omega_2\sqrt[3]{-\frac{q}{2}+\sqrt{\frac{q^2}{4}+\frac{p^3}{27}}}+\omega_1\sqrt[3]{-\frac{q}{2}-\sqrt{\frac{q^2}{4}+\frac{p^3}{27}}} \tag{7—70}$$

其中

$$\omega_1=\frac{-1+\sqrt{3}i}{2} \tag{7—71}$$

$$\omega_2=\frac{-1-\sqrt{3}i}{2} \tag{7—72}$$

将（7—68）式、（7—69）式、（7—70）式中具有经济意义的实根代入（7—63）式得到 σ。将 σ 代入（7—50）式可以得到生产价格形式的利润率 r。

二、求价值生产价格转化系数

由（7—51）式、（7—53）式、（7—54）式可以解出 a_1、a_2、a_3。由（7—53）式得

$$a_2=\frac{(g_3-\sigma f_3)a_3}{\sigma} \tag{7—73}$$

将 σ 和（7—51）式、（7—73）式代入（7—54）式得

$$a_3=\frac{c_1g_1+c_2g_2+c_3g_3}{\frac{c_1g_1\sigma f_1}{g_1-\sigma}+\frac{c_2g_2(g_3-\sigma f_3)}{\sigma}+c_3g_3} \tag{7—74}$$

将（7—74）式代入（7—55）式得

$$a_1=\frac{\sigma f_1(c_1g_1+c_2g_2+c_3g_3)}{(g_1-\sigma)\left[\frac{c_1g_1\sigma f_1}{g_1-\sigma}+\frac{c_2g_2(g_3-\sigma f_3)}{\sigma}+c_3g_3\right]} \tag{7—75}$$

将（7—74）式代入（7—73）式得

$$a_2=\frac{(g_3-\sigma f_3)(c_1g_1+c_2g_2+c_3g_3)}{\sigma\left[\frac{c_1g_1\sigma f_1}{g_1-\sigma}+\frac{c_2g_2(g_3-\sigma f_3)}{\sigma}+c_3g_3\right]} \tag{7—76}$$

三、求各部类被社会多承认的剩余价值

将（7—75）式、（7—76）式、（7—74）式的结果 a_1、a_2、a_3 分别代入（7—25）式、（7—26）式、（7—27）式，可以求出各部类被社会多承认的剩余价值 s_{a1}、s_{a2}、s_{a3}。

四、求各部类多得到的剩余价值

将（7—75）式、（7—76）式、（7—74）式的结果 a_1、a_2、a_3 以及（7—50）式的结果 r，代入（7—32）式、（7—33）式、（7—34）式或代入（7—38）式、（7—39）式、（7—40）式，可以求出各部类多得到的剩余价值 s_{t1}、s_{t2}、s_{t3}。

第八节　按照列宁的三部类划分的价值转形的数例

按照列宁的三部类划分方法，考虑到研究的是价值转形问题，

各部类的资本有机构成应该不同，同时考虑简单再生产条件。

假设：第一部类生产过程中耗费的物化劳动或不变资本为 $c_1=2\,400$，耗费的必要劳动或可变资本为 $v_1=600$，耗费的剩余劳动或剩余价值为 $s_1=600$，第二部类和第三部类的资本有机构成分别为 $k_2=3$，$k_3=2$。

由按照列宁三部类划分的价值转形模型中的（7—19）式、（7—20）式、（7—21）式、（7—22）式、（7—23）式、（7—24）式得到：第二部类生产过程中耗费的物化劳动或不变资本为 $c_2=1\,200$，耗费的必要劳动或可变资本为 $v_2=400$，耗费的剩余劳动或剩余价值为 $s_2=400$；第三部类生产过程中耗费的物化劳动或不变资本为 $c_3=2\,000$，耗费的必要劳动或可变资本为 $v_3=1\,000$，耗费的剩余劳动或剩余价值为 $s_3=1\,000$。

这些结果可以用表 7-6 表示。

表 7-6　　　价值转形前工人创造的剩余价值和价值

部类	不变资本	可变资本	剩余价值	产品价值
1	2 400	600	600	3 600
2	1 200	400	400	2 000
3	2 000	1 000	1 000	4 000
总和	5 600	2 000	2 000	9 600

将以上结果代入（7—44）式、（7—45）式、（7—46）式、（7—47）式、（7—48）式、（7—49）式，得 $f_1=1/4$，$f_2=1/3$，$f_3=1/2$，$g_1=3/2$，$g_2=5/3$，$g_3=2$。

将 f_1、f_2、f_3、g_1、g_2、g_3 代入（7—59）式、（7—60）式、（7—61）式，得 $a=4$，$b=-55$，$c=60$。

将 a、b、c 代入（7—65）式、（7—66）式，得 $p=-60.333\,333\,333\,3$，$q=138.074\,074\,074\,1$。

将 p、q 代入（7—68）式、（7—69）式、（7—70）式、（7—71）式、（7—72）式，得实根 $x=2.569\,802\,577\,4$。

将 x 与 a 代入(7—63)式，得 σ=1.236 469 244 1。

将 σ 代入(7—50)式，得 r=0.236 469 244 1。

将 f_1、f_2、f_3、g_1、g_2、g_3、σ 代入(7—75)式、(7—76)式、(7—74)式，得 a_1=1.076 774 101 7，a_2=1.025 849 310 1，a_3=0.917 978 653 4。

将 a_1、a_2、a_3 代入(7—25)式、(7—26)式、(7—27)式，得 s_{a1}=276.386 766 026 2，s_{a2}=51.698 620 186 9，s_{a3}=−328.085 386 213 1。

将 a_1、a_2、a_3、r 代入(7—32)式、(7—33)式、(7—34)式，得 s_{t1}=207.580 576 255 5，s_{t2}=27.437 212 538 9，s_{t3}=−235.017 788 794 4。

由这些结果可以得到表 7-7、表 7-8 和表 7-9。

表 7-7　价值转形后价值形式的利润和生产价格（社会承认的）

部类	不变资本	可变资本	利润（社会承认的剩余价值）	生产价格（社会承认的价值）
1	2 400	600	876.386 77	3 876.386 77
2	1 200	400	451.698 62	2 051.698 62
3	2 000	1 000	671.914 61	3 671.914 61
总和	5 600	2 000	2 000	9 600

表 7-8　价值转形后生产价格形式的利润和价格形式的生产价格

部类	不变资本	可变资本	利润（生产价格形式）	生产价格（价格形式）
1	2 584.257 84	550.787 19	741.341 73	3 876.386 77
2	1 292.128 92	367.191 46	392.378 24	2 051.698 62
3	2 051.698 62	917.978 65	702.237 34	3 671.914 61
总和	5 928.085 39	1 835.957 31	1 835.957 31	9 600

表 7-9　价值转形后价值形式的利润和生产价格（实现的）

部类	不变资本	可变资本	利润（实现的剩余价值）	生产价格（实现的价值）
1	2 400	600	807.580 58	3 807.580 58
2	1 200	400	427.437 21	2 027.437 21
3	2 000	1 000	764.982 21	3 764.982 21
总和	5 600	2 000	2 000	9 600

由表 7-6、表 7-7、表 7-8、表 7-9 可以看出：在按照列宁的三部类划分方法建立的价值转形模型所对应的四个系统中，在价值转形后生产价格形式的利润和价格形式的生产价格表中，生产价格形式的利润总和不等于剩余价值总和，价格形式的生产价格总和等于价值总和。在社会承认的价值形式的利润和生产价格表中，以及在实现的价值形式的利润和生产价格表中，都满足利润总和等于剩余价值总和，生产价格总和等于价值总和。

第九节　中等资本有机构成与价值生产价格转化系数等于 1 不等价

在经济学家中流行一种观点，认为在中等资本有机构成的部类（或部门）中，生产价格与价值相等；在生产价格与价值相等的部类（或部门）中，资本有机构成是中等有机构成。那么，这种流行的观点是否正确？现在来考察这个问题。

一、价值形式的中等资本有机构成与价值生产价格转化系数等于 1 不等价

如果第一部类的不变资本 $c_1=2\ 800$，保持 v_1、s_1、k_2、k_3 不

变，那么，a_2＝1.019 344 811 3，k＝3，k_2＝3。可见，第二部类的资本有机构成等于总资本有机构成，该部类的价值生产价格转化系数不等于1，也就是说，该部类产品的生产价格与价值不相等。

如果第一部类的不变资本 c_1＝3 722.813 05，保持 v_1、s_1、k_2、k_3不变，那么，a_2＝1，k＝3.461 406 525 0，k_2＝3。可见，当第二部类的价值生产价格转化系数等于1时，该部类的资本有机构成不等于总资本有机构成。

如果第一部类的不变资本 c_1＝2 400，保持 v_1、s_1不变，k_2＝2，k_3＝3，那么，a_3＝0.943 822 402 4，k＝3。可见，当 k_3＝k，即第三部类的资本有机构成等于总资本有机构成时，该部类的价值生产价格转化系数不等于1，也就是说，该部类产品的生产价格与价值不相等。

如果第一部类的不变资本 c_1＝1 633.483 11，保持 v_1、s_1不变，k_2＝2，k_3＝3，那么，a_3＝1，k＝2.616 741 555 0，k_3＝3。可见，当第三部类的价值生产价格转化系数等于1时，该部类的资本有机构成不等于总资本有机构成。

可见，如果某个部类的资本有机构成等于中等资本有机构成，那么，价值生产价格转化系数可以不等于1，也就是该部类产品的生产价格与价值可以不相等。如果某个部类的价值生产价格转化系数等于1，也就是该部类产品的生产价格与价值相等，那么，该部类的资本有机构成可以不等于中等资本有机构成。因此，无论在哪个部类（或部门）中，价值形式的中等有机构成与价值生产价格转化系数等于1都不等价。

二、生产价格形式的中等资本有机构成与价值生产价格转化系数等于1不等价

生产价格形式的资本有机构成可以定义为生产价格形式的不变资本与生产价格形式的可变资本之比。用 k_{p1} 表示第一部类生产价格形式的资本有机构成，即

$$k_{p1}=\frac{a_1c_1}{a_3v_1} \tag{7—77}$$

用 k_{p2} 表示第二部类生产价格形式的资本有机构成，即

$$k_{p2}=\frac{a_1c_2}{a_3v_2} \tag{7—78}$$

用 k_{p3} 表示第三部类生产价格形式的资本有机构成，即

$$k_{p3}=\frac{a_2c_3}{a_3v_3} \tag{7—79}$$

用 k_p 表示生产价格形式的总资本有机构成，即

$$k_p=\frac{a_1c_1+a_1c_2+a_2c_3}{a_3(v_1+v_2+v_3)} \tag{7—80}$$

如果第一部类的不变资本 $c_1=2\ 962.645\ 351$，保持 v_1、s_1、k_2、k_3 不变，那么，$a_2=1.016\ 264\ 535\ 1$，$k_{p2}=3.765\ 564\ 437\ 1$，$k_p=3.765\ 564\ 437\ 1$。可见，当第二部类生产价格形式的资本有机构成等于生产价格形式的总资本有机构成时，该部类的价值生产价格转化系数不等于 1，也就是说，产品的生产价格与价值不相等。

如果第一部类的不变资本 $c_1=3\ 722.813\ 05$，保持 v_1、s_1、k_2、k_3 不变，那么，$a_2=1$，$k_{p2}=4.049\ 738\ 693\ 3$，$k_p=4.515\ 735\ 168\ 3$。可见，当第二部类的价值生产价格转化系数等于 1，即产品的生产价格与价值相等时，该部类生产价格形式的资本有机构成不等于生产价格形式的总资本有机构成。

如果第一部类的不变资本 $c_1=2\ 072.727\ 273$，保持 v_1、s_1 不变，$k_2=2$，$k_3=3$，那么，$a_3=0.967\ 272\ 727\ 3$，$k_{p3}=3$，$k_p=3$。可见，当第三部类生产价格形式的资本有机构成等于生产价格形式的总资本有机构成时，该部类的价值生产价格转化系数不等于 1，也就是说，产品的生产价格与价值不相等。

如果第一部类的不变资本 $c_1=1\ 633.483\ 11$，保持 v_1、s_1 不变，

$k_2 = 2$，$k_3 = 3$，那么，$a_3 = 1$，$k_{p3} = 2.916\ 985\ 077\ 0$，$k_p = 2.616\ 741\ 555\ 3$。可见，当第三部类的价值生产价格转化系数等于1，即产品的生产价格与价值相等时，该部类生产价格形式的资本有机构成不等于生产价格形式的总资本有机构成。

可见，如果某个部类的生产价格形式的资本有机构成等于中等资本有机构成，那么，价值生产价格转化系数可以不等于1，也就是该部类产品的生产价格与价值可以不相等。如果某个部类的价值生产价格转化系数等于1，也就是该部类产品的生产价格与价值相等，那么，该部类的生产价格形式的资本有机构成可以不等于中等资本有机构成。因此，无论在哪个部类（或部门）中，生产价格形式的中等有机构成与价值生产价格转化系数等于1不等价。

显然，无论资本有机构成采用价值形式还是生产价格形式，无论在哪个部类（或部门）中，那种认为中等资本有机构成部类（或部门）的生产价格与价值相等，同时生产价格与价值相等的部类（或部门）的资本有机构成是中等资本有机构成的观点，在一般条件下不成立，只在特殊条件下成立。

第十节　在资本有机构成低的部类中生产价格可以高于价值

经济学家普遍认为，在资本有机构成低于中等构成的部类（或部门）中，生产价格低于价值。那么，这种看法是否正确？现在来考察这个问题。

一、在价值形式的资本有机构成低的部类中生产价格可以高于价值

如果第一部类不变资本的取值范围为 $2\ 800 \leqslant c_1 \leqslant 3\ 722.813\ 05$，

例如 c_1＝2 800，2 850，2 900，…，3 700，3 722.813 05，3 750（注：c_1＝3 750 不属于这里讨论的范围，加入 c_1＝3 750 是为了便于作图，下面同类情况不再解释），保持 v_1、s_1、k_2、k_3不变，那么，第一部类的不变资本 c_1、第二部类的资本有机构成 k_2、总资本有机构成 k、第二部类价值生产价格转化系数 a_2之间的关系可以用表 7－10 表示。

表 7－10　　c_1、k_2、k、a_2之间的关系

第一部类不变资本 c_1	第二部类资本有机构成 k_2	总资本有机构成 k	第二部类价值生产价格转化系数 a_2
3 750	3	3.475	0.999 385 037
3 722.813 05	3	3.461 406 525	1
3 700	3	3.450	1.000 515 044
3 650	3	3.425	1.001 640 453
3 600	3	3.400	1.002 760 657
3 550	3	3.375	1.003 875 016
3 500	3	3.350	1.004 982 859
3 450	3	3.325	1.006 083 482
3 400	3	3.300	1.007 176 145
3 350	3	3.275	1.008 260 076
3 300	3	3.250	1.009 334 461
3 250	3	3.225	1.010 398 450
3 200	3	3.200	1.011 451 152
3 150	3	3.175	1.012 491 633
3 100	3	3.150	1.013 518 916
3 050	3	3.125	1.014 531 978
3 000	3	3.100	1.015 529 751
2 950	3	3.075	1.016 511 116
2 900	3	3.050	1.017 474 904
2 850	3	3.025	1.018 419 894
2 800	3	3.000	1.019 344 811

表 7－10 的数据可以用图 7－1 表示。

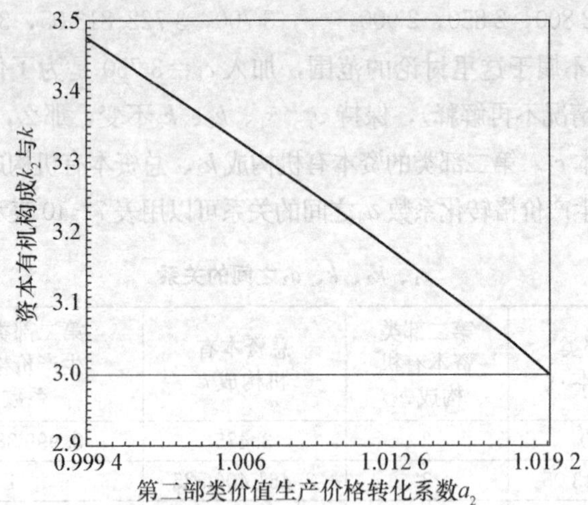

图 7-1 k_2、k 与 a_2 之间的关系

在图 7-1 中，上面的曲线表示总资本有机构成 k 与第二部类价值生产价格转化系数 a_2 的关系，下面的水平直线表示第二部类资本有机构成 k_2 为常数 3。其中，当 $c_1=2\ 800$ 时，$k_2=3$，$k=3$，$a_2=1.019\ 344\ 811$。当 $c_1=3\ 722.813\ 05$ 时，$k_2=3$，$k=3.461\ 406\ 525$，$a_2=1$。

由表 7-10 和图 7-1 可以看出：如果第一部类不变资本的取值范围为 $2\ 800<c_1<3\ 722.813\ 05$，例如 $c_1=2\ 850$，2 900，2 950，…，3 700，保持 v_1、s_1、k_2、k_3 不变，那么，第二部类的资本有机构成 k_2 低于总资本有机构成 k，同时，第二部类的价值生产价格转化系数 a_2 大于 1。

因此，如果某个部类的资本有机构成低于总资本有机构成，那么，在一定范围内，这个部类的价值生产价格转化系数可以大于 1，也就是说，这个部类的生产价格可以高于价值，或者这个部类可以多得到社会承认的一部分剩余价值。

值得注意的是，在表 7-10 中，第二部类价值生产价格转化系数 a_2 不是等差数列。在图 7-1 中，用 Excel 软件作图，使用其中的 vlookup 函数功能，将与横坐标对应的变量第二部类价值生产价格转化系数 a_2 转变为等差数列。本章其他图形同样如此。

值得注意的还有，由于在这里第一部类的不变资本 c_1 发生变化，我们考察的范围已经从考察简单再生产条件下的价值转形扩展到考察所有满足简单再生产必须满足的关系的价值转形，即满足（7—19）式、（7—20）式的价值转形。下面的图表同样如此。

简单再生产必须满足（7—23）式、（7—24）式的关系。但是，满足简单再生产必须满足的关系（7—23）式、（7—24）式，不一定是简单再生产。

二、在生产价格形式的资本有机构成低的部类中生产价格可以高于价值

前面所说的资本有机构成是价值形式的。即使资本有机构成改变为生产价格形式，上述结论仍然成立。

如果第一部类不变资本的取值范围为 2 962.645 351$\leqslant c_1 \leqslant$3 722.813 05，例如 $c_1=2\ 950$，2 962.645 351，3 000，3 050，3 100，…，3 700，3 722.813 05，3 750，保持 v_1、s_1、k_2、k_3 不变，那么，第一部类的不变资本 c_1、第二部类生产价格形式的资本有机构成 k_{p2}、生产价格形式的总资本有机构成 k_p、第二部类价值生产价格转化系数 a_2 的关系可以用表 7 - 11 表示。

表 7 - 11　　c_1、k_{p2}、k_p 与 a_2 的关系

第一部类不变资本 c_1	第二部类生产价格形式的资本有机构成 k_{p2}	生产价格形式的总资本有机构成 k_p	第二部类价值生产价格转化系数 a_2
3 750	4.058 962 239	4.542 972 374	0.999 385 037
3 722.813 05	4.049 738 693	4.515 735 168	1
3 700	4.041 952 146	4.492 898 757	1.000 515 044
3 650	4.024 735 068	4.442 908 712	1.001 640 453
3 600	4.007 308 179	4.393 004 597	1.002 760 657
3 550	3.989 668 644	4.343 188 850	1.003 875 016
3 500	3.971 813 621	4.293 463 991	1.004 982 859

续前表

第一部类不变资本 c_1	第二部类生产价格形式的资本有机构成 k_{p2}	生产价格形式的总资本有机构成 k_p	第二部类价值生产价格转化系数 a_2
3 450	3. 953 740 267	4. 243 832 626	1. 006 083 482
3 400	3. 935 445 740	4. 194 297 450	1. 007 176 145
3 350	3. 916 927 201	4. 144 861 251	1. 008 260 076
3 300	3. 898 181 820	4. 095 526 912	1. 009 334 461
3 250	3. 879 206 783	4. 046 297 414	1. 010 398 450
3 200	3. 859 999 291	3. 997 175 842	1. 011 451 152
3 150	3. 840 556 569	3. 948 165 384	1. 012 491 633
3 100	3. 820 875 873	3. 899 269 340	1. 013 518 916
3 050	3. 800 954 491	3. 850 491 122	1. 014 531 978
3 000	3. 780 789 755	3. 801 834 260	1. 015 529 751
2 962. 645 351	3. 765 564 437	3. 765 564 437	1. 016 264 535
2 950	3. 760 379 045	3. 753 302 405	1. 016 511 116

表 7－11 的数据可以用图 7－2 表示。

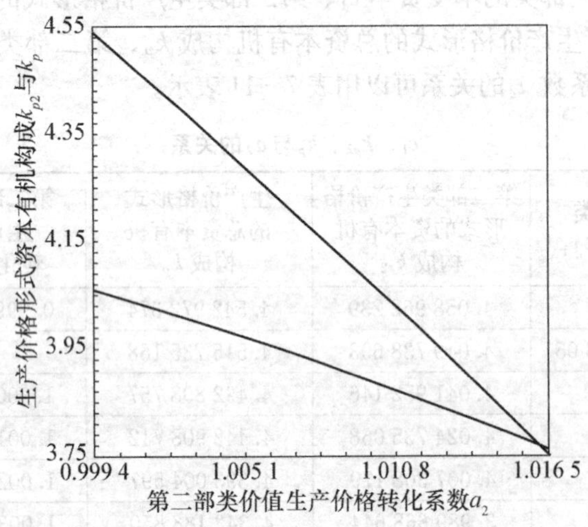

图 7－2　k_{p2}、k_p 与 a_2 之间的关系

图 7－2 中，上面的曲线表示生产价格形式的总资本有机构成 k_p 与第二部类价值生产价格转化系数 a_2 的关系，下面的曲线表示第二部类生产价格形式的资本有机构成 k_{p2} 与第二部类价值生产价格转化系数 a_2 的关系。其中，当 $c_1=2\ 962.645\ 351$ 时，$k_{p2}=3.765\ 564\ 437$，$k_p=3.765\ 564\ 437$，$a_2=1.016\ 264\ 535$。当 $c_1=3\ 722.813\ 05$ 时，$k_{p2}=4.049\ 738\ 693$，$k_p=4.515\ 735\ 168$，$a_2=1$。

由表 7－11 和图 7－2 可以看出：如果第一部类不变资本的取值范围为 $2\ 962.645\ 351<c_1<3\ 722.813\ 05$，例如 $c_1=3\ 000$，3 050，3 100，…，3 700，保持 v_1、s_1、k_2、k_3 不变，那么，第二部类生产价格形式的资本有机构成 k_{p2} 低于生产价格形式的总资本有机构成 k_p，同时，第二部类的价值生产价格转化系数 a_2 大于 1。

因此，如果某个部类生产价格形式的资本有机构成低于生产价格形式的总资本有机构成，那么，在一定范围内，这个部类的价值生产价格转化系数可以大于 1。也就是说，这个部类的生产价格可以高于价值，或者这个部类可以多得到社会承认的一部分剩余价值。

显然，无论资本有机构成采用价值形式还是生产价格形式，无论在哪个部类（或部门）中，如果这个部类（或部门）的资本有机构成低于总资本有机构成，那么，在一定范围内，这个部类（或部门）的生产价格可以高于价值。

第十一节　资本有机构成高的部类中生产价格可以低于价值

经济学家普遍认为，在资本有机构成高于中等构成的部类（或部门）中，生产价格高于价值。那么，这种看法是否正确？现在来考察这个问题。

一、在价值形式的资本有机构成高的部类中生产价格可以低于价值

如果第一部类不变资本的取值范围为 1 633.483 11$\leqslant c_1 \leqslant$2 400，例如 c_1＝1 600，1 633.483 11，1 650，1 700，1 750，…，2 400，保持 v_1、s_1不变，k_2＝2，k_3＝3，那么，第一部类的不变资本 c_1、第三部类的资本有机构成 k_3、总资本有机构成 k、第三部类价值生产价格转化系数 a_3之间的关系可以用表 7－12 表示。

表 7－12　　c_1、k_3、k、a_3之间的关系

第一部类不变资本 c_1	第三部类资本有机构成 k_3	总资本有机构成 k	第三部类价值生产价格转化系数 a_3
2 400	3	3.000	0.943 822 402
2 350	3	2.975	0.947 337 144
2 300	3	2.950	0.950 877 759
2 250	3	2.925	0.954 443 422
2 200	3	2.900	0.958 033 223
2 150	3	2.875	0.961 646 160
2 100	3	2.850	0.965 281 141
2 050	3	2.825	0.968 936 974
2 000	3	2.800	0.972 612 362
1 950	3	2.775	0.976 305 901
1 900	3	2.750	0.980 016 073
1 850	3	2.725	0.983 741 240
1 800	3	2.700	0.987 479 642
1 750	3	2.675	0.991 229 389
1 700	3	2.650	0.994 988 458
1 650	3	2.625	0.998 754 687
1 633.483 11	3	2.616 741 555	1
1 600	3	2.600	1.002 525 774

表 7－12 的数据可以用图 7－3 表示。

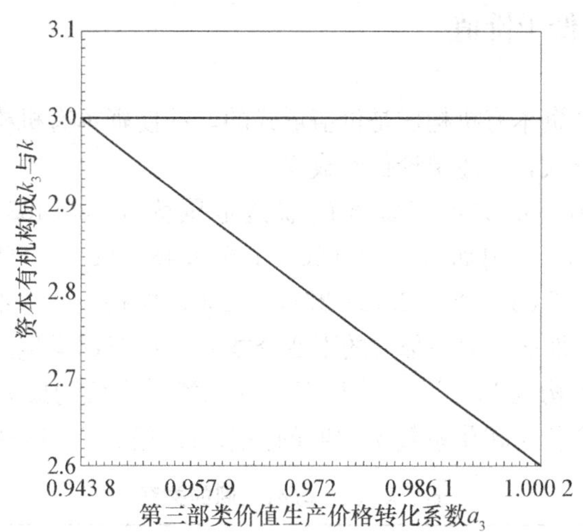

图 7－3　k_3、k 与 a_3 之间的关系

在图 7－3 中，上面的水平直线表示第三部类资本有机构成 k_3 为常数 3，下面的曲线表示总资本有机构成 k 与第三部类价值生产价格转化系数 a_3 的关系。其中，当 $c_1=1\ 633.483\ 11$ 时，$k_3=3$，$k=2.616\ 741\ 555$，$a_3=1$。当 $c_1=2\ 400$ 时，$k_3=3$，$k=3$，$a_3=0.943\ 822\ 402$。

由表 7－12 和图 7－3 可以看出：如果第一部类不变资本的取值范围为 $1\ 633.483\ 11<c_1<2\ 400$，例如 $c_1=1\ 650$，1 700，1 750，…，2 350，保持 v_1、s_1不变，$k_2=2$，$k_3=3$，那么，第三部类的资本有机构成 k_3高于总资本有机构成 k，同时，第三部类的价值生产价格转化系数 a_3小于 1。

因此，如果某个部类的资本有机构成高于总资本有机构成，那么，在一定范围内，这个部类的价值生产价格转化系数可以小于 1。也就是说，这个部类的生产价格可以低于价值或者这个部类可以少得到社会承认的一部分剩余价值。

二、在生产价格形式的资本有机构成高的部类中生产价格可以低于价值

前面的资本有机构成是价值形式的。即使资本有机构成改变为生产价格形式，上述结论仍然成立。

如果第一部类不变资本的取值范围为 1 633.483 11$\leqslant c_1 \leqslant$ 2 072.727 273，例如 $c_1=1\ 600$，1 633.483 11，1 650，1 700，1 750，…，2 050，2 072.727 273，2 100，保持 v_1、s_1不变，$k_2=2$，$k_3=3$，那么，第一部类的不变资本 c_1、第三部类生产价格形式的资本有机构成 k_{p3}、生产价格形式的总资本有机构成 k_p、第三部类价值生产价格转化系数 a_3之间的关系可以用表 7-13 表示。

表 7-13　　c_1、k_{p3}、k_p与 a_3之间的关系

第一部类不变资本 c_1	第三部类生产价格形式的资本有机构成 k_{p3}	生产价格形式的总资本有机构成 k_p	第三部类价值生产价格转化系数 a_3
2 100	3.004 864 803	3.024 442 924	0.965 281 141
2 072.727 273	3	3	0.967 272 727
2 050	2.995 920 234	2.979 684 055	0.968 936 974
2 000	2.986 862 123	2.935 162 441	0.972 612 362
1 950	2.977 690 156	2.890 885 114	0.976 305 901
1 900	2.968 404 134	2.846 859 282	0.980 016 073
1 850	2.959 003 979	2.803 092 325	0.983 741 240
1 800	2.949 489 743	2.759 591 794	0.987 479 642
1 750	2.939 861 616	2.716 365 408	0.991 229 389
1 700	2.930 119 938	2.673 421 048	0.994 988 458
1 650	2.920 265 203	2.630 766 752	0.998 754 687
1 633.483 11	2.916 985 077	2.616 741 555	1
1 600	2.910 298 071	2.588 410 710	1.002 525 774

表 7-13 的数据可以用图 7-4 表示。

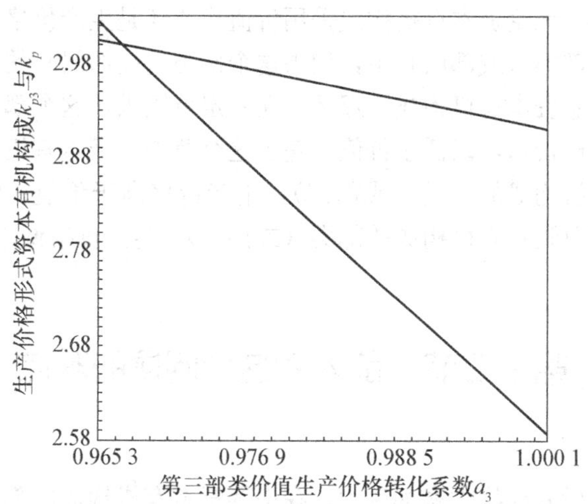

图 7-4 k_{p3}、k_p与a_3之间的关系

在图 7-4 中，上面的曲线表示第三部类生产价格形式的资本有机构成k_{p3}与第三部类价值生产价格转化系数a_3的关系，下面的曲线表示生产价格形式的总资本有机构成k_p与第三部类价值生产价格转化系数a_3的关系。其中，当$c_1=1\ 633.483\ 11$时，$k_{p3}=2.916\ 985\ 077$，$k_p=2.616\ 741\ 555$，$a_3=1$。当$c_1=2\ 072.727\ 273$时，$k_{p3}=3$，$k_p=3$，$a_3=0.967\ 272\ 727$。

由表 7-13 和图 7-4 可以看出：如果第一部类的不变资本的取值范围为$1\ 633.483\ 11<c_1<2\ 072.727\ 273$，例如$c_1=1\ 650$，1 700，1 750，…，2 050，保持$v_1$、$s_1$不变，$k_2=2$，$k_3=3$，那么，第三部类生产价格形式的资本有机构成$k_{p3}$高于生产价格形式的总资本有机构成$k_p$，同时，第三部类的价值生产价格转化系数$a_3$小于 1。

因此，如果某个部类生产价格形式的资本有机构成高于生产价格形式的总资本有机构成，那么，在一定范围内，这个部类的价值生产价格转化系数可以小于 1，也就是说，这个部类的生产价格可以低于价值，或者这个部类可以少得到社会承认的一部分剩余价值。

显然，无论资本有机构成采用价值形式还是生产价格形式，无论在哪个部类（或部门）中，如果这个部类（或部门）的资本有机构成高于总资本有机构成，那么，在一定范围内，这个部类（或部门）的生产价格可以低于价值。超出这个范围，资本有机构成高于总资本有机构成的部类（或部门），生产价格高于价值；资本有机构成低于总资本有机构成的部类（或部门），生产价格低于价值。

第十二节　前人对这个问题的观点

几乎所有经济学家都认为，在中等资本有机构成的部类（或部门）中，生产价格与价值相等；在生产价格与价值相等的部类（或部门）中，资本有机构成是中等构成。他们还认为，在资本有机构成高于中等资本有机构成的部类（或部门）中，生产价格应该高于价值；在资本有机构成低于中等资本有机构成的部类（或部门）中，生产价格应该低于价值。

米克、塞顿、斯拉法等人都持上述观点。尽管这种观点从来没有得到过证明，但是此前的经济学家中几乎没有人怀疑过这种观点。

一、马克思对这个问题的观点

马克思有时认为，在中等资本有机构成的部门中，利润等于这个部门生产的剩余价值，生产价格等于价值。

他认为："对中等构成或接近中等构成的资本来说，生产价格是同价值完全一致或接近一致的，利润是同这些资本所生产的剩余价值完全一致或接近一致的。"①

① 马克思恩格斯全集：第25卷［M］. 北京：人民出版社，1974：194.

他还认为："就资本Ⅱ生产的商品来说，价值小于生产价格，就资本Ⅲ生产的商品来说，生产价格小于价值。只有就资本构成偶然是社会平均构成的生产部门的资本Ⅰ来说，价值才等于生产价格。"① 其中Ⅰ、Ⅱ、Ⅲ分别是资本有机构成等于、高于、低于平均资本有机构成的部门。

马克思有时又认为，在中等资本有机构成的部门中，生产价格可以同价值不一致。

他认为："即使就中等构成的资本所生产的商品来说，成本价格也可能同生产价格的这个组成部分所由以构成的各种要素的价值总额发生偏离。"②

既然在中等资本有机构成的部门中，生产价格形式的资本可以不等于价值，利润等于剩余价值，而生产价格形式的资本与利润之和又等于产品的生产价格，那么，产品的生产价格就可以不等于价值。

可见，马克思对这个问题的阐述不总是一致的。

他阐述的第一种观点是否不正确呢？还不能这样说。因为马克思在价值转形中并没有利用再生产条件，他提出的平均利润率是价值形式的。如果不考虑再生产条件，资本有机构成和平均利润率都是价值形式的，那么，不难证明，中等资本有机构成的部类（或部门）的利润率一定等于平均利润率。同时，利润率等于平均利润率的部类（或部门）的资本有机构成一定等于中等资本有机构成。

假设有 n 个部类（或部门），$i=1, 2, 3, \cdots, n$。价值形式的中等资本有机构成可以表示为

$$k=\frac{\sum_{i=1}^{n} c_i}{\sum_{i=1}^{n} v_i} \tag{7—81}$$

---

① 马克思恩格斯全集：第25卷［M］．北京：人民出版社，1974：184.

② 同上书，230页。

价值形式的平均利润率可以表示为

$$r_v = \frac{\sum_{i=1}^{n} s_i}{\sum_{i=1}^{n}(c_i + v_i)} \tag{7—82}$$

考虑到剩余价值率相等，即

$$e = \frac{s_i}{v_i} \tag{7—83}$$

假设第 i 部类（或部门）为中等资本有机构成的部类（或部门），由（7—81）式、（7—82）式、（7—83）式，该部类（或部门）的价值形式的利润率为

$$r_{vi} = \frac{s_i}{c_i + v_i} = \frac{ev_i}{c_i + v_i} = \frac{e}{\frac{c_i}{v_i} + 1} = \frac{e}{k_i + 1} = \frac{e}{k + 1}$$

$$= \frac{e}{\frac{\sum_{i=1}^{n} c_i}{\sum_{i=1}^{n} v_i} + 1} = \frac{e\sum_{i=1}^{n} v_i}{\sum_{i=1}^{n} c_i + \sum_{i=1}^{n} v_i} = \frac{\sum_{i=1}^{n} s_i}{\sum_{i=1}^{n}(c_i + v_i)} = r_v \tag{7—84}$$

从另一方面看，如果一个部类（或部门）的价值形式的利润率等于价值形式的平均利润率，那么

$$k_i + 1 = \frac{c_i}{v_i} + 1 = \frac{c_i + v_i}{v_i} = \frac{1}{\frac{v_i}{c_i + v_i}} = \frac{1}{\frac{s_i}{e(c_i + v_i)}}$$

$$= \frac{e}{r_{vi}} = \frac{e}{r_v} = \frac{1}{\frac{\sum_{i=1}^{n} s_i}{e\sum_{i=1}^{n}(c_i + v_i)}} = \frac{1}{\frac{\sum_{i=1}^{n} v_i}{\sum_{i=1}^{n}(c_i + v_i)}}$$

$$= \frac{\sum_{i=1}^{n}(c_i + v_i)}{\sum_{i=1}^{n} v_i} = \frac{\sum_{i=1}^{n} c_i}{\sum_{i=1}^{n} v_i} + 1 = k + 1 \qquad (7\text{—}85)$$

因此

$$k_i = k \qquad (7\text{—}86)$$

即这个部类（或部门）的资本有机构成等于中等资本有机构成。

因此，在不考虑再生产条件的情况下，如果资本有机构成以及平均利润率都是价值形式的，那么，中等资本有机构成的部类（或部门）的利润率一定等于平均利润率。同时，利润率等于平均利润率的部类（或部门）的资本有机构成一定等于中等资本有机构成。

问题在于价值转形必须考虑再生产条件，价值转形只能同时实现生产价格形式的再生产条件和平均利润条件。马克思提出了资本生产价格化的任务，如果资本和利润都采用生产价格形式，那么，利润率也应该是生产价格形式的。但是，马克思没有来得及完成这个任务。因此，不能说马克思在这个问题上的观点不正确，只能说他还没有来得及完成价值转形的全部任务。

马克思阐述的第一种观点没有考虑资本生产价格化，而他阐述的第二种观点显然考虑到了资本生产价格化。这种差别导致马克思对这个问题的观点不一致。

二、斯拉法对这个问题的观点

斯拉法的理论建立在一种特殊商品的基础上。这种特殊商品就是所谓的“标准商品”[①]。这种标准商品是由中等资本有机构成的部门生产的商品。他认为这个部门产品的生产价格与价值相等。因此，在斯拉法看来，中等资本有机构成与生产价格等于价值等价。

① 斯拉法. 用商品生产商品——经济理论批判绪论［M］. 巫宝三，译. 北京：商务印书馆，1963：23-31.

这里已经证明，中等资本有机构成与生产价格等于价值不等价。因此，斯拉法理论的基础不成立。他的理论就彻底被颠覆了。

第十三节　生产价格形式中等资本有机构成与多得到的剩余价值为零等价

一、第二部类生产价格形式的资本有机构成是中等有机构成的情况

如果第一部类不变资本的取值范围为 $2\,800 \leqslant c_1 \leqslant 3\,750$，例如 $c_1 = 2\,800$，2 850，2 900，2 950，2 962.645 351，3 000，3 050，3 100，…，3 700，3 722.813 050，3 750，保持 v_1、s_1、k_2、k_3 不变，那么，第一部类的不变资本 c_1、第二部类生产价格形式的资本有机构成与生产价格形式的总资本有机构成之差 $k_{p2}-k_p$、第二部类价值生产价格转化系数 a_2、第二部类多得到的剩余价值 s_{t2} 之间的关系可以用表 7-14 表示。

表 7-14　c_1、$k_{p2}-k_p$、a_2 与 s_{t2} 之间的关系

第一部类不变资本 c_1	$k_{p2}-k_p$	第二部类价值生产价格转化系数 a_2	第二部类多得到的剩余价值 s_{t2}
3 750	−0.484 010 136	0.999 385 037	−34.927 840 378
3 722.813 050	−0.465 996 475	1	−33.793 970 216
3 700	−0.450 946 611	1.000 515 044	−32.838 516 126
3 650	−0.418 173 644	1.001 640 453	−30.731 630 158
3 600	−0.385 696 418	1.002 760 657	−28.607 164 041
3 550	−0.353 520 206	1.003 875 016	−26.465 110 335
3 500	−0.321 650 370	1.004 982 859	−24.305 473 332
3 450	−0.290 092 358	1.006 083 482	−22.128 269 844
3 400	−0.258 851 710	1.007 176 145	−19.933 530 016

续前表

第一部类不变资本 c_1	$k_{p2}-k_p$	第二部类价值生产价格转化系数 a_2	第二部类多得到的剩余价值 s_{t2}
3 350	−0.227 934 051	1.008 260 076	−17.721 298 185
3 300	−0.197 345 092	1.009 334 461	−15.491 633 780
3 250	−0.167 090 632	1.010 398 450	−13.244 612 262
3 200	−0.137 176 551	1.011 451 152	−10.980 326 108
3 150	−0.107 608 814	1.012 491 633	−8.698 885 833
3 100	−0.078 393 467	1.013 518 916	−6.400 421 066
3 050	−0.049 536 631	1.014 531 978	−4.085 081 660
3 000	−0.021 044 505	1.015 529 751	−1.753 038 851
2 962.645 351	0	1.016 264 535	0
2 950	0.007 076 640	1.016 511 116	0.595 513 535
2 900	0.034 820 464	1.017 474 904	2.960 357 834
2 850	0.062 180 563	1.018 419 894	5.341 251 251
2 800	0.089 150 472	1.019 344 811	7.737 924 526

表 7－14 的数据可以用图 7－5 表示。

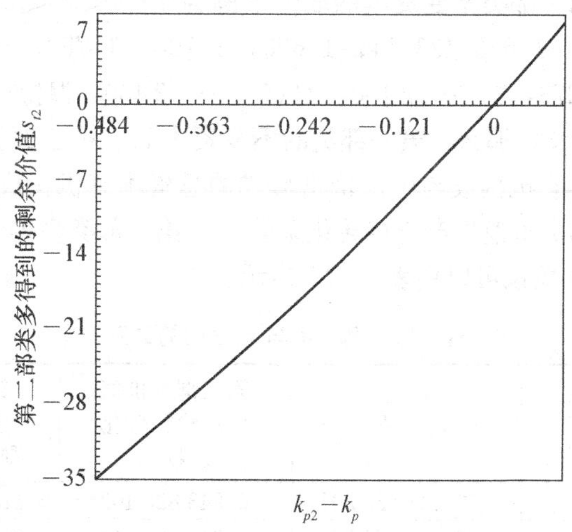

图 7－5　s_{t2} 与 $k_{p2}-k_p$ 之间的关系

由表 7－14 和图 7－5 可以看出：如果第二部类生产价格形式的

资本有机构成 k_{p2} 低于、等于、高于生产价格形式的总资本有机构成 k_p，那么，第二部类多得到的剩余价值 s_{t2} 就小于、等于、大于 0。其中，当 $c_1=2\,962.645\,351$ 时，$k_{p2}-k_p=0$，$a_2=1.016\,264\,535$，$s_{t2}=0$。当 $c_1=3\,722.813\,050$ 时，$k_{p2}-k_p=-0.465\,996\,475$，$a_2=1$，$s_{t2}=-33.793\,970\,216$。

二、第二部类多得到的剩余价值为零的情况

由表 7－14 和图 7－5 可以看出：如果第二部类多得到的剩余价值为零，那么该部类生产价格形式的资本有机构成是中等有机构成。但是，该部类的生产价格与价值不相等。

三、第三部类生产价格形式的资本有机构成是中等有机构成的情况

如果第一部类不变资本的取值范围为 $1\,600 \leqslant c_1 \leqslant 2\,400$，例如 $c_1=1\,600$，1 633.483 11，1 650，1 700，1 750，…，2 050，2 072.727 273，2 100，2 150，2 200，…，2 400，保持 v_1、s_1 不变，$k_2=2$，$k_3=3$，那么，第一部类的不变资本 c_1、第三部类生产价格形式的资本有机构成与生产价格形式的总资本有机构成之差 $k_{p3}-k_p$、第三部类价值生产价格转化系数 a_3、第三部类多得到的剩余价值 s_{t3} 之间的关系可以用表 7－15 表示。

表 7－15　　　　c_1、$k_{p3}-k_p$、a_3 与 s_{t3} 之间的关系

第一部类不变资本 c_1	$k_{p3}-k_p$	第三部类价值生产价格转化系数 a_3	第三部类多得到的剩余价值 s_{t3}
2 400	－0.241 429 227	0.943 822 402	－44.942 078 074
2 350	－0.203 659 899	0.947 337 144	－38.321 894 219
2 300	－0.166 199 041	0.950 877 759	－31.613 931 753
2 250	－0.129 053 468	0.954 443 422	－24.817 524 890

续前表

第一部类不变资本 c_1	$k_{p3}-k_p$	第三部类价值生产价格转化系数 a_3	第三部类多得到的剩余价值 s_{t3}
2 200	−0.092 230 097	0.958 033 223	−17.932 063 213
2 150	−0.055 735 945	0.961 646 160	−10.956 996 906
2 100	−0.019 578 121	0.965 281 141	−3.891 842 244
2 072.727 273	0	0.967 272 727	0
2 050	0.016 236 179	0.968 936 974	3.263 812 668
2 000	0.051 699 682	0.972 612 362	10.510 301 910
1 950	0.086 805 042	0.976 305 901	17.847 875 528
1 900	0.121 544 852	0.980 016 073	25.276 693 087
1 850	0.155 911 654	0.983 741 240	32.796 817 017
1 800	0.189 897 949	0.987 479 642	40.408 205 773
1 750	0.223 496 208	0.991 229 389	48.110 706 824
1 700	0.256 698 890	0.994 988 458	55.904 049 509
1 650	0.289 498 451	0.998 754 687	63.787 837 790
1 633.483 11	0.300 243 522	1	66.411 938 403
1 600	0.321 887 362	1.002 525 774	71.761 542 939

表 7－15 的数据可以用图 7－6 表示。

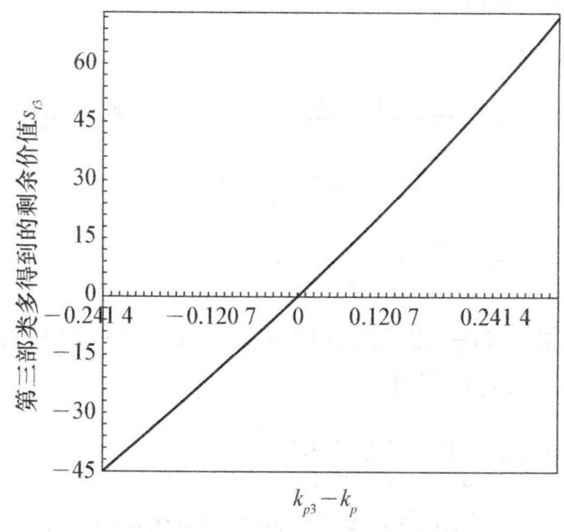

图 7－6　s_{t3} 与 $k_{p3}-k_p$ 之间的关系

由表 7－15 和图 7－6 可以看出：如果第三部类生产价格形式的资本有机构成 k_{p3} 低于、等于、高于生产价格形式的总资本有机构成 k_p，那么，第三部类多得到的剩余价值 s_{t3} 就小于、等于、大于 0。其中，当 $c_1=1\ 633.483\ 11$ 时，$k_{p3}-k_p=0.300\ 243\ 522$，$a_3=1$，$s_{t3}=66.411\ 938\ 403$。当 $c_1=2\ 072.727\ 273$ 时，$k_{p3}-k_p=0$，$a_3=0.967\ 272\ 727$，$s_{t3}=0$。

四、第三部类多得到的剩余价值为零的情况

由表 7－15 和图 7－6 可以看出：如果第三部类多得到的剩余价值为零，那么，该部类生产价格形式的资本有机构成是中等有机构成。但是，该部类的生产价格与价值不相等。

五、上述结论的一般证明

上述结论不难证明。

如果第一部类生产价格形式的资本有机构成等于生产价格形式的总资本有机构成，即

$$k_{p1}=k_p \tag{7—87}$$

那么，由（7—77）式、（7—32）式、（7—5）式可以得到

$$k_{p1}+1=\frac{a_1c_1}{a_3v_1}+1=\frac{a_1c_1+a_3v_1}{a_3v_1}$$

$$=\frac{s_1+s_{t1}}{rv_1}=\frac{1}{r}(e+\frac{s_{t1}}{v_1}) \tag{7—88}$$

由（7—5）式、（7—32）式、（7—33）式、（7—34）式、（7—41）式、（7—80）式可以得到

$$k_p+1=\frac{a_1c_1+a_1c_2+a_2c_3}{a_3(v_1+v_2+v_3)}+1$$

$$=\frac{(a_1c_1+a_3v_1)+(a_1c_2+a_3v_2)+(a_2c_3+a_3v_3)}{a_3(v_1+v_2+v_3)}$$

$$=\frac{(s_1+s_{t1})+(s_2+s_{t2})+(s_3+s_{t3})}{r(v_1+v_2+v_3)}$$

$$=\frac{s_1+s_2+s_3}{r(v_1+v_2+v_3)}=\frac{ev_1+ev_2+ev_3}{r(v_1+v_2+v_3)}$$

$$=\frac{e}{r} \tag{7—89}$$

由（7—87）式、(7—88）式、(7—89）式并考虑到 $r\neq 0$ 可以得到

$$\frac{s_{t1}}{v_1}=0 \tag{7—90}$$

因为 $v_1\neq 0$，所以 $s_{t1}=0$。

如果第二部类生产价格形式的资本有机构成等于生产价格形式的总资本有机构成，即

$$k_{p2}=k_p \tag{7—91}$$

那么，由（7—78）式、(7—33）式、(7—5）式可以得到

$$k_{p2}+1=\frac{a_1c_2}{a_3v_2}+1=\frac{a_1c_2+a_3v_2}{a_3v_2}$$

$$=\frac{s_2+s_{t2}}{rv_2}=\frac{1}{r}\left(e+\frac{s_{t2}}{v_2}\right) \tag{7—92}$$

由（7—89）式、(7—91）式、(7—92）式并考虑到 $r\neq 0$ 可以得到

$$\frac{s_{t2}}{v_2}=0 \tag{7—93}$$

因为 $v_2\neq 0$，所以 $s_{t2}=0$。

如果第三部类生产价格形式的资本有机构成等于生产价格形式的总资本有机构成，即

$$k_{p3}=k_p \tag{7—94}$$

那么，由（7—79）式、(7—34）式、(7—5）式可以得到

$$k_{p3}+1=\frac{a_2c_3}{a_3v_3}+1=\frac{a_2c_3+a_3v_3}{a_3v_3}$$

$$=\frac{s_3+s_{t3}}{rv_3}=\frac{1}{r}\left(e+\frac{s_{t3}}{v_3}\right) \tag{7—95}$$

由（7—89）式、（7—94）式、（7—95）式并考虑到 $r\neq0$ 可以得到

$$\frac{s_{t3}}{v_3}=0 \tag{7—96}$$

因为 $v_3\neq0$，所以 $s_{t3}=0$。

可见，无论哪个部类生产价格形式的资本有机构成等于生产价格形式的总资本有机构成，这个部类多得到的剩余价值一定为零。

如果第一部类多得到的剩余价值为零，即 $s_{t1}=0$，那么，由（7—88）式、（7—89）式可以得到

$$k_{p1}+1=\frac{1}{r}\left(e+\frac{s_{t1}}{v_1}\right)=\frac{e}{r}=k_p+1 \tag{7—97}$$

因此

$$k_{p1}=k_p \tag{7—98}$$

即第一部类生产价格形式的资本有机构成等于生产价格形式的总资本有机构成。

如果第二部类多得到的剩余价值为零，即 $s_{t2}=0$，那么，由（7—89）式、（7—92）式可以得到

$$k_{p2}+1=\frac{1}{r}\left(e+\frac{s_{t2}}{v_2}\right)=\frac{e}{r}=k_p+1 \tag{7—99}$$

因此

$$k_{p2}=k_p \tag{7—100}$$

即第二部类生产价格形式的资本有机构成等于生产价格形式的总资本有机构成。

如果第三部类多得到的剩余价值为零，即 $s_{t3}=0$，那么，由（7—89）式、（7—95）式可以得到

$$k_{p3}+1=\frac{1}{r}\left(e+\frac{s_{t3}}{v_3}\right)=\frac{e}{r}=k_p+1 \qquad (7\text{—}101)$$

因此

$$k_{p3}=k_p \qquad (7\text{—}102)$$

即第三部类生产价格形式的资本有机构成等于生产价格形式的总资本有机构成。

可见，无论哪个部类多得到的剩余价值为零，这个部类生产价格形式的资本有机构成一定等于生产价格形式的总资本有机构成。

因此，在按照列宁的三部类划分方法建立的价值转形模型中，如果一个部类生产价格形式的资本有机构成低于、等于或高于生产价格形式的总资本有机构成，那么，这个部类多得到的剩余价值就小于、等于或大于零。如果一个部类生产价格形式的资本有机构成等于生产价格形式的总资本有机构成，那么，这个部类多得到的剩余价值一定为零。如果一个部类多得到的剩余价值为零，那么，这个部类生产价格形式的资本有机构成一定等于生产价格形式的总资本有机构成。也就是说，生产价格形式的中等资本有机构成与多得到的剩余价值为零等价。

第十四节　被社会多承认的剩余价值和多得到的剩余价值的符号可能相反

一、在被社会多承认的剩余价值大于零的情况下多得到的剩余价值可以小于零

如果第一部类不变资本的取值范围为 $2\ 962.645\ 351 \leqslant c_1 \leqslant 3\ 722.813\ 05$，例如 $c_1 = 2\ 950$，$2\ 962.645\ 351$，$3\ 000$，$3\ 050$，

3 100，…，3 700，3 722.813 05，3 750，保持 v_1、s_1、k_2、k_3 不变，那么，第一部类的不变资本 c_1、第二部类生产价格形式的资本有机构成与生产价格形式的总资本有机构成之差 $k_{p2}-k_p$、第二部类多得到的剩余价值 s_{t2}、第二部类被社会多承认的剩余价值 s_{a2} 之间的关系可以用表 7－16 表示。

表 7－16　c_1、$k_{p2}-k_p$、s_{t2}、s_{a2} 之间的关系

第一部类的不变资本 c_1	$k_{p2}-k_p$	第二部类多得到的剩余价值 s_{t2}	第二部类被社会多承认的剩余价值 s_{a2}
3 750	−0.484 010 136	−34.927 840 378	−1.229 926 068
3 722.81305	−0.465 996 475	−33.793 970 216	0
3 700	−0.450 946 611	−32.838 516 126	1.030 087 112
3 650	−0.418 173 644	−30.731 630 158	3.280 906 390
3 600	−0.385 696 418	−28.607 164 041	5.521 314 176
3 550	−0.353 520 206	−26.465 110 335	7.750 031 952
3 500	−0.321 650 370	−24.305 473 332	9.965 717 674
3 450	−0.290 092 358	−22.128 269 844	12.166 963 080
3 400	−0.258 851 710	−19.933 530 016	14.352 290 916
3 350	−0.227 934 051	−17.721 298 185	16.520 152 077
3 300	−0.197 345 092	−15.491 633 780	18.668 922 657
3 250	−0.167 090 632	−13.244 612 262	20.796 900 931
3 200	−0.137 176 551	−10.980 326 108	22.902 304 240
3 150	−0.107 608 814	−8.698 885 833	24.983 265 812
3 100	−0.078 393 467	−6.400 421 066	27.037 831 508
3 050	−0.049 536 631	−4.085 081 660	29.063 956 494
3 000	−0.021 044 505	−1.753 038 851	31.059 501 862

续前表

第一部类的不变资本 c_1	$k_{p2}-k_p$	第二部类多得到的剩余价值 s_{t2}	第二部类被社会多承认的剩余价值 s_{a2}
2 962.645 351	0	0	32.529 070 205
2 950	0.007 076 640	0.595 513 535	33.022 231 191

表 7-16 的数据可以用图 7-7 表示。

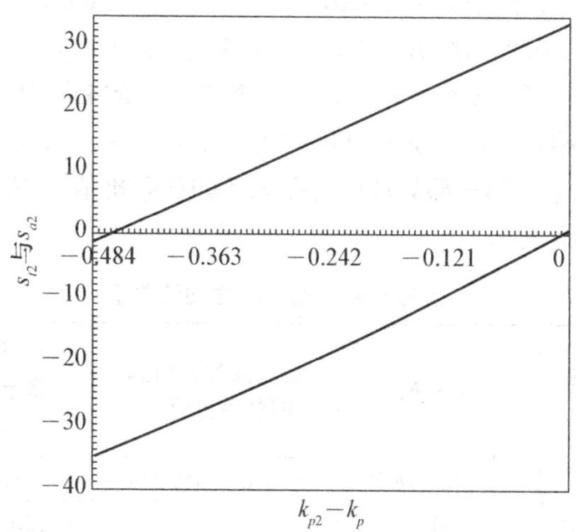

图 7-7　s_{t2}、s_{a2}与 $k_{p2}-k_p$之间的关系

在图 7-7 中，上面的曲线表示第二部类被社会多承认的剩余价值 s_{a2}与 $k_{p2}-k_p$之间的关系，下面的曲线表示第二部类多得到的剩余价值 s_{t2}与 $k_{p2}-k_p$之间的关系。其中，当 $c_1=2\,962.645\,351$ 时，$k_{p2}-k_p=0$，$s_{t2}=0$，$s_{a2}=32.529\,070\,205$。当 $c_1=3\,722.813\,05$ 时，$k_{p2}-k_p=-0.465\,996\,475$，$s_{t2}=-33.793\,970\,216$，$s_{a2}=0$。

由表 7-16 和图 7-7 可以看出：如果第一部类不变资本的取值范围为 $2\,962.645\,351<c_1<3\,722.813\,05$，例如 $c_1=3\,000$，3 050，3 100，…，3 700，保持 v_1、s_1、k_2、k_3不变，那么，第二部类生产价格形式的资本有机构成 k_{p2}低于生产价格形式的总资本有机构成

k_p，同时，第二部类被社会多承认的剩余价值 $s_{a2}>0$，第二部类多得到的剩余价值 $s_{t2}<0$。

二、在被社会多承认的剩余价值小于零的情况下多得到的剩余价值可以大于零

如果第一部类不变资本的取值范围为1 633.483 11 $\leqslant c_1 \leqslant$ 2 072.727 273，例如 $c_1=1\,600$，1 633.483 11，1 650，1 700，1 750，…，2 050，2 072.727 273，2 100，保持 v_1、s_1 不变，$k_2=2$，$k_3=3$，那么，第一部类的不变资本 c_1、第三部类生产价格形式的资本有机构成与生产价格形式的总资本有机构成之差 $k_{p3}-k_p$、第三部类多得到的剩余价值 s_{t3}、第三部类被社会多承认的剩余价值 s_{a3} 之间的关系可以用表 7-17 表示。

表 7-17　c_1、$k_{p3}-k_p$、s_{t3}、s_{a3} 之间的关系

第一部类的不变资本 c_1	$k_{p3}-k_p$	第三部类多得到的剩余价值 s_{t3}	第三部类被社会多承认的剩余价值 s_{a3}
2 100	−0.019 578 121	−3.891 842 244	−138.875 434 882
2 072.727 273	0	0	−130.909 090 989
2 050	0.016 236 179	3.263 812 668	−124.252 103 876
2 000	0.051 699 682	10.510 301 910	−109.550 550 830
1 950	0.086 805 042	17.847 875 528	−94.776 394 352
1 900	0.121 544 852	25.276 693 087	−79.935 707 837
1 850	0.155 911 654	32.796 817 017	−65.035 039 593
1 800	0.189 897 949	40.408 205 773	−50.081 432 865
1 750	0.223 496 208	48.110 706 824	−35.082 445 597
1 700	0.256 698 890	55.904 049 509	−20.046 169 783
1 650	0.289 498 451	63.787 837 790	−4.981 250 223
1 633.483 11	0.300 243 522	66.411 938 403	0
1 600	0.321 887 362	71.761 542 939	10.103 097 520

表 7-17 的数据可以用图 7-8 表示。

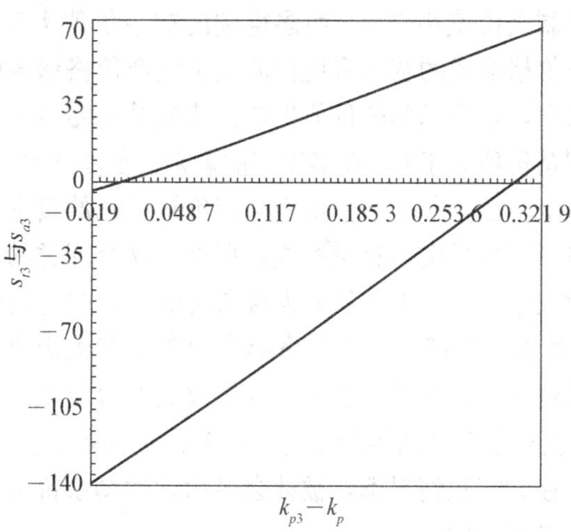

图 7-8　s_{t3}、s_{a3}与 $k_{p3}-k_p$之间的关系

在图 7-8 中，上面的曲线表示第三部类多得到的剩余价值 s_{t3} 与 $k_{p3}-k_p$之间的关系，下面的曲线表示第三部类被社会多承认的剩余价值 s_{a3}与 $k_{p3}-k_p$之间的关系。其中，当 $c_1=1\ 633.483\ 11$ 时，$k_{p3}-k_p=0.300\ 243\ 522$，$s_{t3}=66.411\ 938\ 403$，$s_{a3}=0$。当 $c_1=2\ 072.727\ 273$时，$k_{p3}-k_p=0$，$s_{t3}=0$，$s_{a3}=-130.909\ 090\ 989$。

由表 7-17 和图 7-8 可以看出：如果第一部类不变资本的取值范围为 $1\ 633.483\ 11<c_1<2\ 072.727\ 273$，例如 $c_1=1\ 650$，1 700，1 750，…，2 050，保持 v_1、s_1不变，$k_2=2$，$k_3=3$，那么，第三部类生产价格形式的资本有机构成 k_{p3} 高于生产价格形式的总资本有机构成 k_p，同时，第三部类被社会多承认的剩余价值 $s_{a3}<0$，第三部类多得到的剩余价值 $s_{t3}>0$。

总之，在一个部类中，从生产价格形式的资本有机构成 k_{pi}（$i=1$，2，3）等于生产价格形式的总资本有机构成 k_p，一直到这个部类的价值生产价格转化系数 a_i 等于 1 的范围内，被社会多承认的剩余价值和多得到的剩余价值的符号相反。在此范围内，如果一个部类生产价格形式的资本有机构成高于生产价格形式的总资本

有机构成，那么，这个部类的价值生产价格转化系数小于1，被社会多承认的剩余价值小于0，而多得到的剩余价值大于0；如果一个部类生产价格形式的资本有机构成低于生产价格形式的总资本有机构成，那么，这个部类的价值生产价格转化系数大于1，被社会多承认的剩余价值大于0，而多得到的剩余价值小于0。

超出这个范围，如果一个部类生产价格形式的资本有机构成高于生产价格形式的总资本有机构成，那么，这个部类的价值生产价格转化系数大于1，被社会多承认的剩余价值和多得到的剩余价值都大于0；如果一个部类生产价格形式的资本有机构成低于生产价格形式的总资本有机构成，那么，这个部类的价值生产价格转化系数小于1，被社会多承认的剩余价值和多得到的剩余价值都小于0。也就是说，在大多数情况下，被社会多承认的剩余价值和多得到的剩余价值的符号相同。

三、一般情况下被社会多承认的剩余价值和多得到的剩余价值的符号的关系

前面没有考察第一部类被社会多承认的剩余价值和多得到的剩余价值的符号的关系。这里讨论这个问题。

由（7—38）式可以看出，如果 $a_1/a_3>1$，那么，$s_{t1}>0$；如果 $a_1/a_3<1$，那么，$s_{t1}<0$。由（7—5）式、（7—44）式、（7—47）式、（7—50）式、（7—55）式可以得到

$$\frac{a_1}{a_3}=\frac{\sigma f_1}{g_1-\sigma}=\frac{\frac{v_1}{c_1}}{\frac{c_1+v_1+s_1}{c_1\sigma}-1}=\frac{1}{\frac{k_1+1+e}{1+r}-k_1} \tag{7—103}$$

由于

$$\frac{k_1+1+e}{1+r}-k_1-1=\frac{e-(k_1+1)r}{1+r} \tag{7—104}$$

如果

$$r>\frac{e}{k_1+1} \tag{7—105}$$

那么

$$\frac{k_1+1+e}{1+r}-k_1<1 \tag{7—106}$$

$$\frac{a_1}{a_3}>1 \tag{7—107}$$

由（7—38）式可以得到 $s_{t1}>0$。

如果

$$r<\frac{e}{k_1+1} \tag{7—108}$$

那么

$$\frac{k_1+1+e}{1+r}-k_1>1 \tag{7—109}$$

$$\frac{a_1}{a_3}<1 \tag{7—110}$$

由（7—38）式可以得到 $s_{t1}<0$。

由（7—25）式可以得到：如果 $s_{a1}>0$，那么，$a_1>1$；如果 $s_{a1}<0$，那么，$a_1<1$。

因此，如果 $s_{a1}>0$，并且 $a_3>a_1$，那么，$s_{t1}<0$。如果 $s_{a1}<0$，并且 $a_3<a_1$，那么，$s_{t1}>0$。在这两种情况下，第一部类被社会多承认的剩余价值和多得到的剩余价值的符号相反。

对第二部类和第三部类也可以得到类似的结论。

一般情况下，被社会多承认的剩余价值和多得到的剩余价值的符号的关系可以阐述如下。

由（7—25）式、（7—38）式可以得到：如果 $a_1>1$ 并且 $a_3>a_1$，那么，$s_{a1}>0$，$s_{t1}<0$；如果 $a_1<1$ 并且 $a_3<a_1$，那么，$s_{a1}<0$，$s_{t1}>0$，即 s_{a1} 与 s_{t1} 符号相反。如果 $a_1>1$ 并且 $a_3<a_1$，那么，$s_{a1}>$

0，$s_{t1}>0$；如果 $a_1<1$ 并且 $a_3>a_1$，那么，$s_{a1}<0$，$s_{t1}<0$，即 s_{a1} 与 s_{t1} 符号相同。

由（7—26）式、（7—39）式可以得到：如果 $a_2>1$ 并且 $(a_2/a_3-1)\ c_3<(a_1/a_3-1)\ c_2$，那么，$s_{a2}>0$，$s_{t2}<0$；如果 $a_2<1$ 并且 $(a_2/a_3-1)\ c_3>(a_1/a_3-1)\ c_2$，那么，$s_{a2}<0$，$s_{t2}>0$，即 s_{a2} 与 s_{t2} 符号相反。如果 $a_2>1$ 并且 $(a_2/a_3-1)\ c_3>(a_1/a_3-1)\ c_2$，那么，$s_{a2}>0$，$s_{t2}>0$；如果 $a_2<1$ 并且 $(a_2/a_3-1)\ c_3<(a_1/a_3-1)\ c_2$，那么，$s_{a2}<0$，$s_{t2}<0$，即 s_{a2} 与 s_{t2} 符号相同。

由（7—27）式、（7—40）式可以得到：如果 $a_3>1$ 并且 $a_2>a_3$，那么，$s_{a3}>0$，$s_{t3}<0$；如果 $a_3<1$ 并且 $a_2<a_3$，那么，$s_{a3}<0$，$s_{t3}>0$，即 s_{a3} 与 s_{t3} 符号相反。如果 $a_3>1$ 并且 $a_2<a_3$，那么，$s_{a3}>0$，$s_{t3}>0$；如果 $a_3<1$ 并且 $a_2>a_3$，那么，$s_{a3}<0$，$s_{t3}<0$，即 s_{a3} 与 s_{t3} 符号相同。

这些结论是特别令人感兴趣的。

第十五节　价值形式的利润率等于平均利润率与生产价格等于价值二者不等价

如果第一部类的不变资本 $c_1=2\ 800$，保持 v_1、s_1、k_2、k_3 不变，那么，$r_{v2}=0.25$，$r_v=0.25$，$a_2=1.019\ 344\ 811$。可见，当第二部类的价值形式的利润率等于价值形式的平均利润率时，该部类的价值生产价格转化系数不等于 1。也就是说，该部类产品的生产价格与价值不相等。

如果第一部类的不变资本 $c_1=3\ 722.813\ 05$，保持 v_1、s_1、k_2、k_3 不变，那么，$a_2=1$，$r_{v2}=0.25$，$r_v=0.224\ 144\ 559\ 433\ 53$。可见，当第二部类的价值生产价格转化系数等于 1 时，该部类的价值形式的利润率不等于价值形式的平均利润率。

如果第一部类的不变资本 $c_1=2\ 400$，保持 v_1、s_1 不变，$k_2=2$，

$k_3=3$，那么，$r_{v3}=0.25$，$r_v=0.25$，$a_3=0.943\,822\,402$。可见，当 $r_{v3}=r_v$，即第三部类的价值形式的利润率等于价值形式的平均利润率时，该部类的价值生产价格转化系数不等于 1，也就是说，该部类产品的生产价格与价值不相等。

如果第一部类的不变资本 $c_1=1\,633.483\,11$，保持 v_1、s_1 不变，$k_2=2$，$k_3=3$，那么，$a_3=1$，$r_{v3}=0.25$，$r_v=0.276\,491\,970\,684\,922$。可见，当第三部类的价值生产价格转化系数等于 1 时，该部类的价值形式的利润率不等于价值形式的平均利润率。

可见，当某个部类的价值形式的利润率等于价值形式的平均利润率时，该部类的价值生产价格转化系数可以不等于 1，也就是该部类产品的生产价格与价值可以不相等。当某个部类的价值生产价格转化系数等于 1，也就是该部类产品的生产价格与价值相等时，该部类的价值形式的利润率可以不等于价值形式的平均利润率。

因此，无论在哪个部类（或部门）中，价值形式的利润率等于平均利润率与生产价格等于价值，二者不等价。

第十六节　价值形式的利润率高于平均利润率的部类，生产价格可以高于价值

经济学家普遍认为，价值形式的利润率高于平均利润率的部类，生产价格应该低于价值。那么，这种看法是否正确？现在来考察这个问题。

如果第一部类不变资本的取值范围为 $2\,800\leqslant c_1\leqslant 3\,722.813\,05$，例如 $c_1=2\,800$，$2\,850$，$2\,900$，…，$3\,700$，$3\,722.813\,05$，$3\,750$，保持 v_1、s_1、k_2、k_3 不变，那么，第一部类的不变资本 c_1、第二部类价值形式的利润率 r_{v2}、价值形式的平均利润率 r_v、第二部类价值生产价格转化系数 a_2 之间的关系可以用表 7－18

表示。

表 7-18　c_1、r_{v2}、r_v、a_2之间的关系

第一部类不变资本 c_1	第二部类价值形式的利润率 r_{v2}	价值形式的平均利润率 r_v	第二部类价值生产价格转化系数 a_2
3 750	0.25	0.223 463 687	0.999 385 037
3 722.813 05	0.25	0.224 144 559	1
3 700	0.25	0.224 719 101	1.000 515 044
3 650	0.25	0.225 988 701	1.001 640 453
3 600	0.25	0.227 272 727	1.002 760 657
3 550	0.25	0.228 571 429	1.003 875 016
3 500	0.25	0.229 885 057	1.004 982 859
3 450	0.25	0.231 213 873	1.006 083 482
3 400	0.25	0.232 558 140	1.007 176 145
3 350	0.25	0.233 918 129	1.008 260 076
3 300	0.25	0.235 294 118	1.009 334 461
3 250	0.25	0.236 686 391	1.010 398 450
3 200	0.25	0.238 095 238	1.011 451 152
3 150	0.25	0.239 520 958	1.012 491 633
3 100	0.25	0.240 963 855	1.013 518 916
3 050	0.25	0.242 424 242	1.014 531 978
3 000	0.25	0.243 902 439	1.015 529 751
2 950	0.25	0.245 398 773	1.016 511 116
2 900	0.25	0.246 913 580	1.017 474 904
2 850	0.25	0.248 447 205	1.018 419 894
2 800	0.25	0.25	1.019 344 811

表 7-18 的数据可以用图 7-9 表示。

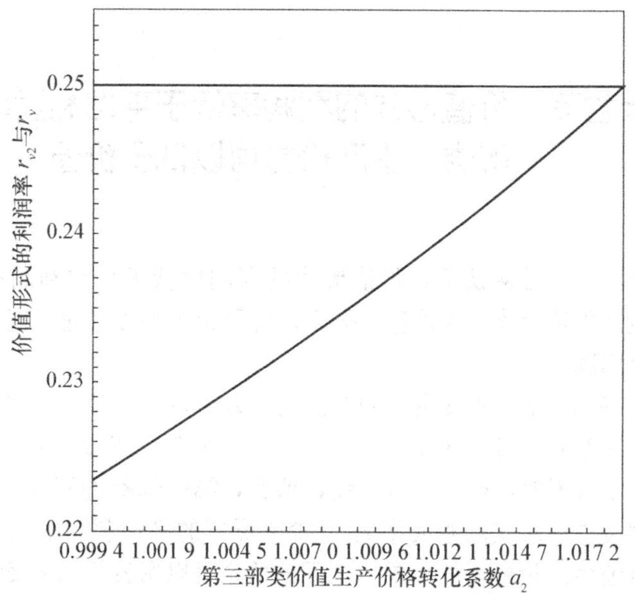

图 7-9　r_{v2}、r_v 与 a_2 之间的关系

在图 7-9 中，上面的水平直线表示第二部类价值形式的利润率 r_{v2} 为常数 0.25，下面的曲线表示价值形式的平均利润率 r_v 与第二部类价值生产价格转化系数 a_2 的关系。其中，当 $c_1=2\,800$ 时，$r_{v2}=0.25$，$r_v=0.25$，$a_2=1.019\,344\,811$。当 $c_1=3\,722.813\,05$ 时，$r_{v2}=0.25$，$r_v=0.224\,144\,559$，$a_2=1$。

由表 7-18 和图 7-9 可以看出：如果第一部类不变资本的取值范围为 $2\,800<c_1<3\,722.813\,05$，例如 $c_1=2\,850$，$2\,900$，$2\,950$，…，$3\,700$，保持 v_1、s_1、k_2、k_3 不变，那么，第二部类的价值形式的利润率 r_{v2} 高于价值形式的平均利润率 r_v，同时，第二部类的价值生产价格转化系数 a_2 大于 1。

因此，如果某个部类的价值形式的利润率高于价值形式的平均利润率，那么，在一定范围内，这个部类的价值生产价格转化系数可以大于 1，也就是说，这个部类的生产价格可以高于价值或者这个部类可以多得到社会承认的一部分剩余价值。

第十七节　价值形式的利润率低于平均利润率的部类，生产价格可以低于价值

经济学家普遍认为，价值形式的利润率低于平均利润率的部类，生产价格应该高于价值。那么，这种看法是否正确？现在来考察这个问题。

如果第一部类不变资本的取值范围为 $1\,633.483\,11 \leqslant c_1 \leqslant 2\,400$，例如 $c_1 = 1\,600$，1 633.483 11，1 650，1 700，1 750，…，2 400，保持 v_1、s_1 不变，$k_2 = 2$，$k_3 = 3$，那么，第一部类的不变资本 c_1、第三部类价值形式的利润率 r_{v3}、价值形式的平均利润率 r_v、第三部类价值生产价格转化系数 a_3 之间的关系可以用表 7－19 表示。

表 7－19　　c_1、r_{v3}、r_v、a_3 之间的关系

第一部类不变资本 c_1	第三部类价值形式的利润率 r_{v3}	价值形式的平均利润率 r_v	第三部类价值生产价格转化系数 a_3
2 400	0.25	0.25	0.943 822 402
2 350	0.25	0.251 572 327	0.947 337 144
2 300	0.25	0.253 164 557	0.950 877 759
2 250	0.25	0.254 777 070	0.954 443 422
2 200	0.25	0.256 410 256	0.958 033 223
2 150	0.25	0.258 064 516	0.961 646 160
2 100	0.25	0.259 740 260	0.965 281 141
2 050	0.25	0.261 437 908	0.968 936 974
2 000	0.25	0.263 157 895	0.972 612 362
1 950	0.25	0.264 900 662	0.976 305 901
1 900	0.25	0.266 666 667	0.980 016 073

续前表

第一部类 不变资本 c_1	第三部类 价值形式的 利润率 r_{v3}	价值形式的 平均利润率 r_v	第三部类 价值生产价格 转化系数 a_3
1 850	0.25	0.268 456 376	0.983 741 240
1 800	0.25	0.270 270 270	0.987 479 642
1 750	0.25	0.272 108 844	0.991 229 389
1 700	0.25	0.273 972 603	0.994 988 458
1 650	0.25	0.275 862 069	0.998 754 687
1 633.483 11	0.25	0.276 491 971	1
1 600	0.25	0.277 777 778	1.002 525 774

表 7－19 的数据可以用图 7－10 表示。

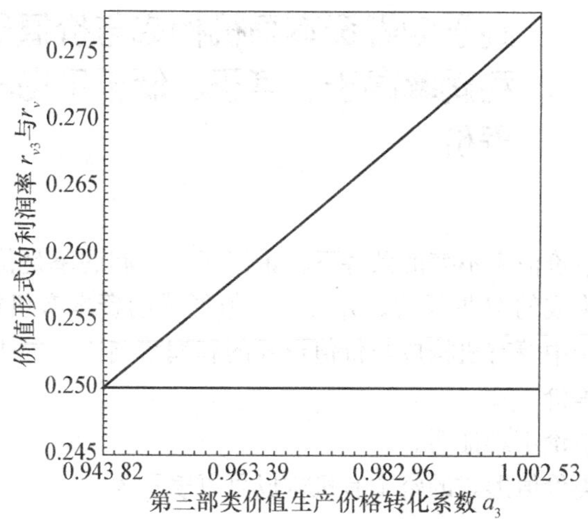

图 7－10　r_{v3}、r_v与a_3之间的关系

在图 7－10 中，上面的曲线表示价值形式的平均利润率 r_v与第三部类价值生产价格转化系数a_3的关系，下面的水平直线表示第三部类价值形式的利润率 r_{v3}为常数 0.25。其中，当 c_1＝1 633.483 11 时，r_{v3}＝0.25，r_v＝0.276 491 971，a_3＝1。当 c_1＝2 400 时，r_{v3}＝

0.25，r_v=0.25，a_3=0.943 822 402。

由表 7-19 和图 7-10 可以看出：如果第一部类不变资本的取值范围为 1 633.483 11＜c_1＜2 400，例如 c_1＝1 650，1 700，1 750，…，2 350，保持 v_1、s_1不变，k_2=2，k_3=3，那么，第三部类的价值形式的利润率 r_{v3} 低于价值形式的平均利润率 r_v，同时，第三部类的价值生产价格转化系数 a_3 小于 1。

因此，如果某个部类的价值形式的利润率低于价值形式的平均利润率，那么，在一定范围内，这个部类的价值生产价格转化系数可以小于 1，也就是说，这个部类的生产价格可以低于价值，或者这个部类可以少得到社会承认的一部分剩余价值。

第十八节　价值形式的资本有机构成低于、等于、高于中等资本有机构成与价值形式的利润率高于、等于、低于平均利润率等价

在剩余价值率不变的条件下，价值形式的利润率是价值形式的资本有机构成的双曲函数。并且，价值形式的资本有机构成低于、等于、高于中等有机构成与价值形式的利润率高于、等于、低于平均利润率等价。

这个结论不难证明。

某部类价值形式的资本有机构成可以表示为

$$k_i=\frac{c_i}{v_i} \tag{7—111}$$

其中，i=1，2，3，分别表示第一部类、第二部类、第三部类。价值形式的总资本有机构成可以表示为

$$k=\frac{c_1+c_2+c_3}{v_1+v_2+v_3} \tag{7—112}$$

某部类价值形式的利润率为

$$r_{vi}=\frac{s_i}{c_i+v_i}=\frac{ev_i}{c_i+v_i}=\frac{e}{\frac{c_i}{v_i}+1}=\frac{e}{k_i+1} \tag{7—113}$$

价值形式的平均利润率为

$$\begin{aligned} r_v &= \frac{s_1+s_2+s_3}{c_1+c_2+c_3+v_1+v_2+v_3} \\ &= \frac{e(v_1+v_2+v_3)}{c_1+c_2+c_3+v_1+v_2+v_3} \\ &= \frac{e}{\frac{c_1+c_2+c_3}{v_1+v_2+v_3}+1}=\frac{e}{k+1} \end{aligned} \tag{7—114}$$

（7—113）式表示，第 i 部类价值形式的利润率是这个部类价值形式的资本有机构成的双曲函数。（7—114）式表示，价值形式的平均利润率是总资本有机构成的双曲函数。

由（7—113）式、（7—114）式可以得到

$$\frac{r_v}{r_{vi}}=\frac{\frac{e}{k+1}}{\frac{e}{k_i+1}}=\frac{k_i+1}{k+1} \tag{7—115}$$

由（7—115）式可以看出：当 $k_i<k$ 时，$r_{vi}>r_v$；当 $k_i=k$ 时，$r_{vi}=r_v$；当 $k_i>k$ 时，$r_{vi}<r_v$。因此，价值形式的资本有机构成低于、等于、高于中等资本有机构成与价值形式的利润率高于、等于、低于平均利润率等价。

表 7 - 10 和图 7 - 1 证明，如果某个部类的资本有机构成低于总资本有机构成，那么，在一定范围内，这个部类的价值生产价格转化系数可以大于 1，或这个部类的生产价格可以高于价值。表 7 - 18 和图 7 - 9 证明，如果某个部类的价值形式的利润率高于价值形式的平均利润率，那么，在一定范围内，这个部类的价值生产价格转化系数可以大于 1，或这个部类的生产价格可以高于价值。

因为，如果某个部类的资本有机构成低于总资本有机构成，那么，这个部类的价值形式的利润率一定高于价值形式的平均利润率，所以，这两个证明是等价的。

表 7-12 和图 7-3 证明，如果某个部类的资本有机构成高于总资本有机构成，那么，在一定范围内，这个部类的价值生产价格转化系数可以小于 1，或这个部类的生产价格可以低于价值。表 7-19 和图 7-10 证明，如果某个部类的价值形式的利润率低于价值形式的平均利润率，那么，在一定范围内，这个部类的价值生产价格转化系数可以小于 1，或这个部类的生产价格可以低于价值。

因为，如果某个部类的资本有机构成高于总资本有机构成，那么，这个部类的价值形式的利润率一定低于价值形式的平均利润率，所以，这两个证明是等价的。

第十九节　价值形式的利润率等于平均利润率与多得到的剩余价值为零二者不等价

如果第一部类的不变资本 $c_1=2\ 800$，保持 v_1、s_1、k_2、k_3 不变，那么，$r_{v2}=0.25$，$r_v=0.25$，$s_{t2}=7.737\ 924\ 526\ 226\ 0$。可见，当$r_{v2}=r_v$，即第二部类的价值形式的利润率等于价值形式的平均利润率时，该部类多得到的剩余价值不等于 0。

如果第一部类的不变资本 $c_1=2\ 962.645\ 351$，保持 v_1、s_1、k_2、k_3不变，那么，$s_{t2}=0$，$r_{v2}=0.25$，$r_v=0.245\ 018\ 607\ 816\ 274$。可见，当第二部类多得到的剩余价值等于 0 时，该部类的价值形式的利润率不等于价值形式的平均利润率。

如果第一部类的不变资本 $c_1=2\ 400$，保持 v_1、s_1不变，$k_2=2$，$k_3=3$，那么，$r_{v3}=0.25$，$r_v=0.25$，$s_{t3}=-44.942\ 078\ 074\ 458\ 1$。可见，当 $r_{v3}=r_v$时，即第三部类的价值形式的利润率等于价值形式

的平均利润率，该部类多得到的剩余价值不等于 0。

如果第一部类的不变资本 $c_1=2\ 072.727\ 273$，保持 v_1、s_1 不变，$k_2=2$，$k_3=3$，那么，$s_{t3}=0$，$r_{v3}=0.25$，$r_v=0.260\ 663\ 507\ 099\ 739$。可见，当第三部类多得到的剩余价值等于 0 时，该部类的价值形式的利润率不等于价值形式的平均利润率。

可见，如果某个部类的价值形式的利润率等于价值形式的平均利润率，那么，该部类多得到的剩余价值可以不等于 0。如果某个部类多得到的剩余价值等于 0，那么，该部类的价值形式的利润率可以不等于价值形式的平均利润率。

因此，无论在哪个部类中，价值形式的利润率等于平均利润率与多得到的剩余价值等于 0，二者不等价。这与大多数经济学家的传统观念冲突。

第二十节　价值形式的利润率高于平均利润率的部类，多得到的剩余价值可以大于零

如果第一部类不变资本的取值范围为 $2\ 800\leqslant c_1\leqslant 2\ 962.645\ 351$，例如 $c_1=2\ 790$，2 800，2 810，…，2 960，2 962.645 351，2 970，保持 v_1、s_1、k_2、k_3 不变，那么，第一部类的不变资本 c_1、第二部类价值形式的利润率 r_{v2}、价值形式的平均利润率 r_v、第二部类多得到的剩余价值 s_{t2} 之间的关系可以用表 7-20 表示。

表 7-20　　c_1、r_{v2}、r_v、s_{t2} 之间的关系

第一部类不变资本 c_1	第二部类价值形式的利润率 r_{v2}	价值形式的平均利润率 r_v	第二部类多得到的剩余价值 s_{t2}
2 970	0.25	0.244 798 042	−0.345 875 187

续前表

第一部类 不变资本 c_1	第二部类价值 形式的利润率 r_{v2}	价值形式的 平均利润率 r_v	第二部类多 得到的剩余 价值 s_{t2}
2 962.645 351	0.25	0.245 018 608	0
2 960	0.25	0.245 098 039	0.124 492 386
2 950	0.25	0.245 398 773	0.595 513 535
2 940	0.25	0.245 700 246	1.067 186 441
2 930	0.25	0.246 002 460	1.539 509 245
2 920	0.25	0.246 305 419	2.012 480 045
2 910	0.25	0.246 609 125	2.486 096 903
2 900	0.25	0.246 913 580	2.960 357 834
2 890	0.25	0.247 218 789	3.435 260 814
2 880	0.25	0.247 524 752	3.910 803 778
2 870	0.25	0.247 831 475	4.386 984 614
2 860	0.25	0.248 138 958	4.863 801 171
2 850	0.25	0.248 447 205	5.341 251 251
2 840	0.25	0.248 756 219	5.819 332 615
2 830	0.25	0.249 066 002	6.298 042 978
2 820	0.25	0.249 376 559	6.777 380 008
2 810	0.25	0.249 687 890	7.257 341 331
2 800	0.25	0.25	7.737 924 526
2 790	0.25	0.250 312 891	8.219 127 125

表 7-20 的数据可以用图 7-11 表示。

在图 7-11 中，上面的水平直线表示第二部类价值形式的利润率 r_{v2} 为常数 0.25，下面的曲线表示价值形式的平均利润率 r_v 与第二部类多得到的剩余价值 s_{t2} 之间的关系。其中，当 $c_1=2\,800$ 时，$r_{v2}=0.25$，$r_v=0.25$，$s_{t2}=7.737\,924\,526$。当 $c_1=2\,962.645\,351$ 时，$r_{v2}=0.25$，$r_v=0.245\,018\,608$，$s_{t2}=0$。

由表 7-20 和图 7-11 可以看出：如果第一部类不变资本的取值范围为 $2\,800<c_1<2\,962.645\,351$，例如 $c_1=2\,810$，$2\,820$，

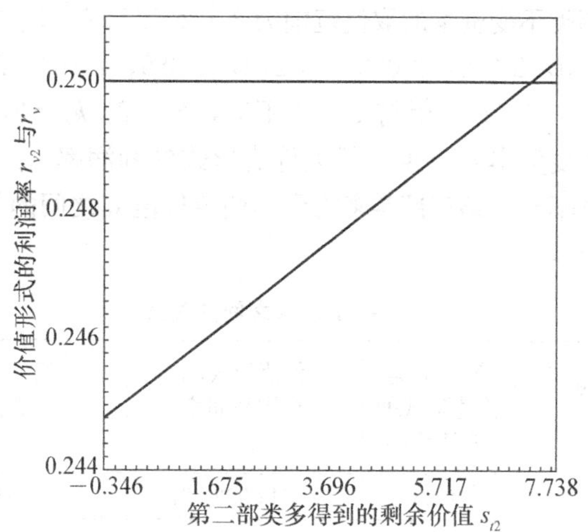

图 7－11　r_{v2}、r_v 与 s_{t2} 之间的关系

2 830，…，2 960，保持 v_1、s_1、k_2、k_3 不变，那么，第二部类的价值形式的利润率 r_{v2} 高于价值形式的平均利润率 r_v。同时，第二部类多得到的剩余价值 s_{t2} 大于 0。

因此，如果某个部类的价值形式的利润率高于价值形式的平均利润率，那么，在一定范围内，这个部类多得到的剩余价值可以大于 0。这与大多数经济学家的传统观念冲突。

超出这个范围，如果某个部类的价值形式的利润率高于价值形式的平均利润率，那么，这个部类多得到的剩余价值小于 0。

第二十一节　价值形式的利润率低于平均利润率的部类，多得到的剩余价值可以小于零

这里考察第三部类价值形式的利润率低于平均利润率的情况。

如果第一部类不变资本的取值范围为2 072.727 273≤c_1≤2 400，例如c_1＝2 055，2 070，2 072.727 273，2 085，2 100，2 115，…，2 385，2 400，2 415，保持v_1、s_1不变，k_2＝2，k_3＝3，那么，第一部类的不变资本c_1、第三部类价值形式的利润率r_{v3}、价值形式的平均利润率r_v、第三部类多得到的剩余价值s_{t3}之间的关系可以用表7－21表示。

表7－21　c_1、r_{v3}、r_v、s_{t3}之间的关系

第一部类不变资本c_1	第三部类价值形式的利润率r_{v3}	价值形式的平均利润率r_v	第三部类多得到的剩余价值s_{t3}
2 415	0.25	0.249 532 127	－46.911 122 23
2 400	0.25	0.25	－44.942 078 07
2 385	0.25	0.250 469 631	－42.965 197 98
2 370	0.25	0.250 941 029	－40.980 462 17
2 355	0.25	0.251 414 205	－38.987 851 20
2 340	0.25	0.251 889 169	－36.987 346 08
2 325	0.25	0.252 365 931	－34.978 928 16
2 310	0.25	0.252 844 501	－32.962 579 26
2 295	0.25	0.253 324 889	－30.938 281 59
2 280	0.25	0.253 807 107	－28.906 017 81
2 265	0.25	0.254 291 163	－26.865 771 05
2 250	0.25	0.254 777 070	－24.817 524 89
2 235	0.25	0.255 264 837	－22.761 263 38
2 220	0.25	0.255 754 476	－20.696 971 07
2 205	0.25	0.256 245 996	－18.624 633 02
2 190	0.25	0.256 739 409	－16.544 234 79
2 175	0.25	0.257 234 727	－14.455 762 49
2 160	0.25	0.257 731 959	－12.359 202 75
2 145	0.25	0.258 231 117	－10.254 542 79

续前表

第一部类不变资本 c_1	第三部类价值形式的利润率 r_{v3}	价值形式的平均利润率 r_v	第三部类多得到的剩余价值 s_{t3}
2 130	0.25	0.258 732 212	−8.141 770 38
2 115	0.25	0.259 235 256	−6.020 873 88
2 100	0.25	0.259 740 260	−3.891 842 24
2 085	0.25	0.260 247 235	−1.754 665 06
2 072.727 273	0.25	0.260 663 507	0
2 070	0.25	0.260 756 193	0.390 667 48
2 055	0.25	0.261 267 146	2.544 164 51

表 7－21 的数据可以用图 7－12 表示。

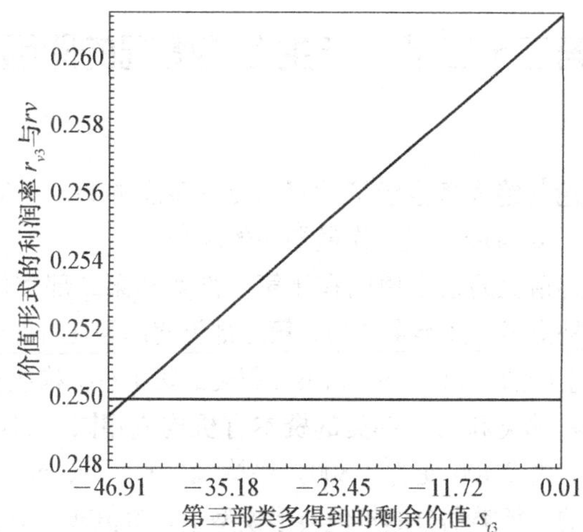

图 7－12 r_{v3}、r_v 与 s_{t3} 之间的关系

在图 7－12 中，上面的曲线表示价值形式的平均利润率 r_v 与第三部类多得到的剩余价值 s_{t3} 之间的关系，下面的水平直线表示第三部类价值形式的利润率 r_{v3} 为常数 0.25。其中，当 c_1＝2 072.727 273 时，r_{v3}＝0.25，r_v＝0.260 663 507，s_{t3}＝0。当 c_1＝2 400 时，

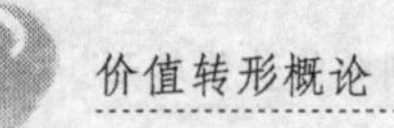

$r_{v3}=0.25$，$r_v=0.25$，$s_{t3}=-44.942\,078\,07$。

由表 7－21 和图 7－12 可以看出：如果第一部类不变资本的取值范围为 $2\,072.727\,273<c_1<2\,400$，例如 $c_1=2\,085$，2 100，2 115，…，2 385，保持 v_1、s_1 不变，$k_2=2$，$k_3=3$，那么，第三部类的价值形式的利润率 r_{v3} 低于价值形式的平均利润率 r_v。同时，第三部类多得到的剩余价值 s_{t3} 小于 0。

因此，如果某个部类的价值形式的利润率低于价值形式的平均利润率，那么，在一定范围内，这个部类多得到的剩余价值可以小于 0。这与大多数经济学家的传统观念冲突。

超出这个范围，如果某个部类的价值形式的利润率低于价值形式的平均利润率，那么，这个部类多得到的剩余价值大于 0。

第二十二节　产生上述情况的原因

上述结论与绝大多数经济学家的传统观念冲突。马克思主义政治经济学就是要与传统观念作最彻底的决裂。

产生上述情况的根本原因在于第一部类和第二部类使用和耗费的生产资料是由第一部类生产的，第三部类使用和耗费的生产资料是由第二部类生产的，第一部类和第二部类的资本有机构成不相同。

如果第一部类和第二部类的资本有机构成相同，例如，第一部类的不变资本由 2 400 变为 1 800，保持 v_1、s_1、k_2、k_3 不变，那么，在按照列宁的三部类划分的价值转形模型中，价值转形前各部类的不变资本、可变资本、剩余价值之间的关系可以用表 7－22 表示。

表 7－22　　价值转形前工人创造的剩余价值和价值

部类	不变资本	可变资本	剩余价值	产品价值
1	1 800	600	600	3 000
2	1 200	400	400	2 000

续前表

部类	不变资本	可变资本	剩余价值	产品价值
3	2 000	1 000	1 000	4 000
总和	5 000	2 000	2 000	9 000

表 7－22 可以简化为表 7－23。

表 7－23　　价值转形前工人创造的剩余价值和价值

部类	不变资本	可变资本	剩余价值	产品价值
1	3 000	1 000	1 000	5 000
2	2 000	1 000	1 000	4 000
总和	5 000	2 000	2 000	9 000

在列宁的三部类划分的价值转形模型中，第一部类和第二部类合并为一个部类，转变为两部类价值转形。那么，与绝大多数经济学家的传统观念冲突的那些情况就不存在了。

第二十三节　本章结论

通过对按照列宁的三部类划分的价值转形的考察，证明了一系列重要的结论。

这些结论包括：生产价格等于价值与中等资本有机构成不等价；中等资本有机构成的部类的生产价格可以不等于价值；生产价格等于价值的部类可以不是中等资本有机构成的部类；在一定范围内，资本有机构成低的部类的生产价格可以高于价值；资本有机构成高的部类的生产价格可以低于价值；生产价格等于价值与价值形式的利润率等于平均利润率不等价；在一定范围内，价值形式的利润率高于平均利润率的部类的生产价格可以高于价值；价值形式的利润率低于平均利润率的部类的生产价格可以低于价值；生产价格

形式中等资本有机构成与多得到的剩余价值为零等价；在一定范围内，被社会多承认的剩余价值和多得到的剩余价值的符号可能相反；被社会多承认的剩余价值大于零，多得到的剩余价值可以小于零；被社会多承认的剩余价值小于零，多得到的剩余价值可以大于零；价值形式的利润率等于平均利润率与多得到的剩余价值为零不等价；价值形式的利润率高于平均利润率的部类，多得到的剩余价值可以大于零；价值形式的利润率低于平均利润率的部类，多得到的剩余价值可以小于零。

这些结论与大多数经济学家的传统观念不一致。很多情况是绝大多数经济学家从未研究过的。通过按照其他部类划分的价值转形不容易得到这些结论。

产生这些情况的根本原因在于第一部类和第二部类使用和耗费的生产资料是由第一部类生产的，第三部类使用和耗费的生产资料是由第二部类生产的，第一部类和第二部类的资本有机构成不相同。如果第一部类和第二部类的资本有机构成相同，那么，按照列宁的三部类划分的价值转形就简化为两部类价值转形。这些情况就不存在了。

斯拉法的理论建立在“标准商品”的基础上，即建立在中等资本有机构成部门的生产价格等于价值的基础上。因为中等资本有机构成与生产价格等于价值不等价，所以，斯拉法理论的基础不成立。

按照列宁的三部类划分的价值转形模型满足：得到社会承认的价值形式的生产价格总和等于价值总和；实际得到的价值形式的生产价格总和等于价值总和；价格形式的生产价格总和等于价值总和；得到社会承认的价值形式的利润总和等于剩余价值总和；实际得到的价值形式的利润总和也等于剩余价值总和；但是，生产价格形式的利润总和，一般不等于剩余价值总和。这就是马克思“两个等于”的著名论断成立的范围。“两个等于”不是通过数学方法证明的结果，也不是价值转形的假设条件，而是必然成立的客观存在。因为，流通过程中分配剩余价值不能改变生产过程中已经耗费的剩余劳动。

该模型表明，按照列宁的三部类划分方法，可以通过剩余价值和价值解释平均利润和生产价格，可以实现价值转形。

第八章 价值转形中的其他问题

第一节　各种部类与分部类划分方式

任何产品的价值，都由生产过程中耗费的不变资本价值、可变资本价值、雇佣劳动者创造的剩余价值共同构成。不变资本是生产资料的价值。可变资本是资本家用于购买劳动力所需生活资料的价值。剩余价值是雇佣劳动者的剩余劳动创造的剩余产品的价值。

马克思在研究社会资本再生产问题时，按照资本不同组成部分所起的不同作用，将社会总产品在价值形态上划分为不变资本、可变资本和剩余价值三部分，在实物形态上划分为生产资料和生活资料，将生产资料生产划分为第一部类，将生活资料生产划分为第二部类。

为了区分生产资料和生活资料的不同组成部分在价值增殖过程中的不同作用，马克思将第一部类，即生产资料生产，划分为两个分部类：将生产中耗费的生产资料生产划分为一个分部类，将用于货币贮藏的货币材料生产划分为另一个分部类。

列宁在《论所谓市场问题》一文中，将第一部类划分为两个分部类：将制造生产资料的生产资料生产划分为一个分部类，将制造消费资料的生产资料生产划分为另一个分部类。

马克思将第二部类，即生活消费资料生产，划分为两个分部类：将必要生活资料生产划分为一个分部类，将奢侈品生产划分为另一个分部类。

杜冈-巴拉诺夫斯基在《马克思主义的理论基础》一书中，将第二部类划分为两个分部类：将雇佣劳动者的生活消费资料生产划分为一个分部类，将资本家的生活消费资料生产划分为另一个分部类。[①] 鲍特凯维兹在研究价值转形问题时，采用了杜冈-巴拉诺夫斯基的部类划分方式。

为了便于构造价值转形模型，将每个分部类看作一个部类，社会生产可以划分为多种形式。

如果第一部类不变，第二部类采用马克思的分部类划分方式，分为必要生活资料生产与奢侈品生产，并将每个分部类看作一个部类，那么，可以看作马克思的考虑奢侈品生产的三部类划分。

如果第一部类不变，第二部类采用杜冈-巴拉诺夫斯基或鲍特凯维兹的划分方式，分为雇佣劳动者的生活消费资料生产与资本家的生活消费资料生产，并将每个分部类看作一个部类，那么，可以看作鲍特凯维兹的三部类划分。

如果第二部类不变，第一部类采用马克思的分部类划分方式，分为生产中耗费的生产资料生产与用于货币贮藏的货币材料生产，并将每个分部类看作一个部类，那么，可以看作马克思的考虑货币

---

① Tugan-Baranovsky, Mikhail, *Theoretische Grundlagen des Marxismus*, Leipzig: Duncker & Humblot, 1905, pp. 170-186.

材料生产的三部类划分。

如果第二部类不变，第一部类采用列宁的分部类划分方式，分为制造生产资料的生产资料生产与制造消费资料的生产资料生产，并将每个分部类看作一个部类，那么，可以看作列宁的三部类划分。

如果第一部类和第二部类都按照马克思的方式划分，即将第一部类的生产中耗费的生产资料生产划分为一个分部类，将货币材料生产划分为另一个分部类，将第二部类的必要生活资料生产划分为一个分部类，将奢侈品生产划分为另一个分部类，并将每个分部类看作一个部类，那么，这种部类划分方式可以看作马克思的四部类划分。

如果第一部类按照马克思的方式划分，第二部类按照鲍特凯维兹的方式划分，即将第一部类生产中耗费的生产资料生产划分为一个分部类，将货币材料生产划分为另一个分部类，将第二部类中雇佣劳动者的生活消费资料生产划分为一个分部类，将资本家的消费资料生产划分为另一个分部类，并将每个分部类看作一个部类，那么，这种部类划分方式可以看作马克思和鲍特凯维兹的四部类划分。

如果第一部类按照列宁的方式划分，第二部类按照马克思的方式划分，即将第一部类中制造生产资料的生产资料生产划分为一个分部类，将制造消费资料的生产资料生产划分为另一个分部类，将第二部类中必要生活资料生产划分为一个分部类，将奢侈品生产划分为另一个分部类，并将每个分部类看作一个部类，那么，这种部类划分方式可以看作列宁和马克思的四部类划分。

如果第一部类按照列宁的方式划分，第二部类按照鲍特凯维兹的方式划分，即将第一部类中制造生产资料的生产资料生产划分为一个分部类，将制造消费资料的生产资料生产划分为另一个分部类，将第二部类中雇佣劳动者的生活消费资料生产划分为一个分部类，将资本家的消费资料生产划分为另一个分部类，并将每个分部类看作一个部类，那么，这种部类划分方式可以看作列宁和鲍特凯维兹的四部类划分。

部类的划分方式不多，只有有限的几种。按照不同的部类划分方式，可以构造不同的价值转形模型，从而得到各种价值转形模型的不同结论。考虑到篇幅的限制，下面只简单地介绍各种价值转形的主要结论。

第二节　按照列宁的部类划分的价值转形的主要结论

如果将生活消费资料生产划分为两个分部类，那么，只要第一部类按照列宁的方式将生产资料生产划分为制造生产资料的生产资料生产与制造消费资料的生产资料生产，上一章考察的按照列宁的三部类划分的价值转形得到的基本结论都成立。

这意味着，在第一部类按照列宁的方式划分的条件下，第二部类按照马克思的方式将生活资料生产划分为必要生活资料生产与奢侈品生产，上一章的结论成立①；第二部类按照杜冈-巴拉诺夫斯基或鲍特凯维兹的方式，将生活资料生产划分为雇佣劳动者的生活消费资料生产与资本家的生活消费资料生产，上一章的结论也成立②。

在这几种第一部类按照列宁的部类划分的价值转形中，中等资本有机构成的部类的生产价格可以不等于价值；生产价格等于价值的部类可以不是中等资本有机构成的部类；资本有机构成低的部类的生产价格可以高于价值；资本有机构成高的部类的生产价格可以低于价值；价值形式的利润率高于价值形式的平均利润率的部类，生产价格可以高于价值，多得到的剩余价值可以大于零；价值形式的利润率低于价值形式的平均利润率的部类，生产价格可以低于价

① 沈民鸣. 价值转形：第2卷［M］. 北京：中国人民大学出版社，2014：819-914.

② 同上书，915-1006页。

值，多得到的剩余价值可以小于零。

虽然生产价格形式中等资本有机构成与多得到的剩余价值为零等价，但是，被社会多承认的剩余价值和多得到的剩余价值的符号可能相反。被社会多承认的剩余价值大于零，多得到的剩余价值可以小于零；被社会多承认的剩余价值小于零，多得到的剩余价值可以大于零。

第三节　考虑货币材料生产的价值转形的主要结论

如果第一部类按照马克思的方式划分为生产中耗费的生产资料生产与用于货币贮藏的货币材料生产两个分部类，第二部类按照马克思的方式划分为必要生活资料生产与奢侈品生产两个分部类，那么，价值向生产价格的转化为马克思的四部类价值转形。①

如果第一部类按照马克思的方式划分为生产中耗费的生产资料生产与用于货币贮藏的货币材料生产两个分部类，第二部类按照杜冈-巴拉诺夫斯基或鲍特凯维兹的方式划分为雇佣劳动者的生活消费资料生产与资本家的生活消费资料生产两个分部类，那么，价值向生产价格的转化为马克思和鲍特凯维兹的四部类价值转形。②

如果第一部类按照马克思的方式划分为生产中耗费的生产资料生产与用于货币贮藏的货币材料生产两个分部类，生活消费资料生产作为一个部类，那么，价值向生产价格的转化为马克思的考虑货币材料生产的三部类价值转形。③

---

① 沈民鸣．价值转形：第 2 卷［M］．北京：中国人民大学出版社，2014：703-762.

② 同上书，763-818 页。

③ 沈民鸣．价值转形：第 2 卷［M］．北京：中国人民大学出版社，2014：501-551．沈民鸣．奢侈品生产的价值转形中的“两个等于”问题［J］．马克思主义研究，2008（8）：41-47.

这几种价值转形都可以得到相似的结论。

在这几种第一部类按照马克思的方式划分的考虑货币材料生产的价值转形中，各部类的资本家得到的剩余价值用于必要消费品的比例必须相同，用于货币贮藏的比例也必须相同。否则，剩余价值用于货币贮藏比例高的部类的资本集中程度高，出现垄断，违背形成平均利润的条件。各部类的资本家得到的剩余价值用于必要消费品的比例相同与用于货币贮藏的比例相同，是考虑货币材料生产的价值转形的重要前提条件。

在马克思的考虑货币材料生产的价值转形中，生产价格等于价值，价值生产价格转化系数等于 1，价值形式的资本有机构成是中等有机构成，生产价格形式的资本有机构成是中等资本有机构成，被社会多承认的剩余价值等于 0，多得到的剩余价值等于 0，这些关系等价。被社会多承认的剩余价值与多得到的剩余价值的符号相同。

值得注意的是，在一般情况下，货币材料生产部类不是中等资本有机构成部类，其生产价格不等于价值。这就是说，货币材料（例如，金）的生产价格偏离其价值。因此，鲍特凯维兹认为金的生产价格等于价值的观点是错误的。

铸币的磨损、商品生产规模迅速扩大和价值转形，都是导致纸币和信用货币取代金属货币参与流通的重要因素。

如果增加的纸币代表增加的金属货币的生产价格，那么，纸币偏离金属货币的价值。如果金属货币不参与流通，全部纸币代表全部产品的生产价格参与流通，那么，因为生产价格总和等于价值总和，所以，全部纸币代表全部产品的总价值。

第四节　考虑奢侈品生产的价值转形的主要结论

如果第二部类按照马克思的方式划分为必要生活资料生产与奢

侈品生产两个分部类，第一部类按照马克思的方式划分为生产中耗费的生产资料生产与用于货币贮藏的货币材料生产两个分部类，那么，价值向生产价格的转化为马克思的四部类价值转形。①

如果第二部类按照马克思的方式划分为必要生活资料生产与奢侈品生产两个分部类，第一部类按照列宁的方式划分为制造生产资料的生产资料生产与制造消费资料的生产资料生产两个分部类，那么，价值向生产价格的转化为列宁和马克思的四部类价值转形。②

如果第二部类按照马克思的方式划分为必要生活资料生产与奢侈品生产两个分部类，生产资料生产作为一个部类，那么，价值向生产价格的转化为马克思的考虑奢侈品生产的三部类价值转形③。

这几种价值转形都可以得到相似的结论。

在这几种第二部类按照马克思的方式划分的考虑奢侈品生产的价值转形中，需要考虑资本家得到的剩余价值中必要消费品和奢侈品的比例。资本家得到的剩余价值中用于必要消费品的比例必须相同，用于奢侈品的比例也必须相同。否则，剩余价值用于奢侈品比例高的部类的资本集中程度高，出现垄断，违背形成平均利润的条件。各部类的资本家得到的剩余价值用于必要消费品的比例相同与用于奢侈品的比例相同，是考虑奢侈品生产的价值转形的重要前提条件。

资本家的必要生活资料与奢侈品的划分标准取决于历史因素，在一定时代，二者的界限是完全确定的。

第五节　按照鲍特凯维兹的部类划分的价值转形的主要结论

如果第二部类按照杜冈-巴拉诺夫斯基或鲍特凯维兹的方式划

① 沈民鸣. 价值转形：第2卷［M］. 北京：中国人民大学出版社，2014：703-762.

② 同上书，819-914页。

③ 同上书，451-500页。

分为雇佣劳动者的生活消费资料生产与资本家的生活消费资料生产两个分部类，第一部类按照马克思的方式划分为生产中耗费的生产资料生产与用于货币贮藏的货币材料生产两个分部类，那么，价值向生产价格的转化为马克思和鲍特凯维兹的四部类价值转形。①

如果第二部类按照杜冈-巴拉诺夫斯基或鲍特凯维兹的方式划分为雇佣劳动者的生活消费资料生产与资本家的生活消费资料生产两个分部类，第一部类按照列宁的方式划分为制造生产资料的生产资料生产与制造消费资料的生产资料生产两个分部类，那么，价值向生产价格的转化为列宁和鲍特凯维兹的四部类价值转形。②

如果第二部类按照杜冈-巴拉诺夫斯基或鲍特凯维兹的方式划分为雇佣劳动者的生活消费资料生产与资本家的生活消费资料生产两个分部类，生产资料生产作为一个部类，那么，价值向生产价格的转化为按照鲍特凯维兹的三部类划分的价值转形。③

这几种价值转形都可以得到相似的结论。

在这几种第二部类按照鲍特凯维兹的部类划分的价值转形中，没有采用鲍特凯维兹的第三部类的价值生产价格转化系数等于1的不合理假设，得到的结果与鲍特凯维兹的价值转形模型得到的结果完全不同。

鲍特凯维兹认为，第三部类的资本有机构成提高导致总资本有机构成提高，但是利润率不变。据此他认为，马克思的资本有机构成提高导致平均利润率趋向下降的论断不正确。对按照鲍特凯维兹的部类划分的价值转形的考察，证明鲍特凯维兹的观点是错误的。

马克思关于资本有机构成提高引起平均利润率趋向下降的论断是价值形式的平均利润率趋向下降，不是生产价格形式的平均利润率趋向下降。马克思提出的资本有机构成与平均利润率都是价值形式的。鲍特凯维兹提出的资本有机构成是价值形式的，平均利润率是生产价格形式的，分别属于不同系统。认为马克思在没有来得及

① 沈民鸣. 价值转形：第2卷［M］. 北京：中国人民大学出版社，2014：763-818.
② 同上书，915-1006页。
③ 同上书，552-624页。

进行的研究中犯了错误的观点，反映出鲍特凯维兹的思维混乱。

马克思的资本有机构成提高引起平均利润率下降的论断是指一种总趋势。按照鲍特凯维兹的分析，随着总资本有机构成的提高，生产价格形式的利润率在一定范围内不变，但是超过这个范围，生产价格形式的利润率必然降低。因此，鲍特凯维兹的理论无法改变资本有机构成提高引起平均利润率下降的总趋势。

第六节 多部门价值转形

如果不是将社会生产划分为不同生产部类，而是划分为不同生产部门，考虑到各种制造生产资料的生产资料和制造消费资料的生产资料不可能都在同一个部门生产，那么，上一章考察按照列宁的三部类划分的价值转形得到的结论仍然成立，即中等资本有机构成部门的生产价格与价值不一定相等，生产价格与价值相等的部门不一定是中等资本有机构成部门。① 虽然生产价格形式中等资本有机构成与多得到的剩余价值为零等价，但是，被社会多承认的剩余价值和多得到的剩余价值的符号可能相反。被社会多承认的剩余价值大于零，多得到的剩余价值可以小于零；被社会多承认的剩余价值小于零，多得到的剩余价值可以大于零。

在马克思的考虑货币材料生产的价值转形中得到的结论，在多部门价值转形中仍然成立。这就是说，在一般情况下，货币材料生产部门不是中等资本有机构成部门，货币材料的生产价格与价值不一定相等，金属货币的生产价格偏离其价值。

在按照鲍特凯维兹的部类划分的价值转形中得到的结论，在多部门价值转形中同样成立。这就是说，在一定范围内，随着总资本有机构成提高，生产价格形式的利润率可以不变，但是，超过这个

① 沈民鸣. 价值转形：第3卷［M］. 北京：中国人民大学出版社，2014：1009-1076.

范围，生产价格形式的利润率必然降低。因此，资本有机构成提高导致平均利润率下降的总趋势是无法改变的。

不仅将社会生产划分为不同生产部类能够实现价值转形，将社会生产划分为不同生产部门也能够实现价值转形。

第七节　扩大再生产条件下的价值转形

一、两种扩大再生产与时间序列分析

资本主义的生产目的是无止境的价值增殖。要获得更多剩余价值，必须追加资本，必须通过剩余价值转化为资本，实现资本积累。因此，资本主义生产不是简单再生产，而是扩大再生产。

资本是一种运动，只有连续不断地经历产业资本循环，资本家才能不断地获得剩余价值。从资本循环和再生产的角度看，价值转形是一种特殊的时间序列。

如果考察简单再生产条件下的价值转形，那么，因为每次生产过程中的生产资料和劳动力数量相同，所以可以不进行时间序列分析。这样，可以简化分析过程，考察实现价值转形的真正途径，以及价值是如何决定生产价格的。

如果考察扩大再生产条件下的价值转形，那么，因为每次生产过程中的生产资料和劳动力数量不同（通常每次生产过程中的生产资料和劳动力数量增加），必须进行时间序列分析。

扩大再生产有两种基本形式：外延扩大再生产和内涵扩大再生产。

二、外延扩大再生产条件下的价值转形

外延扩大再生产是资本有机构成和剩余价值率不变的扩大再生

产，也就是不变资本和可变资本等比例增加的扩大再生产。

在外延扩大再生产条件下的价值转形中，各部类的资本增长率相同，两部类生产的剩余价值中的追加不变资本之比等于两部类生产的剩余价值之比。如果某个时期的每个部类的不变资本、可变资本和剩余价值已知，那么，每个部类生产的剩余价值中用于资本家生活消费的部分、追加不变资本的部分、追加可变资本的部分，以及多得到的剩余价值中用于生活消费的部分、追加不变资本的部分、追加可变资本的部分，都是确定的，不能自由选择。以后各期的不变资本、可变资本、剩余价值、生产的剩余价值中用于资本家生活消费的部分、追加不变资本的部分、追加可变资本的部分，以及多得到的剩余价值中用于资本家生活消费的部分、追加不变资本的部分、追加可变资本的部分，也完全确定。①

由任何一个初始时期的资本构成，可以得到以后各期的不变资本、可变资本、剩余价值、价值、价值形式的资本有机构成、价值形式的利润率、资本增长率、生产价格形式的利润、生产价格、生产价格形式的资本有机构成、生产价格形式的利润率。

外延扩大再生产只扩大了生产规模，没有提高资本有机构成，没有技术进步，没有改变生产率。

三、内涵扩大再生产条件下的价值转形

内涵扩大再生产是资本有机构成和剩余价值率变化的扩大再生产，通常是资本有机构成提高和剩余价值率提高。

在一般情况下，各部类技术进步的程度不同，资本有机构成提高的程度不同，剥削程度可能发生变化。通常剥削程度提高，即剩余价值率提高。

不同部类或不同部门的追加资本在得到的剩余价值中的比例不同，追加资本的有机构成不同，内涵扩大再生产的形式就不

① 沈民鸣．价值转形：第3卷［M］．北京：中国人民大学出版社，2014：1194-1278．

同。在得到的剩余价值中，追加资本的比例有无限多种，追加资本的有机构成有无限多种。因此，内涵扩大再生产有无限多种形式。相应地，内涵扩大再生产条件下的价值转形有无限多种形式。

在剩余价值率不变、两部类生产的剩余价值中用于追加不变资本的比例相同、多得到的剩余价值中用于追加不变资本的比例等于生产的剩余价值中用于追加不变资本的比例、两部类多得到的剩余价值中用于追加资本的部分的有机构成等于生产的剩余价值中用于追加资本的部分的有机构成的条件下，能够实现内涵扩大再生产条件下的价值转形。①

在剩余价值率不变、两部类生产的剩余价值中用于追加不变资本的比例相同、两部类生产的剩余价值中追加资本的有机构成分别高于本部类原来的资本有机构成、两部类多得到的剩余价值中用于追加不变资本的比例相同、两部类的不变资本增长率相同、两部类的可变资本增长率相同、不变资本增长率高于可变资本增长率的比率已知的条件下，能够实现内涵扩大再生产条件下的价值转形。②

在剩余价值率提高、两部类生产的剩余价值中用于追加不变资本的比例相同、两部类生产的剩余价值中追加资本的有机构成等于本部类原来的资本有机构成、两部类多得到的剩余价值中用于追加不变资本的比例相同、两部类的不变资本增长率不同、两部类的可变资本增长率不同、不变资本增长率高于可变资本增长率、第一部类不变资本增长率高于第二部类不变资本增长率、第一部类可变资本增长率高于第二部类可变资本增长率的条件下，能够实现内涵扩大再生产条件下的价值转形。③

各种不同形式的内涵扩大再生产条件下的价值转形的共同特征是：生产规模扩大，资本有机构成提高，技术进步，生产率提高以

---

① 沈民鸣. 价值转形：第3卷［M］. 北京：中国人民大学出版社，2014：1279-1373.

② 同上书，1374-1463页。

③ 同上书，1464-1555页。

及剩余价值增加。

第八节　价值转形考察的资本循环是生产资本循环

因为产品只有生产出来才能交换和消费，包含在商品价值中的剩余价值只有生产出来才能分配，剩余价值分配受到剩余价值生产的制约，剩余价值生产是剩余价值分配的前提，所以，价值转形考察的资本循环形式是生产资本循环。生产资本的循环中包括生产阶段、售卖阶段、购买阶段这三个不同阶段。如果将货币资本的循环看作产业资本循环的一般形式，那么，价值转形考察的起点是第一次货币资本循环中生产阶段的开始时刻，价值转形考察的终点是第二次货币资本循环中购买阶段的结束时刻。

价值转形前的剩余价值和价值系统，与生产资本循环中的第一阶段（生产阶段）对应，反映生产过程中耗费的各种劳动之间的关系。生产过程中耗费的各种劳动之间的关系满足价值形式的再生产条件。

价值转形后得到社会承认的剩余价值和价值系统或得到社会承认的价值形式的利润和生产价格系统，与生产资本循环中的第二阶段（售卖阶段）对应，反映售卖过程中各部类生产过程中耗费的劳动得到社会承认的程度。

价值转形后生产价格形式的利润和价格形式的生产价格系统，不仅与生产资本循环中的第二阶段（售卖阶段）有关，而且与生产资本循环的第三阶段（购买阶段）有关，反映流通过程中各部类之间的产品交换关系。这种产品交换关系不仅满足生产价格形式的平均利润条件，而且满足生产价格形式的再生产条件。一方的售卖过程是另一方的购买过程，一方的购买过程是另一方的售卖过程。产品的买方与卖方是互相对立的两方，买卖过程结束这种对立关系。因此，该系统反映这两个阶段的对立统一关系。

最终得到的剩余价值和价值系统，或最终得到的剩余价值与生产价格形式的利润关系方程，与生产资本循环的第三阶段（购买阶段）对应，反映资本家购买生产资料和劳动力的过程。该购买过程为下一次生产过程准备物质条件。资本家将上一次生产过程和流通过程中得到的生产价格形式的利润用于生活消费（简单再生产和扩大再生产），或用于追加生产资料和追加用于交换劳动力的生活资料（扩大再生产）。

价值转形是由生产过程中耗费的劳动决定并在流通过程中实现的。在商品实现的过程中同时满足生产价格形式的再生产条件与平均利润条件。价值转形考察的流通过程不仅包括本次生产过程生产的产品的售卖阶段，而且包括为下一次生产过程准备生产条件的购买阶段。

绝大多数经济学家认为，价值转形发生在商品售卖阶段，忽视了生产阶段和购买阶段。持这种观点的学者，忽视了生产过程对流通过程的决定作用，不是将价值转形看作完整的生产资本循环过程的有机组成部分，而是将价值转形看作片面的、孤立的剩余价值的分配过程。显然，这种观点受到重商主义的影响。

如果忽略生产过程，那么，就无法理解为什么马克思“两个等于”的观点必然成立，也无法理解价值转形的前提，无法保证价值转形方程满足生产价格形式的再生产条件。

如果只考虑商品售卖阶段，不考虑购买阶段，那么，只在资本家的观念中实现了“惊险的跳跃”，没有最终完成剩余价值分配。已经装入资本家口袋的增殖的货币，不是最终实现的或占有的剩余价值。在售卖阶段后还要通过购买阶段，才能实现价值转形。购买阶段与售卖阶段一样，都影响剩余价值分配。

生产决定流通，但是，一部分经济学家却认为流通决定生产。在资本家的头脑中，经济现象通常颠倒地反映出来。

第九节　价值形式的平均利润率对价值转形的意义

在即将结束对一元价值转形的初步考察的时候，我们回到价值转形研究的起点，考察在价值转形中价值形式的平均利润率是否有意义，有何种意义。

价值转形要解决的问题是产品价值向生产价格转化与剩余价值向利润转化，同时，价值形式的资本或成本向生产价格形式的资本或成本转化。既然利润与资本都转变为生产价格形式的变量，那么，价值形式的平均利润率也就转变为生产价格形式的平均利润率。

我们已经证明，价值转形无法同时满足价值形式的平均利润条件与再生产条件，只能同时满足生产价格形式的平均利润条件与再生产条件。价值形式的平均利润率被很多经济学家遗忘。有些经济学家认为马克思的价值形式的平均利润率不正确。

多部门价值转形模型是非线性模型，无法直接利用线性代数的方式求多部门价值转形模型的解。必须将非线性的多部门价值转形方程组转变为生产价格形式的利润率的高次方程或转变为与生产价格形式的利润率相关的参数的高次方程，得到生产价格形式的利润率之后才能用线性代数的方式求多部门价值转形模型中的其他内生变量。数学分析过程将变得极为复杂。当高次方程的次数超过四次后，根本不存在解析解，只能寻求数值解。

部门数量越多，数学分析过程越复杂，并且其复杂程度按照部门数量的几何级数快速增长，这给价值转形研究带来了极大困难。如果近似地用价值形式的平均利润率代替生产价格形式的平均利润率，那么，就可以直接用线性代数的方式求多部门价值转形模型中的多个未知内生变量。虽然用价值形式的平均利润率代替生产价格形式的平均利润率存在一定误差，但是随着部门数量的增加，生产

价格形式的平均利润率越来越不依赖某个部门的资本有机构成，越来越接近价值形式的平均利润率。

因此，在多部门价值转形中，价值形式的平均利润率可以作为生产价格形式的平均利润率的一级近似。马克思的价值形式的平均利润率有了新的用途，重新焕发出新的生命力。

第十节　多元价值转形与价值转形的不同认识阶段

马克思在《资本论》中研究的是资本主义生产方式以及与它相适应的生产关系和交换关系，是资本主义生产的自然规律。

认识经济规律要经历两个阶段。第一阶段，要从复杂的经济现象中舍弃各种次要因素，发现影响商品的使用价值的主要因素：劳动、资本、土地。在此基础上，在这三个因素中，进一步排除资本和土地的影响，发现只有劳动创造价值，价值是决定商品交换比例的最主要的因素。第二阶段，在劳动价值论的基础上，逐步加入研究过程中抽象掉的各种次要因素，如资本和土地等，以及其他各种影响剩余价值分配的因素，最终解释各种具体的经济现象。

第一阶段为研究过程，也就是狭义的研究过程，是由现象发现本质的过程。第二阶段为叙述过程，是由本质解释现象的过程。

在叙述过程中，如果只考虑劳动对产品交换比例的影响，那么，每个部类或部门的资本家占有本部类或本部门的雇佣劳动者创造的剩余价值，产品按照价值交换。

如果在考虑劳动之后，加入资本因素对产品交换比例的影响，也就是考虑资本因素对剩余价值分配的影响，那么，全体雇佣劳动者创造的剩余价值要在全体资本家之间分配，即进行一元价值转形，简称价值转形，产品按照一元价值转形的生产价格交换。

如果在考虑劳动与资本之后，加入土地因素对产品交换比例的

影响，那么，全体雇佣劳动者创造的剩余价值要在全体资本家与全体土地所有者之间分配，即进行二元价值转形，产品按照二元价值转形的生产价格交换。在二元价值转形中，首先，考察最差土地没有级差地租的二元价值转形[①]；其次，考察马克思方式的最差土地有级差地租的二元价值转形[②]；再次，考察恩格斯方式的最差土地有级差地租的二元价值转形；最后，考察各级土地共同增加谷物的二元价值转形。

如果在考虑劳动、资本、土地之后，再加入其他因素（例如，垄断因素）对产品交换比例的影响，那么，要进行三元价值转形，产品按照三元价值转形的生产价格交换。

考虑的影响产品交换比例的因素越多，相应的多元价值转形模型越复杂，产品的生产价格越接近市场价格。如果将研究过程中抽象掉的次要因素都加入，那么，相应的产品的生产价格就等于市场价格。每加入一个影响因素，不仅价值转形的数学分析变得更加复杂，而且价值规定的基础就被掩盖一次，价值规律的决定作用和产品交换关系的本质就被蒙上一层纱幕。加入的影响剩余价值分配的因素越多，剩余价值的真正来源就越看不清楚，直至劳动决定产品交换关系的本质被彻底掩盖。

这里考察的一元价值转形是叙述过程中最简单的和最基本的阶段，也是认识过程的第一个阶段。随着加入的影响因素不断增加，对价值转形的考察不断深入，对经济规律的认识越来越丰富、越来越具体、越来越接近现象，最终到达彼岸。

---

① 沈民鸣．二元价值转形：第 2 卷［M］．北京：中国人民大学出版社，2015：435-749．

② 沈民鸣．二元价值转形：第 3 卷［M］．北京：中国人民大学出版社，2015：1379-1532．

人名索引

中英文人名

B

* 此处标注数字为正文对应的页码，下同。

D

E

K

L

M

P

S

生未曾著述，他的经济思想通过他的学生色诺芬和柏拉图的著作流传下来。他认识到产品具有使用价值和交换功能；一件物品对于同一个人来说，不能同时具有使用价值和交换功能。他认识到社会分工可以提高劳动生产率。——2、3。

W

温特尼茨（Winternitz，J.，1896—1952）——英国经济学家。他于 1948 年发表了论文《价值与价格：所谓“转形问题”的一种解法》，提出自己的价值转形模型，假设生产价格总和等于价值总和。——27、28、30、33、63。

吴易风（1932—）——中国马克思主义经济学家。代表作《英国古典经济理论》、《空想社会主义》、《资产阶级政治经济学史》、《西方经济学》等。——12。

X

熊彼特，约瑟夫·阿洛伊斯（Schumpeter，Joseph Alois，1883—1950）——美籍捷克资产阶级经济学家，代表作《经济发展理论》、《经济分析史》。——12。

Y

亚里士多德（Aristoteles，前 384—前 322）——古希腊哲学家。他在哲学上摇摆于唯物主义和唯心主义之间，是奴隶主阶级的思想家，按其经济观点来说是奴隶占有制自然经济的维护者，他最先分析了价值的形式；柏拉图的学生。——2、3、4、102。

文献索引

B

柏拉图．理想国［M］．郭斌和、张竹明，译．北京：商务印书馆，1986.（Πλατων，Πολιτεια，Civitas.）依据的希腊文本收于娄卜丛书与 Jowett 译本（①Loeb Classical Library，②Jowett & Campbell，Oxford）。——3。

鲍特凯维兹，拉·冯．马克思理论体系中的价值计算和价格计算［J］．社会科学和社会政治文献，1906，23（1）.（Bortkiewicz，L. von，"Wertrechnung und Preisrechnung im Marxschen System"，Erster Artikel，*Archiv für Sozialwissenschaft und Sozialpolitik*，1906，23（1）；"Value and Price in Marxian System"，J. Kahane trans. in *International Ecomomic Paper*，1952（2).）——19。

鲍特凯维兹，拉·冯．论《资本论》第三卷中马克思的基本理论结构的修正问题［J］．国民经济

统计资料，1907，34（3）.（Bortkiewicz，L. von，“On the Correction of Marx’s Fundamental Theoretical Construction in the Third Volume of Capital”，*Jahr. fur Nationalokonomie Statistik*，34（3），1907.）——19。

法因，本·，哈里斯，劳·. 重读《资本论》[M]. 魏埙，等译. 济南：山东人民出版社，1993。根据麦克米兰出版有限公司1979年版译出。（Ben Fine and Laurence Harris：*Rereading Capital*，The Macmillan Press Ltd.，1979.）书中附录的原作者为俄国经济学家拉迪斯劳斯·冯·鲍特凯维兹，最初发表在德国《国民经济和统计年鉴》1907年7月上。——19、24。

D

杜冈－巴拉诺夫斯基，米·. 马克思主义的理论基础 [M]. 1905.（Tugan-Baranovsky，M. I.，*Theoretische Grundlagen des Marxismus*，Leipzig：Duncker & Humblot，1905.）——19、280。

K

康替龙，理·. 试论一般商业的性质 [M]. 载于《政论集》第3卷，1756年阿姆斯特丹版（Cantillon，R.，*Essai sur la Nature du Commerce en General*，Trad. de l’anglois，In：Discours politiques，T. 3. Amsterdam 1756.）初版为1755年法文版。——12。

魁奈，弗·. 经济表 [M]. 1758年凡尔赛版（Quesnay，F.，*Tableau Economique*. Versailles 1758.）——12。

L

李嘉图，大·. 政治经济学及赋税原理 [M]. 郭大力、王亚南，译. 北京：商务印书馆，1962. 根据1821年伦敦第3版译出。（Ricardo，David，*On the Principles of Political Economy and Taxation*，Third edition，London，1821.）初版1817年伦敦

版。——8、9、10。

列宁全集：第1卷［M］．北京：人民出版社，1984.——209。

M

马克思恩格斯全集：第13卷［M］．北京：人民出版社，1962.——9。

马克思恩格斯全集：第23卷［M］．北京：人民出版社，1972.——3、6、8、11。

马克思恩格斯全集：第24卷［M］．北京：人民出版社，1972.——8、61、104、107、201。

马克思恩格斯全集：第25卷［M］．北京：人民出版社，1974.——13、16、17、18、44、46、47、48、55、69、103、104、106、110、118、136、170、179、244、245。

马克思恩格斯全集：第26卷Ⅱ［M］．北京：人民出版社，1973.——10。

马克思恩格斯全集：第26卷Ⅲ［M］．北京：人民出版社，1974.——45、103。

马克思恩格斯全集：第32卷［M］．北京：人民出版社，1975.——110。

马克思恩格斯全集：第46卷上册［M］．北京：人民出版社，1979.——46。

马克思恩格斯全集：第46卷下册［M］．北京：人民出版社，1980.——115。

麦克库洛赫，约·拉·．政治经济学原理［M］．郭家麟，译．北京：商务印书馆，1975。根据伦敦沃德和洛克出版公司1830年版译出。（McCulloch，John Ramsay，*Principles of Political Economy*，London：Ward，Lock，and Co.，1830.）——11。

米克，罗·．劳动价值学说的研究［M］．陈彪如，译．北京：商务印书馆，1979。根据伦敦劳伦斯和威沙特出版公司1956年版译出。（Meek，Ronald. L.，*Studies in the Labour Theory of Value*，

Lecturer in Political Economy at the University of Glasgow，London：Lawrence & Wishart，1956.）——28、29、30、115。

米克，罗·．关于价值转形问题［J］．经济学期刊，1956，66（3）．（Meek，Ronald. L.，"Some Notes on the Transformation Problem"，*Economic Journal*，1956，66（3）；reprinted in Meek，R.，*Economics and Ideology and Other Essays*：*Studies in the Development of Economic Thought*，London：Chapman & Hall，1967.）——28。

穆勒，詹姆斯．政治经济学要义［M］．吴良健，译．北京：商务印书馆，1993。根据伦敦亨利·博恩出版公司1844年版译出。（Mill，James：*Elements of Political Economy*，London：Henry G. Bohn，1844.）——11。

P

配第，威·．赋税论，献给英明人士，货币略论［M］．陈冬野，等译．北京：商务印书馆，1978。根据赫尔编《威廉·配第爵士经济论文集》1899年版译出。（Petty，W.，*The Economic Writings of Sir William Petty*，edited by C. H. Hull，1899.）初版1667年伦敦版。（Petty，W.，*A Treatise of Taxes and Contributions*. London，1667.）——4、5、6。

配第，威·．政治算术［M］．陈冬野，译．北京：商务印书馆，1978。根据1690年伦敦版译出。（Petty，W.，*Political Arithmetic*. London，1690.）——5。

S

塞顿，弗．论转化问题［J］．经济学评论，1957，25（6）．（Seton，F.，"The Transformation Problem"，*Rev. Econ. Stud.*，1957，25（6）.）——31。

色诺芬．经济论，雅典的收入［M］．张伯健，译．北京：商务印书馆，1961．根据马强特（E. C. Marchant）的英译本（The Loeb Classical Library版）转译。（Xenophon，*Oeconomicus*，E.

C. Marchant, The Loeb Classical Library.) ——3。

沈民鸣. 论简单再生产条件下的价值转形问题 [J]. 当代经济研究, 2005 (5). ——59。

沈民鸣. 论考虑固定资本影响的简单再生产条件下的价值转形问题 [J]. 教学与研究, 2006 (4). ——169。

沈民鸣. 奢侈品生产的价值转形中的“两个等于”问题 [J]. 马克思主义研究, 2008 (8). ——283。

沈民鸣. 简单再生产条件下的价值转形问题——基于资本周转速度的影响 [J]. 财经科学, 2008 (11). ——136。

沈民鸣. 论价值转形中利润率与剩余价值率的关系 [J]. 马克思主义研究, 2009 (1). ——119。

沈民鸣. 资本主义生产总过程的数学分析 [M]. 北京: 经济科学出版社, 2009. ——136、169。

沈民鸣. 价值转形: 第 1 卷 [M]. 北京: 中国人民大学出版社, 2014。——17、39、40。

沈民鸣. 价值转形: 第 2 卷 [M]. 北京: 中国人民大学出版社, 2014。——282、283、285、286。

沈民鸣. 价值转形: 第 3 卷 [M]. 北京: 中国人民大学出版社, 2014。——287、289、290。

沈民鸣. 二元价值转形: 第 1 卷 [M]. 北京: 中国人民大学出版社, 2015。——39。

沈民鸣. 二元价值转形: 第 2 卷 [M]. 北京: 中国人民大学出版社, 2015。——295。

沈民鸣. 二元价值转形: 第 3 卷 [M]. 北京: 中国人民大学出版社, 2015。——295。

斯拉法, 皮·. 用商品生产商品——经济理论批判绪论 [M]. 巫宝三, 译. 北京: 商务印书馆, 1963. 根据剑桥大学 1960 年版译出。(Sraffa, P., *Production of Commodities by Means of Commodities*, Cambridge: Cambridge University Press, 1960.) ——247。

斯密, 亚·. 国民财富的性质和原因的研究: 上卷 [M]. 郭大

力、王亚南，译. 北京：商务印书馆，1972. 根据牛津大学 1880 年版译出。（Smith，A.，*An Inquiry into the Nature and Causes of the Wealth of Nations*. Vol. 1，Second ed.，Oxford：Clarendon Press，1880.）初版 1776 年伦敦版。（Smith，A.，*An Inquiry into the Nature and Causes of the Wealth of Nations*. Vol. 1，London，1776.）——7、8。

斯威齐，保·. 资本主义发展论 [M]. 陈观烈、秦亚男，译. 北京：商务印书馆，1997. 根据牛津大学 1942 年纽约版译出。（Sweezy，P. M.，*The Theory of Capitalist Development*，New York：Oxford University Press，1942.）——25、26。

W

温特尼茨. 价值与价格：所谓"转形问题"的一种解法 [J]. 经济学期刊，1948（58）.（Winternitz，J.，"Value and Price：A Solution of the So-Called Transformation Problem"，*Economic Journal*，1948（58）.）——27。

吴易风. 英国古典经济理论 [M]. 北京：商务印书馆，1988。——12。

X

熊彼特. 从马克思到凯恩斯十大经济学家 [M]. 宁嘉风，译. 北京：商务印书馆，1965。根据伦敦乔治阿兰与尤文出版有限公司 1952 年版译出。（Schumpeter，Joseph A.，*Ten great economists：from Marx to Keynes*，George Allen and Unwin Ltd. London，1952）。初版为纽约牛津大学 1951 年版。（Schumpeter，Joseph A.，*Ten great economists：from Marx to Keynes*，New York：Oxford University Press，1951.）——12。

熊彼特. 经济分析史 [M]. 朱泱，等译. 北京：商务印书馆，1991。根据牛津大学出版社 1980 年第 11 次印刷本译出。（Schumpeter，Joseph A.，*History of economic analysis*，Eleventh Printing，1980，Oxford University Press，Inc.）初版为 1954 年英文版。——12。

后　记

价值转形是古典政治经济学没有解决的最重大的两个问题之一。我对价值转形的研究，开始于1984年秋季。一元价值转形的研究成果得到“国家社会科学基金后期资助项目（12FJL004）”的资助，以及中国人民大学科学研究基金（中央高校基本科研业务费专项资金资助）项目（15XNQ062）的资助，于2014年，由中国人民大学出版社出版了《价值转形》（共3卷）。

该书出版后，很多读者希望有一本简要地介绍价值转形的主要内容的著作。为了满足这些读者的需求，我对《价值转形》的内容进行了取舍与压缩，很多部分重写，有些部分介绍主要结论，并加入一部分新的研究成果，在此基础上写成本书。

由于篇幅限制，这里只阐述一元价值转形研究的最基本的成果。如果读者有进一步的需求，那么，可以参考已经出版的《资本主义生产总过程的数学分析》、《价值转形》和《二元价值转形》等有关著作。

价值转形是一个复杂的问题。考察价值转形，需要多方面的基础知识和正确方法，需要哲学、经济学、数学以及其他学科的知识。

在价值转形研究和本书的写作过程中，得到过很多老师的帮助。对价值转形的考察，首先面临的问题是研究方向的选择。从塞顿以后，很多经济学家一开始就直接研究多部门价值转形、扩大再生产条件下的价值转形，希望直接得到普遍适用的一般解决方法。我选择的研究起点和研究重点是最简单的和最基本的两部类简单再生产条件下的价值转形。在此过程中，发现实现价值转形的基本途径，以及一系列基本规律和各种变量之间的关系，然后逐步考察多部类价值转形、多部门价值转形、扩大再生产条件下的价值转形、二元价值转形、多元价值转形。

这种研究方向的选择，与物理学、无线电电子学的学习有关。为此要感谢延安大学任廷祥、吴景汉、李启文、刘春贤、周季生等老师的培养。我的经济学基础是在中国人民大学建立的，为此要感谢中国人民大学余学本、胡钧、高鸿业、吴易风、卫兴华、吴树青、陈益寿等老师的培养。此外，还得到过中国人民大学林岗、方福前、张宇、孟捷、杨志、邱海平、李义平、杨达伟、谢富胜等同志，中国社会科学院程恩富、李成勋同志，北京大学胡代光、陈德华同志，北京师范大学白暴力同志，长春税务学院丁堡骏同志的帮助。在此一并表示感谢！

在承担繁重的教学任务的条件下，本书能够得以完成，离不开家人的支持。为此感谢雷大中、沈雷、黄培皓的支持和帮助。

本书的出版得到中国人民大学中央专项科学研究基金的资助。在此表示感谢。本书献给那些追求真理的读者。

沈民鸣

2017 年 11 月 25 日

于北京，中国人民大学

图书在版编目（CIP）数据

价值转形概论/沈民鸣著. —北京：中国人民大学出版社，2018.1
ISBN 978-7-300-24983-4

Ⅰ.①价… Ⅱ.①沈… Ⅲ.①价值转形—概论 Ⅳ.①F014.31

中国版本图书馆 CIP 数据核字（2017）第 227378 号

价值转形概论
沈民鸣　著
Jiazhi Zhuanxing Gailun

出版发行	中国人民大学出版社		
社　址	北京中关村大街 31 号	邮政编码	100080
电　话	010－62511242（总编室）		010－62511770（质管部）
	010－82501766（邮购部）		010－62514148（门市部）
	010－62515195（发行公司）		010－62515275（盗版举报）
网　址	http://www.crup.com.cn		
经　销	新华书店		
印　刷	天津鑫丰华印务有限公司		
开　本	890mm×1240mm　1/32	版　次	2018 年 1 月第 1 版
印　张	10.125 插页 2	印　次	2024 年 6 月第 2 次印刷
字　数	278 000	定　价	76.00 元